浙江省普通本科高校“十四五”重点立项建设教材
高等院校数字化融媒体特色教材

大学生心理健康

融媒体教程（八讲）

Eight Talks on College Students'
Psychological Well-being

马伟娜 ◎ 主编
张晓贤　韩柽炀 ◎ 副主编

ZHEJIANG UNIVERSITY PRESS
浙江大学出版社
· 杭州 ·

图书在版编目(CIP)数据

大学生心理健康融媒体教程:八讲/马伟娜主编
.—杭州:浙江大学出版社,2024.2
ISBN 978-7-308-24435-0

Ⅰ.①大… Ⅱ.①马… Ⅲ.①大学生－心理健康－健康教育－教材 Ⅳ.①G444

中国国家版本馆 CIP 数据核字(2023)第 228763 号

大学生心理健康融媒体教程(八讲)
DAXUESHENG XINLI JIANKANG RONGMEITI JIAOCHENG (BA JIANG)
主　编　马伟娜

策划编辑　阮海潮(1020497465@qq.com)
责任编辑　阮海潮
责任校对　王元新
封面设计　续设计
出版发行　浙江大学出版社
(杭州市天目山路 148 号　邮政编码 310007)
(网址:http://www.zjupress.com)
排　　版　杭州星云光电图文制作有限公司
印　　刷　杭州杭新印务有限公司
开　　本　787mm×1092mm　1/16
印　　张　13.5
字　　数　337 千
版 印 次　2024 年 2 月第 1 版　2024 年 2 月第 1 次印刷
书　　号　ISBN 978-7-308-24435-0
定　　价　49.00 元

本书编委会

主　　编　马伟娜

副 主 编　张晓贤　韩柽炀

编　　委　（按姓氏笔画排序）

马伟娜　吴　燕　宋其争

张晓贤　周丽清　韩柽炀

傅亚强　谢　宇

前言

PREFACE

随着我国经济社会的飞速发展，各领域竞争越来越激烈，对人才的要求也不断提高。大学生毕业后将承担起建设中国特色社会主义现代化国家的重任，他们自我定位高，成才的愿望也非常强烈，但大学生的心理发展尚未完全成熟、稳定，心理承受和适应能力相对较弱。面对自我冲突的“内忧”和社会适应的“外患”，大学生们要不断学习与探索，才能一步步成长和成熟。

拥有健康的心理和良好的心理素质，是大学生健康成长的需要，更是现代人发展的需要。为进一步提高大学生的心理素质，本教材严格按照《普通高等学校学生心理健康教育课程教学基本要求》编写，论述精当，饱含人文气息与时代精神。本教材涵盖当代大学生心理健康教育的核心内容，具体包括大学生心理健康导论、大学生的学习心理、大学生的情绪管理、大学生的人际交往、大学生的人格培养、大学生的恋爱与性心理、大学生的挫折应对与压力管理、大学生的生命教育等内容，旨在使大学生明确心理健康的标准及意义，掌握增进心理健康的方法和途径，培养良好的学习能力，养成自尊、自信、自律、自强的优良品格，培养创新精神，有效开发心理潜能。

本教材以习近平新时代中国特色社会主义思想和党的二十大精神为指导，落实立德树人根本任务。本教材的编写特色与理念：一是突出实践取向，且形式活泼、语言直白晓畅。全书较多引用我国大学生心理健康方面的真实案例，既有正面案例，又有反面案例，旨在引起大学生的切身思考。二是注重将理论与实践相结合，尤其重视教学内容的可操作性，给学生留下适当的问题空间，添加鲜活的案例、课例，丰富的图表和补充材料等。课前暖身活动、案例分析与讨论、心理测吧、自我辅导技术以及拓展资源二维码等板块设计，在丰富理论知识的同时,更增加了趣味性和思考性,做到既发散学生思维,又强化框架体系。三是融合现代信息技术,教材形态上具有创新性。采用浙江大学出版社开发的拥有自主知识产权的课程应用平台“立方书”创新出版形态进行编写。完全不同于传统图书,本教材通过移动互联网技术,不仅实现了学习者随时随地学习、交流互动的功能,也实现了“一本图书”带走“一个课堂”,是对传统图书的有益革新和大胆突破。四是微视频等教学资源丰富。在纸质书中用二维码的形式嵌入大量微视频和微文本,既可以丰富学生的知识储备,又可以加强学生专业知识技能的学习和文献阅读能力。

总之,本教材努力做到理念与载体的创新、理论与实践的结合,充分考虑大学生认知与学习特征,在结构设计、呈现方式、信息技术的使用等方面符合这一学习群体的特征。杭州师范大学心理学系的七位专任教师负责本教材相关章节微视频的录制和微文本的编写;部分选课学生在教师指导下进行优秀微视频制作。具体分工如下:第一讲和第三讲由马伟娜编写,第二讲由谢宇编写,第四讲由张晓贤编写,第五讲由傅亚强编写,第六讲由韩柽炀编写,第七讲由周丽清编写,第八讲由宋其争、吴燕编写。全书由马伟娜教授策划、统稿,且在全体参编人员的不断修改中得以完成,张晓贤老师、韩柽炀老师、王运弘老师和研究生肖泽宇做了大量的协助工作。感谢浙江大学出版社阮海潮编辑的辛勤付出。

本教材不仅可以作为大学生心理健康教育与辅导方面的通识教育教材,而且可以作为青少年健康成长指导手册以及青年人提高自身心理素质的自学用书。

在编写过程中,我们参阅和引用了一些专家学者的研究成果,谨此一并致谢。由于时间仓促和编者水平有限,书中难免存在不足之处,恳请广大读者批评指正。

马伟娜

2024 年 1 月于杭州师范大学

目录

CONTENTS

第一讲　大学生心理健康导论

第二讲　大学生的学习心理

第三讲　大学生的情绪管理

第四讲　大学生的人际交往

第五讲　大学生的人格培养

第一讲 大学生心理健康导论

【导语】

“要让阳光照耀到别人心里，先得自己心里拥有阳光。”从古至今，人们都渴望获得来自内心的愉悦和安宁，但在高速运转的现代社会，人们承受着巨大的压力，即使是“象牙塔”里的大学生也面临许多心理困扰或心理问题。作为大学生全面发展的重要内容，心理健康值得每一位大学生关注和重视。

心理健康离不开我们的悉心维护，通过本讲的学习，希望你可以：

（1）明确心理健康的概念和标准；

（2）知悉大学生心理发展的特点；

（3）了解大学生常见的心理问题，学会具体的应对方法。

1.1 微课视频

第一节 心理健康乐园——认识心理健康

一个健全的心态，比一百种智慧更有力量。

——狄更斯

当你敞开心扉，阳光便会照射进来，春风便会吹拂进入，心灵便会透亮起来。

——汪国真

人类的幸福只有在身体健康和精神安宁的基础上，才能建立起来。

——欧文

课前暖身活动

谁是最快乐的人？

英国《太阳报》曾以“什么样的人最快乐”为题，举办了一次有奖征答活动，从应征的8万多封来信中评出了4个最佳答案。可以说，得到的答案既是情理之中又在意料之外。在揭晓答案之前，同学们在纸上写下你认为什么样的人才是最快乐的，每位同学可以写下3个不同的答案。同学们写完之后，小组成员分享自己为什么觉得这三种人是最快乐的。老师公布英国民众调查的答案:①作品刚刚完成,吹着口哨欣赏自己作品的艺术家;②正在用沙子筑城堡的儿童;③为婴儿洗澡的母亲;④经过辛苦的手术后,终于挽救了危重病人的外科医生。

老师提问:为什么大家公认最快乐的人不是拥有亿万家产的世界富豪,不是长相最出众的选美冠军,也不是全球名人,而是我们身边经常接触到的平凡的人?请每位同学自由发表你对快乐的看法。

学生自由发言:"……"

老师总结:其实英国民众票选出的4个答案,每个答案都从不同的角度告诉我们怎样才会拥有快乐。第一个答案使我们懂得人必须工作,工作会使人快乐;第二个答案告诉我们,要学会快乐,必须充满想象和好奇心,对未来充满希望;第三个答案告诉我们,要学会快乐,一定要心中有爱,懂得为爱付出;第四个答案告诉我们,可以通过帮助他人战胜困难获得快乐。

一、现代健康的含义

古希腊哲学家赫拉克利特曾说:"如果没有健康,智慧就难以表现,文化就无从体现,力量就不能施展,财富就变成废物,知识也无法利用。只有当人类拥有健康的时候,才能更加有效地进行学习、工作等各项活动。"从古至今健康都是人类生存发展的前提,人类的健康对社会的发展也起着极为重要的作用。人类在不同时期对健康的认知是不同的:早在石器时代,人类需要考虑的是如何征服自然获得更多的资源以保证自身生存。进入农业文明后,生产力有所提高,人类开始思考在保证基本生存的基础上减少疾病的发生,延长寿命。那时人们将健康和非健康看作非此即彼的两个极端,认为不患病就意味着健康,患病就是不健康。随着工业文明的发展和现代医学的进步,人们逐渐认识到健康并不单纯意味着没有疾病。《辞海》(第7版)对健康的定义是:"健康的人体首先要各器官各系统发育良好,功能正常、体格健壮、精力充沛;同时还要有良好的劳动效能,社会上和谐相处的表现和处理各种危险因素及应激的能力。"《简明不列颠百科全书》(1985年中文版)对健康的定义是:"健康,使个体能长时期地适应环境的身体、情绪、精神及社交方面的能力。"世界卫生组织在1946年对健康的定义是:"健康是一种在身体上、心理上和社会功能上的完满,而不仅仅是没有疾病和虚弱的状态。"1989年,世界卫生组织又一次深化了健康的概念,为健康概念注入了道德健康的内容。1990年,世界卫生组织重新修改后的健康定义为:一个人只有在躯体、心理、社会适应和道德四个方面都健康才是完全健康。现代健康的定义让人们认识到:人是一个生理和心理紧密结合的有机体,精神和躯体在同一生命体系中相互影响。世界卫生组织认为健康的个体应符合下列10条标准:

(1)有足够充沛的精力,能从容不迫地应对日常生活和工作压力,而不感到过分紧张;

(2)处世乐观,态度积极,乐于承担责任,不论事情大小,均不挑剔;

(3)善于休息,睡眠良好;

(4)应变能力强,能适应外界环境的各种变化;

(5)能够抵抗一般性的感冒和传染病;

(6)体重得当,身体匀称,站立时头、肩、臂的位置协调;

(7)反应灵敏，眼睛明亮，眼睑不发炎；

(8)牙齿清洁、无空洞、无痛感、无出血现象，齿龈颜色正常；

(9)头发有光泽、无头屑；

(10)肌肉丰满，皮肤弹性好。

从以上十条健康标准中可以看出，健康包括了身体健康和心理健康，并不能用生理无疾病来推断一个人是否健康。可以认为心理健康是生理健康的基础，生理健康是心理健康的保证，社会因素是联系心理健康和生理健康的重要桥梁。现代健康观强调心理健康对生理健康的影响，重视生理健康、心理健康和社会适应三方面的和谐统一。

二、心理健康的概念

随着人类文明的进步和社会的飞速发展，社会竞争与职业竞争不断加剧，人们的心理健康问题日益突出，整个社会对心理健康的认识也不断加深。虽然人们经常主观评估自己的能力、性格、自信心等，但真要评估一下自己的心理健康状况，对应该从哪些角度进行客观评价会感到比较困难，这是因为心理健康与不健康并非绝对的两个方面，而是一种相对的形态，人们在不同的情境下会有不同的表现和内心体验。那么，究竟什么是心理健康呢？下面我们可以从心理健康的概念和标准来全面地认识心理健康。

1946 年，第三届国际心理卫生大会指出："心理健康是指身体、智力、情绪十分协调；适应环境，在人际交往中能彼此谦让；具有幸福感；在工作和职业中能充分发挥自己的能力，过有效率的生活。"但是由于社会制度、传统习惯、道德观念、宗教文化等的差异，心理健康尚未有放之四海皆准的定义。国内外学者从不同角度解读心理健康的概念。学者麦宁格(Menninger)等认为："心理健康是人们与环境相互之间具有最高效率及快乐感受的适应情况。"①这种定义衡量的是个体对生活的满意度、能否愉快接受生活的规范以及生活是否有效率三个方面。王极盛等认为心理健康是指个体以积极的反应去适应自然环境和社会环境的一种良好心理状态。② 王书荃将心理健康定义为："个体的一种较为稳定持久的心理机能状态。它是个体在与社会环境相互作用时，表现出来的心理平衡状态，包括在人际交往、学习工作中使认知、情绪、需要能够保持稳定的状态，并表现出一个真实自我的相对稳定的人格特征。如果要用一个词来定义心理健康，则是'和谐'。"③刘华山认为心理健康其实是一种人生态度，心理健康的人心胸宽广，能够用积极的眼光看待事物，同时具有利他精神和明确的道德观念。④《简明不列颠百科全书》对心理健康的界定是："个体在本身及环境条件许可的范围内达到最佳功能状态。这并不是指绝对的完美状态，即一个心理健康的人并不代表他没有心理冲突，也并非表示他对任何事情都满意，觉得合乎自己标准，而是用积极乐观的态度去面对和处理问题。"

综合以上看法，我们认为心理健康是一种稳定积极的心理状态，它意味着个体智力

---

①Menninger K, Ellenberger H, Pruyser P, et al. The unitary concept of mental illness[J]. Bulletin of the Menninger Clinic, 1958, 22(1):4.

②王极盛，李春荣. 心理与健康[M]. 北京：科学普及出版社，1984:27.

③王书荃. 学校心理健康教育概论[M]. 北京：华夏出版社，2005:2-3.

④刘华山. 心理健康概念与标准的再认识[J]. 心理科学，2001(4):480-481.

正常、情绪稳定、意志健康、行为一致、人格独立完整，同时具有良好的适应状态。心理健康包含两个方面：一是没有心理异常等问题；二是能够自觉主动减少心理问题，调节自己的情绪，同时具有积极发展的心理状态。

需要注意的是，对于心理健康的理解不能绝对化，因为在现实生活中并不存在某种固定的心理健康状态，而常常是一种弹性的相对状态，即使是一个心理正常的人，也可能有突发性、暂时性的心理异常。每个人都可能产生心理问题，心理冲突在当今社会像感冒、发热一样不足为奇，健康与不健康是可以相互转化的。

三、心理健康的主流观点和标准

正如生理健康有标准，心理健康同样有标准。人们掌握了心理健康标准，可以此为依据检查、审视自身，进行心理健康的自我诊断。如果发现自己的心理状况某个或某几个方面与心理健康标准有一定差距，可以有针对性地加强心理锻炼。如果发现自己的心理状态严重偏离心理健康标准，就要及时求医，接受科学的诊断和治疗。

心理健康标准不像生理健康标准那样具体与客观，可以使用科学仪器直接测量或是有客观的数据说明。随着社会的进步和时代的发展，心理健康标准也在不断地变化，因此心理健康的标准必须通过对大规模正常人群的调查才能制定和确立。考虑到世界各国、各民族、各地区间的制度、文化、传统差异，制定出一套为世界各国、各民族、各地区通用的心理健康标准十分困难，所以迄今尚缺乏一个令人信服的、为大家所公认的标准体系。关于心理健康的标准，以下列举一些主流观点。

（一）心理健康标准的主流观点

人本主义心理学家马斯洛和米特乐曼提出了心理健康的十条标准：“（1）充分的安全感；（2）充分了解自己，并对自己的能力作适当的评价；（3）生活的目标能切合实际；（4）能与现实环境保持接触；（5）能保持人格的完整与和谐；（6）具有从经验中学习的能力；（7）能保持良好的人际关系；（8）适当的情绪表达及控制；（9）在不违背集体要求的前提下，能有限度地发挥个性；（10）在不违背社会规范的前提下，使个人的需要能得到一定程度的满足。”①

心理学家奥尔波特对心理健康提出了七条标准：“（1）自我意识广延；（2）良好的人际关系；（3）情绪上的安全性；（4）知觉客观；（5）具有各种技能，并专注于工作；（6）现实的自我形象；（7）内在统一的人生观。”②

心理学家杰荷达通过实证研究总结出关于心理健康的六条标准，分别是：“（1）对自己的态度：心理健康的个体能够有意识地对自身进行适当的探索；自我概念具有现实性；接受自我，能够客观地评价自己的长处和短处；心理认同感具有明确性和稳定性。（2）成长、发展或自我实现的方式及程度：心理健康的个体具有实现自己各种能力及才干的动机水平。（3）主要心理机能的整合程度：心理健康的个体各种心理能力（如本我、自我、超我）能够保持动态平衡；拥有完整的生活哲学；在应激条件下能够坚持并具有忍耐力和应付

①Maslow A H. Perceiving, behaving, becoming: A new focus for education[M]. Washington: Association for Supervision and Curriculum Development, 1962:34-49.

②段鑫星，赵玲. 大学生心理健康教育[M]. 4版. 北京：科学出版社，2018:5-30.

焦虑的能力。(4)自主性或对各种社会影响的独立性:心理健康的个体遵从自身的内部标准;行为有一定规则且具有独立性。(5)对现实知觉的适宜性:心理健康的个体对于所预期和所见的事物重视现实证据,没有幻觉;对他人内心活动拥有敏锐的察觉力和同情。(6)对环境的控制力:心理健康的个体拥有爱的能力并能够建立令人满意的性关系;人际关系适宜;行为活动可以适应环境的要求,具有适应和调节自身的能力;能够有效解决问题。"①

徐光兴认为主要可以用下列八条标准来衡量一个人心理是否健康:"(1)有幸福感和安定感;(2)身心的各种机能健康;(3)符合社会生活的规范,自我的行为和情绪适应;(4)具有自我实现的理想和能力;(5)人格统一与调和;(6)对环境能积极地适应,具有现实志向;(7)有处理和调节人际关系的能力;(8)具有应变能力和从危机中恢复的能力。"②

林崇德认为心理健康主要有以下十条标准:"(1)了解自我,对自己有充分的认识和了解,并能恰当地评价自己的能力;(2)信任自我,对自己有充分的信任感,能克服困难,面对挫折能坦然处之,并能正确地评价自己的失败;(3)悦纳自我,对自己的外形特征、人格、智力、能力等都能愉快地接纳认同;(4)控制自我,能适度地表达和控制自己的情绪和行为;(5)调节自我,对自己不切实际的行为目标、心理不平衡状态、与环境的不适应性,能作出及时的反馈、修正、选择、变革和调整;(6)完善自我,能不断地完善自己,保持人格的完整与和谐;(7)发展自我,具备从经验中学习的能力,充分发展自己的智力,能根据自身的特点,在集体允许的前提下,发展自己的人格;(8)调适自我,对环境有充分的安全感,能与环境保持良好的接触,理解他人,悦纳他人,能保持良好的人际关系;(9)设计自我,有自己的生活理想,理想与目标能切合实际;(10)满足自我,在社会规范的范围内,适度地满足个人的基本需求。"③

叶一舵认为:"个体心理健康标准就是个体适应正常或良好。具体地说,个体心理健康包括心理适应(自我适应)—社会适应和生存适应—发展适应形成的二维结构(见图1-1),不同个体的不同适应状况决定其心理健康水平并导致个体间心理健康水平的差异,而个体只要能以自己的方式正常或良好地适应各自的心理生活和社会生活,均应被视为心理健康的人。"④

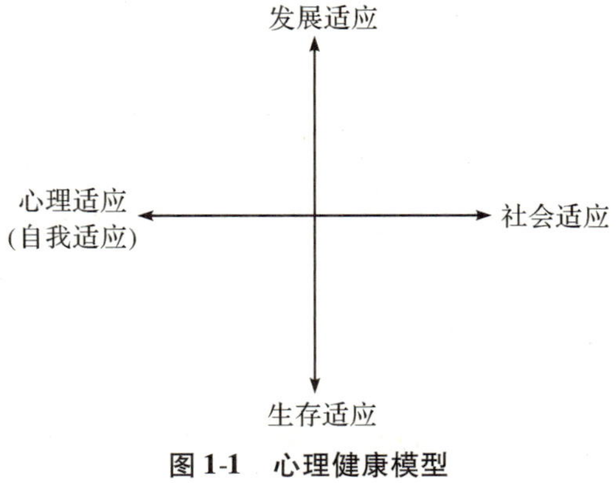

图1-1　心理健康模型

①江光荣. 心理咨询的理论与实务[M]. 2版. 北京:高等教育出版社,2012:36-40.

②徐光兴. 心理咨询与治疗:临床心理学的理论与技术[M]. 3版. 上海:上海教育出版社,2017:122.

③林崇德. 林崇德心理学文选:下册[M]. 北京:教育科学出版社,2012:640.

④叶一舵. 心理健康标准及其研究的再认识[J]. 东南学术,2001(6):169-175.

马建青认为心理健康的标准可分为以下五条:“(1)对世界抱开放态度,乐于学习和工作,不断吸取新经验;(2)以正面的眼光看待他人,有良好的人际关系和团队精神;(3)以正面的态度看待自己,能自知、自尊、自我悦纳;(4)以正面的态度看待过去、现在和未来,追求现实而高尚的生活目标;(5)以正面的态度对待困难和挫折,能调控情绪,心境良好。”①

许又新教授从心理咨询角度针对一般人群制定了三条评估心理健康的标准,即体验标准、操作标准、发展标准。“(1)体验标准:指以个人的主观体验和内心世界的状况作为衡量标准,主要包括是否拥有良好的心情和恰当的自我评价等。个人对自己的评价符合实际情况,不高估自己也不低估自己,拥有良好的自我感觉和稳定客观的自我评价标准,不会过度担心他人对自己的看法。(2)操作标准:指通过观察、实验和测验等方法考察心理活动的过程和效率,其核心是效率,主要包括个人心理活动的效率和个人的社会效率或社会功能(如工作及学习效率高低、人际关系和谐与否等)。(3)发展标准:指着重对人的个体心理发展状况进行纵向(过去、现在和未来)考察与分析。体验标准与操作标准侧重于从横向考虑一个人的心理状况。”②衡量一个人的心理健康状况时,不能孤立地只考虑某一标准,要把以上三条标准综合地加以考察和衡量。

郭念锋教授在《临床心理学概论》中提出了评估心理健康水平高低的十条标准。③(1)心理活动强度。心理活动强度是指对突然的、强大的精神刺激的抵抗能力。这种抵抗能力主要和人的认知水平有关。如果一个人对外部事件有充分的、理智的认识时,就可以相对减弱刺激的强度。当然,人的生活经验、固有的性格特征、当时所处的环境条件以及神经系统的类型也会影响到这种抵抗能力。抵抗力弱的人往往反应强烈并容易遗留后患,可能因为一次精神刺激而导致反应性精神病或癔症;而抵抗力强的人虽然也有反应,但不强烈,不会致病。(2)心理活动耐受力。心理活动耐受力是指个体长期经受精神刺激的能力。这种慢性的、长期的精神刺激可以变成慢性的精神折磨,使心理活动耐受力差的人处在痛苦之中,逐渐出现心理异常、个性改变、精神不振,甚至产生严重的躯体疾病。当然,也有人虽然被这些不良刺激缠绕,日常也体验到某种程度的痛苦,但最终不会在精神上出现严重问题,有的人甚至把不断克服这种精神苦恼当作强者的象征,作为检验自身生存价值的指标,在别人无法忍受的逆境中取得辉煌成绩。(3)周期节律性。人的心理活动在形式和效率上都有着自身内在的节律性,每个人的心理过程都有节律性。一个人的心理活动的固有节律经常处于紊乱状态,不管是什么因素造成的,我们都可以认为他的心理健康水平下降了。(4)意识水平。意识水平的高低往往以注意力品质的好坏为客观指标。进行任何一项活动都需要注意力的参与,注意力水平的降低会影响到意识活动的有效水平。思想不能集中的程度越高,心理健康水平就越低。(5)暗示性。易受暗示的人,往往容易受周围环境的无关因素影响而引起情绪的波动和思维的动摇,有时表现为意志力薄弱。他们的情绪和思维很容易随环境的变化而有所变化,给精神活动带来不稳定。当然,易受暗示的这种心理现象在每个人身上或多或少都存在着,只是

①马建青.心理卫生与心理咨询论丛[M].杭州:浙江大学出版社,2004:19.

②许又新.精神病理学[M].2版.北京:北京大学医学出版社,2011:3-8.

③郭念峰.临床心理学[M].北京:科学出版社,1995:173-179.

在水平和程度上有着较大的差别。一般来说,女性比男性较容易接受暗示。(6)心理康复能力。人一生中不可避免地会遭受精神创伤,在受到精神创伤之后,人们往往会出现情绪波动、行为暂时改变,甚至某些躯体症状。但是,由于各自的认知能力不同、各自的经验不同,人们从一次打击中恢复过来所需要的时间会有所不同,恢复的程度也有差别。这种从创伤刺激中恢复到往常水平的能力,称为心理康复能力。心理康复能力强的人恢复得较快,而且不会留下严重痕迹,每当再次回忆起这次创伤时,他们会表现得较为平静,而且原有的情绪色彩也很平淡。(7)心理自控力。一个人的心理健康水平高低可以从他的自我控制能力进行判断。情绪的强度、情感的表达、思维的方向和思维过程都是在人的自觉控制之下实现的。所谓不随意的情绪、情感和思维,只是相对的,它们都有随意性,只是由于水平不高难以觉察而已。当一个人的身心十分健康时,他的心理活动会非常自如,情感表达恰如其分,辞令畅通,仪态大方,既不过分拘谨,又不过分随便。(8)自信心。当一个人面对某件生活事件或某项工作任务时,首先是估计自己的应对能力。能力估计过高会产生盲目的自信,在实际操作中会掉以轻心而导致失败,从而产生失落感或抑郁情绪;能力估计过低会产生盲目的不自信,导致过低评价自己的能力而畏首畏尾,因害怕失败而产生焦虑不安的情绪。因此,自信也是评价一个人心理健康的标准之一。自信建立在正确的自我认知和思维分析上,可以通过生活实践得到提高。(9)社会交往。人类的精神活动得以产生和维持,其重要的支柱是充分的社会交往。社会交往的剥夺,必然导致精神崩溃,出现种种异常心理。因此,一个人能否正常地与人交往,也标志着一个人的心理健康水平。当一个人毫无理由地与亲友和社会中其他成员断绝来往,或者变得十分冷漠时,就成了接触不良;但是,当一个人与素不相识的人也可以十分兴奋地聊天时,就可能处于躁狂状态。心理健康的人会根据交往对象的不同,把握好交往的程度和交往的状态。(10)环境适应能力。人为了个体生存和种族繁衍,为了自我发展和完善就必须适应环境。这里的环境包括居住环境、工作环境、学习环境等。环境的变化需要我们采取相应的措施去适应。如果一个人能够用积极的方式很快地适应新环境,就代表他的环境适应能力良好。

(二)心理健康的标准

对于心理健康标准的理解,角度各有不同,但基本的理念是一致的。心理健康是一个相对概念,从不健康到健康只是程度不同而已,正常和异常是相对的,不像生理健康那样具有精确、易于度量的指标。人的心理可以从相对不健康变得健康,也可以从相对健康变得不健康,因此心理健康与否是一个动态的过程,不是固定不变的。在此综合国内外学者的见解,将心理健康的标准归纳为以下九点。

1. 智力正常

智力(intelligence)是生物一般性的精神能力,指人认识、理解客观事物并运用知识、经验等解决问题的能力,包括记忆、观察、想象、思考、判断等。个体智力正常发育是其进行各项学习、工作活动的基本条件,因此也是心理健康的重要指标。一般用智力测验来诊断智力发展水平。一般认为智商低于70分者为智力落后,智商在80分以上为心理健康的标准。

2. 情绪稳定协调

情绪不仅能够反映我们的生活状态,还能对我们的身心健康产生影响,积极向上的情绪可以提高人的活动水平,有利于身心健康;而消极的情绪则容易降低人的活动水平,对身心健康的发展有阻碍作用。情绪稳定并不是说个体没有情绪的波动,而是指大多数时候能够通过自身的调节使情绪的起伏不至于太大,稳定在一个相对的区间内。当过于悲伤或过于激动时,能够有意识地调节自身情绪并使之稳定下来。人的每一种情绪都有其产生的原因,心理健康的个体的情绪反应与引起它的情境相称,情绪持续的时间也随客观情况的变化而变化;相反,如果情绪的产生与情境不符且起伏不定、反复无常、难以自控,则属于不健康的情绪状态。

3. 认知完整健全

对现实环境的客观认知意味着能够较好地接纳自我和认识外部。个体在认识客观世界的时候,一方面不断地认识、评价和要求自己,另一方面也在不断地认识、评价和要求他人。认识的内容包括个性品质、心理活动、行为乃至身体以及它们与客观世界的关系等方面。健全完整的认知既包括客观全面地认识自我,扬长避短,又包括正确、恰当地认识他人,取长补短。这是个体心理健康的一个重要方面。

4. 人格统一独立

人格是指人类心理结构(包括需要、态度、动机、价值观、行为倾向、性格等)的整合、统一体,是一个相对稳定的结构。心理健康的人,其人格结构的各方面(包括气质、能力、性格、理想、信念、动机、兴趣、人生观等)的发展应该是平衡、和谐、完善的,即个人的所想、所说、所做都协调一致,处于一个平衡和谐的状态。当产生心理压力时,人格能保持稳定,能理性地把握自己的发展方向。虽然现在的大学生追求特立独行,但是无论多么有"个性",都需要符合社会规范。

5. 人际关系和谐

人类是生活在一定的社会关系中,人际关系的和谐融洽程度一直是影响个体心理健康的重要因素,也是衡量个体心理健康的重要指标。和谐的人际关系能够帮助人们获得更多的社会支持,不良的人际关系则会给人们带来沉重的心理压力,引发焦虑、抑郁等消极情绪。心理健康的个体能够享受与人交往的乐趣,能认可别人存在的重要性和作用,在与人相处时,积极的态度(如同情、友善、信任、尊敬等)总是多于消极的态度(如猜疑、嫉妒、畏惧、敌视等)。

6. 心理与行为符合年龄特征

在个体生命发展的不同年龄阶段,都有相对应的不同的心理和外在行为表现。心理健康的人在认知、情感、言谈举止等方面会表现出符合该年龄段的特征。儿童有符合该年龄的天真烂漫,青年人拥有符合该年龄的朝气蓬勃,中年人沉稳,老年人和蔼亲切。如果一个人的心理与行为表现与同年龄段大多数人存在明显的差异,一般可认为是心理不健康的表现。

7. 面对和接受现实

心理健康的人能够面对现实、接受现实,不会沉溺于不切实际的幻想当中。他能够对周围事物和环境作出客观认识和评价,能正视现在,也能规划未来。心理健康的人对自己的能力有充分的信心,对生活、学习、工作中的各种困难和挑战都能妥善处理。心理不健康的人则没有足够的勇气去接受现实的挑战,用抱怨代替行动,对未来盲目乐观或者过分悲观。

小贴士

家中被盗还值得庆幸？

美国前总统罗斯福的家中被盗，一位朋友知道后写信安慰他。罗斯福给这位朋友写了封回信，说："我现在很平安，感谢生活——因为，第一，贼偷去的是我的东西而没有伤害我的生命，值得高兴；第二，贼只偷去我的部分东西，而没有偷去我的全部；第三，最值得庆幸的是，做贼的是他，而不是我。"①

8. 认识自己，悦纳自己

心理健康的人能够评价自己的优点和缺点，对自己的性格、能力等有客观清晰的认识，既能了解自己，又能接受自己，拥有积极的自我概念；悦纳自己，也相信自己能够为他人所接纳。心理健康的人对自己的要求和未来目标的制定符合自身实际情况，而一个心理不健康的人则缺乏自知之明，由于对自己的要求和所定的目标不切实际，因而总是自责、自怨、自卑，心理状态无法平衡。

9. 热爱生活，乐于工作

心理健康的人珍惜和热爱生活，积极投身于生活，在生活中尽情享受人生的乐趣。他们在工作中尽可能地发挥自己的个性和聪明才智，并从工作的成果中获得满足和激励，把工作看作是乐趣而不是负担。他们能把工作过程中积累的各种有用的信息、知识和技能贮存起来，便于随时提取使用，以解决可能遇到的新问题，使自己的行为更有效率，工作更有成效。

心理测吧

心理健康自测量表②

指导语：本测试共 33 道题目，认真阅读每一道题的表述后，你可参照自己最近一个月的表现，在符合情况的表述后打"√"，每题计 1 分。

1. 信仰破灭，精神萎靡，无精打采，消极度日。	
2. 盲目自卑，缺乏自信心。	
3. 无竞争意识，满足现状。	
4. 缺乏生活热情，失去生活目标。	
5. 习惯于依赖、顺从、怯懦、退缩，做事不主动，缺乏积极、进取精神。	
6. 埋怨消极，情绪低落。	
7. 忧心忡忡，心绪郁结。	
8. 消极厌世，得过且过。	

①孙启香. 大学生心理健康教育[M]. 北京：高等教育出版社，2013：7.

②张建华，张可. 大学生心理健康教程[M]. 2 版. 北京：科学出版社，2014：19-21.

续表

9. 多疑多虑,欺骗自己。	
10. 防范别人,怀疑自己。	
11. 忐忑不安,焦虑紧张,心烦意乱,坐卧不安。	
12. 经常说谎,情绪惶恐。	
13. 内分泌功能紊乱,免疫功能下降。	
14. 对品德、才能、容貌比自己强的人心怀怨恨和反感。	
15. 在行为上对被嫉妒的人冷漠、讽刺、挖苦、打击,以此来发泄心中的怨愤和不满。	
16. 自己的不幸和别人的幸福,都使你(他)痛苦万分。	
17. 郁郁寡欢,遇事常往坏处想,缺乏达观的态度。	
18. 忧郁不乐,对他人办事不放心,心事重重。	
19. 神经过敏,多愁善感,自作多情。	
20. 情绪表现易受暗示,波动较大,反复无常。	
21. 胆小怕事,怯场退避,怯懦恐惧。	
22. 心神不宁,食不知味,难以入睡。	
23. 斤斤计较,心胸狭窄,待人冷漠,苛求于人。	
24. 人际关系紧张,处于孤独和苦恼之中。	
25. 智力发展不正常。	
26. 心理特点与年龄特点不符。	
27. 言行不一,双重人格。	
28. 狂妄自大,目空一切。	
29. 自暴自弃,忧郁颓废。	
30. 对强弱不同的刺激不能作出适度的反应,容易受到挫折。	
31. 没有自知之明,只能看到自己的优点,忽视他人的长处。	
32. 对各种活动都没有兴趣,总是想一个人独处。	
33. 情感和意志行为不协调。	

1.2　计分和解释

第二节　成长轨迹解析——分析心理发展特点

课前暖身活动

他为什么会苦闷不安

某高校大四学生李某，平时无论是在图书馆看书还是在自习室学习，总觉得旁边有人在干扰自己，即使是同桌翻书的轻微声音也会让他心情烦躁许久。他对任何环境都有强烈的不安全感，以至于只有坐在角落看书才稍微让他感到没有那么多的外在干扰。回到寝室后，李某十分反感室友午休时闲聊或者使用手机的声音，觉得那会影响到自己的正常休息。即便有时室友并没有开启媒体设备，他仍会担心室友突然开启后自己无法入睡。李某的性格比较懦弱、害羞，觉得因为这样的小事发脾气或和室友当面发生争执不太好，但是他又摆脱不了自己害怕受干扰的心理困境，日常生活和学习受到了严重影响。临近毕业，李某感到非常焦虑，担心自己无法找到理想的工作；看到有同学考研究生，自己也想考，但在看书时又不能集中精力。李某比较自卑，缺乏自信，甚至觉得自己一无是处，对生活持消极态度，认为一切都糟透了。李某家庭状况一般，他认为自己需要担起责任，挑起家庭的重担，但是目前又感到力不从心，因此生活得非常苦闷。

像案例中李某一样内心苦闷、焦躁的大学生并不在少数，这种心理现象也不是偶然产生的，是与大学生群体特征相关的。大学生处在系统化学习知识技能和培养能力、认识和改造世界的关键时期，需要心理的健康发展为支撑。因此，了解大学生的心理发展特点，抓住有利因素培养大学生良好的心理素质，使让他们在今后的人生道路上坦然面对各种境遇，这是大学生心理健康教育的重要内容。我国普通高校大学生的年龄大多在18岁至24岁，属于青年初期末和青年中期。就大学生整体的心理发展来看，他们正处于迅速走向成熟而又未真正成熟的水平，这在他们心理活动的各个方面都有明显反映，并由此形成了不同于中学生和一般社会青年心理发展的基本特点。大学生心理发展的特点主要归纳为以下六点。

一、自我意识逐步增强但发展不成熟

自我意识是指主体对自我的认知、自我的体验以及自我调控的动力系统，它包括自我观察、自我评价、自我感受、自我监督、自我控制等。大学生自我意识的不断发展使得他们的自我评价和自我监督能力增强，同时也关心外界对自身的评价。但是目前大学生比较缺乏社会经验，阅历不够使得他们难以很好地把握自我发展和社会发展需求间的关系。他们时而高估了自身的能力导致失败而难以忍受挫败感，甚至导致过激的行为反应；时而又觉得自己过分渺小，不敢在公众面前展示自己，带有强烈的自卑感。因此，大学生的自我意识在不断发展但仍然表现得不够成熟。

自我辅导小技术——试试看

改变自卑的方法

(1)行走时抬头、挺胸,步子迈得有弹性。

(2)抬起双眼,目视前方,眼神要正视别人。

(3)当众发言。

(4)运用镜子赞扬自己。

(5)扬长避短。

二、情绪体验日渐丰富但不稳定

大学生普遍关注自我成长,对周围环境的变换、他人对自己的评价、自己的未来发展、社会要求与自身状况的差距等非常敏感。他们对生活的体验日益丰富,如爱情的出现更加让大学生的情感世界发生巨大的变化。但是大学生控制和调节情绪的能力比较弱,容易产生较大的波动,表现出两极性:既可能在短时间内从高度的振奋变得十分消沉,也可能从冷漠突然转变为狂热。情感和理智的矛盾常常让大学生情绪的两极化波动十分明显。

三、对新事物的接受能力强但辨别能力弱

大学生对新鲜事物有着浓厚的兴趣,追求新鲜和变化,很容易受到新事物的影响。但由于大学生的社会经验和人生阅历不够丰富,辨别真伪的能力有限,对一些诱惑的抵抗力不够,很难筛选出哪些是积极正面的新事物和新观点。如果这时候老师和家长进行引导的话,青春期的逆反心理会让大学生与老师、家长产生矛盾,甚至出现偏激言行。

四、性意识觉醒但处理相关问题的能力欠缺

性心理已发育成熟和性意识的觉醒,让大学生的感情欲望逐渐增强。大学生渴望获得他人的注意和关爱,渴望与异性交往,追求爱情是该时期大学生情感发展的主要特点。缺乏健康科学的性知识让有些大学生在处理自身性问题上感到困惑;交往技巧的不成熟也让大学生在与异性交往时出现一系列问题;维护不好和恋人的关系也让许多大学生沉浸在消极的情绪当中。

五、抽象思维迅速发展但思维易带主观片面性

随着大学生知识体系的不断完善,受到的思维训练也越来越复杂,抽象思维占主导地位。但是思维水平并未达到完全的成熟,主要表现在思维品质发展不平衡,思维的广阔性、深刻性和敏感性发展较慢。看待事物的时候往往带入太多的个人意志和猜测,常常把社会问题看得过于简单,以至于陷入主观、片面和“想当然”的境地。有心理学家在揭示大学生这种思维特点时发出这样的感慨:“连当代最伟大的政治家都感到棘手的社会问题,在大学生看来却易如反掌。”

六、意志水平明显提高但不平衡、不稳定

多数大学生已能逐步自觉地确定自己的奋斗目标，并根据目标制订实施计划，排除内外障碍和困难，去努力实现奋斗目标，意志的自觉性、坚韧性、自制性和果断性都有了较大的发展。但处于意志形成时期的大学生，意志发展水平是不平衡、不稳定的。意志的自觉性和坚韧性品质虽已达到较高水平，但意志的果断性和自制性品质的发展却相对缓慢。在不同活动中，大学生意志水平的表现也不一样，即使在同一活动中，其意志水平的表现也有较大差异，心境好时意志水平较高，心境差时则显得较低。情绪波动对他们意志活动水平的影响是比较明显的。

自我辅导小技术——试试看

压力应对技巧①

面对压力时，个人的思考与压力的缓解有密切的关系。积极的思考可以缓解紧张，安定情绪，帮助你从焦虑的生理反应中解脱出来，使身体放松。为缓解紧张，放松身心，我们可以试着做：

(1)准备可以随身携带的卡片或记事本。

(2)列出几条用来应对压力的自我言语，把它背下来，当你面对压力时，就可以用它来帮助自己克服焦虑。

下面是帮助你积极思考的一些例子。

面对压力情境时：一步一步慢慢来，不要慌；只要尽力就好，问心无愧即可。

感到紧张害怕时：没有什么大不了的；以前遇到比这更糟糕的情况，不也过去了；这件事没什么了不起的；深呼吸可以帮助我放松。

第三节　心灵的护身符——掌握心理健康标准

樊富珉等提出大学生心理健康的七条标准：(1)能保持对学习较浓厚的兴趣和求知欲望；(2)能保持正确的自我意识，接纳自我；(3)能协调与控制情绪，保持良好的心境；(4)能保持和谐的人际关系，乐于交往；(5)能保持完整统一的人格品质；(6)能保持良好的环境适应能力；(7)心理行为符合年龄特征。②

根据心理健康的含义和标准，结合大学生心理发展的特点、所处的年龄段、生活阅历以及生活环境，大多数学者认为，大学生的心理健康应符合下列标准。

一、合理的认知

智力正常是大学生学习和生活最基本的心理条件，也是大学生胜任学习任务、适应

---

①马丽. 大学生心理健康教育[M]. 天津：南开大学出版社，2014：52-54.

②樊富珉，王建中. 当代大学生心理健康教程[M]. 2 版. 武汉：武汉大学出版社，2014：11-12.

周围环境变化需要的心理保证。正确的自我评价是大学生心理健康的重要条件。大学生是在与现实环境、与他人的相互关系中,在自己的实践活动中认识自己的。一个心理健康的大学生对自己的认知应比较接近现实,有“自知之明”。对自己的优点感到欣慰,但又不至于狂妄自大;对自己的弱点既不回避,也不自暴自弃,而是善于正确地“自我接受”。

二、稳定的情绪

情绪健康的主要标志是情绪稳定和心情愉快。情绪异常往往是心理疾病的先兆。大学生的情绪健康包括以下内容:①愉快情绪多于不愉快情绪,一般表现为乐观开朗,充满热情,富有朝气,满怀信心,善于自得其乐,对生活充满希望;②情绪稳定性好,善于控制和调节自己的情绪,既能克制约束,又能适度宣泄,不过分压抑,使情绪的表达既符合社会的需求,也符合自身的需要,在不同的时间和场合有恰如其分的情绪表达。

三、坚强的意志

大学生在学习、恋爱、择业等方面都有可能遇到不同的困难,克服这些困难需要坚强的意志,需要具备独立性、坚持性和自制力。心理健康的大学生需要坚持理想与信念,并付出持久的努力,从而克服困难达到最后的成功。

四、健全的人格

人格在心理学上指个体比较稳定的心理特征的总和。人格完整就是指有健全统一的人格,即个人的所想、所说、所做都是协调一致的。大学生人格完整的主要标志是:①人格结构的各要素完整统一;②具有正确的自我意识,不产生自我同一性混乱;③以积极进取的人生观作为人格的核心,并以此为中心把自己的需要、愿望、目标和行为统一起来。

五、和谐的人际关系

人总是处在一定的社会关系中,大学生也同样离不开与人打交道。和谐的人际关系既是大学生心理健康不可缺少的条件,也是大学生获得心理健康的重要途径。大学生人际关系的和谐表现为:①乐于与人交往,既有稳定而广泛的人际关系,又有知心朋友;②在交往中保持独立而完整的人格,有自知之明,不卑不亢;③能客观评价别人和自己,善取人之长补己之短;④宽以待人,乐于助人;⑤积极的交往态度多于消极的交往态度。

案例分析与讨论

马婷是一位大二学生,她在微博、小红书等社交媒体工具上有着大量的“粉丝”和“好友”,她经常热衷在这些平台上“经营”自己的账号,也花费大量时间阅读和评论她的好友们的最新动态。此外,她还喜欢与网络上的陌生人保持长久的联系。然而,马婷的父母却越来越担心她沉迷于虚拟社交,而忽略了现实生活中的人际交往。即使是在过年回家团圆的时候,马婷也总是低头对着手机,和父母沟通的时间越来越少。父母认为,马婷过于依赖虚拟社交,可能影响她的社交能力和情感健康。马婷却并不认同父母的观点,她觉得在虚拟的网络上,可以与陌生人保持真实而坦诚的交流，面对未曾谋面的人可以敞开心扉而不用担心隐私的泄露，这种交流方式反而比较有安全感。与此同时，她与父母之间也存在代沟，她觉得父母的很多观念已经过时，沟通起来总是产生矛盾，不如与网络上的人舒适自如，所以她也不太愿意与父母进行深入的交流。

你与马婷一样热衷于虚拟的网络社交吗？这种虚拟的网络社交会给现实的社交带来什么影响？它能减轻你内心的孤独感吗？

六、良好的适应能力

良好的适应能力是心理健康的重要特征，不能有效处理与周围现实环境的关系是心理障碍发生的重要原因。心理健康的大学生能和社会保持良好的接触，对社会现状有较清晰正确的认识，思想和行动能跟上时代的发展步伐，与社会的要求相符合。当发现自己的需要与社会需要发生矛盾时，能迅速进行自我调节，以求与社会需要协调一致，而不是逃避现实，更不是妄自尊大，一意孤行，与社会需要背道而驰。

七、心理行为符合大学生年龄特征

在个体生命发展的不同阶段都有其相对应的心理行为表现，进而形成该年龄段的心理行为模式。大学生年龄分布在 18 ~24 岁，该年龄段的大学生应该具有龙腾虎跃、反应敏捷、勇于探索、勤学好问、锐意创新等表现。如果该年龄段的大学生表现出过于幼稚或是少年老成，则是心理不健康的表现。如果行为经常严重偏离该年龄段特征，则有可能是心理异常的表现。

在判断大学生心理健康与否时，应重视以下三个方面：(1)大学生心理健康标准的整体协调性。我们在评定一个人是否心理健康时，应该以他心理活动为本考察其内外关系的整体协调性。健康个体心理活动是一个完整统一的协调体，认识是健康心理结构的起点，意志行为是人格面貌的归宿，情感是认识与意志之间的中介因素。如果个体的心理活动各方面不能够协调运作，就会产生一系列的心理问题。从个性角度看，每个人都有自己长期形成的稳定的个性心理，在没有受到重大外部事件影响下是相对保持稳定的。从个体与群体的关系看，每个人在其现实性上可划分成不同的群体，不同群体间的心理健康标准是有差异的。(2)大学生心理健康标准的发展性。从个体心理的发展性来看，心理健康的个体即使在出现心理困扰时也能够逐步调整使之趋于健康。心理健康的标准是一种理想尺度，它一方面为人们提供了衡量心理是否健康的标准，同时也为人们指出了提高心理健康水平的努力方向。(3)大学生心理健康标准的相对性。心理健康与非健康之间没有明确的界限，它们是一个连续化的过程。如果将心理健康比作白色，将不健康比作黑色，那么白色与黑色之间还存在着一个巨大的缓冲区域——灰色区域，世间大多数人散落在这一区域内。完全没有心理困扰的大学生几乎是没有的，每个人或多或少都会存在一些心理困扰。在人生的发展过程中面临心理问题是正常的，不必大惊小怪，应积极加以矫正。处于灰色区域的大学生应该及时进行自我调整，增强对心理压力的抵抗性。如果一个人产生了心理障碍，并不意味着他永远无法恢复健康的心理状态，通过寻求专业的心理工作人员的帮助和自我调整是可以得到解决的。

心理测吧

大学生人格调查表①

大学生人格调查表(University Personality Inventory, UPI)是有关大学生精神卫生、人格健康的调查表。该表于1966年由日本心理咨询专家与精神科医生集体编制而成,是我国高校应用最早也最为广泛的心理普查量表之一,主要以大学新生为对象,入学时作为心理健康调查工具使用。该表有利于早期发现有心理问题的学生,并为他们提供及时的帮助和必要的治疗,同时起到心理卫生的宣传作用,有助于学生了解心理问题的表现,增强心理保健的意识。

UPI测验完成后,需要计算的只有一个指标,即总分。UPI问卷采用是非式选择,肯定选择的项目计1分,否定选择的项目计0分。UPI总分的计算规则是将除测伪题以外的其他56个项目的得分求和。因此,UPI总分最高为56分,最低为0分。

UPI由以下三部分构成:第一部分是学生的基本情况,包括学生的姓名、性别、年龄、住址、联系方式、家庭情况、兴趣爱好、入学动机等。第二部分是UPI问卷本身,由60个项目构成,其中4个项目是测伪量表,编号是5、20、35、50,其余56个项目反映学生的苦恼、焦虑、矛盾等症状。第三部分是附加题,主要是了解被测者对自身身心健康状态的总评价以及是否接受过心理咨询的治疗,有什么咨询要求等。

第一部分　个人信息

姓名:________　　出生年月:________　　民族:________

小学所在地:________省________市(县)

高中毕业时间:____________　　高中所在地:____________

学号:________　　所在系:______系__________专业

班号:________　　现住址:______楼______号

家庭情况

现家庭住址:____________________

父亲:______岁　职业:________　文化程度:________　健康状况:________

母亲:______岁　职业:________　文化程度:________　健康状况:________

您的既往史

难产______　早产______　肺炎______　肝炎______　结核______

脑炎______　脑膜炎______　痉挛______　头部外伤______

其他:________________________(请具体填写)

你的近亲中,是否有人存在精神卫生方面问题?(患病、自杀、去向不明等)　有____　无____

如果有:父母______　兄弟姐妹______　祖父母______　叔舅______　姑姨______

表兄弟姐妹______　堂兄弟姐妹______

①樊富珉.大学生心理咨询案例集[M].北京:清华大学出版社,1994:31-34.

续表

兴趣、爱好、特长：______________________________
是否做过心理测验：　是_____　否_____
何时做过何种心理测验：
智力测验　　测试时间____________年
人格测验　　测试时间____________年
其他　测试名称：____________　测试时间____________年
入学动机：（多项选择，数量不限）
1. 为了振兴中华________　2. 为了社会发展、人类进步________　3. 想做学问________
4. 想掌握专门知识和技能________　5. 想提高自己的教养水平________　6. 为出国打基础________
7. 为了今后就职方便________　8. 由于父母、老师的规劝________　9. 想过几年自由的日子________
10. 想参加丰富多彩的社团活动________　11. 对结婚有利________　12. 其他____________
录取的专业和自己的愿望：
1. 非常符合、满意________　2. 比较满意________　3. 一般________
4. 不太满意________　5. 相差太远，很不满意________　6. 无所谓________
你的第一志愿，大学名：________________　专业名：________________

第二部分　UPI 问卷内容

指导语：以下问题是为了了解并增进你的身心健康而设计的调查，请你按照项目顺序阅读，在你最近一年中，常常感觉到、体验到的项目选择“是”，没有感觉到、体验到的项目选择“否”。注意只有两种选择，请认真地填写。

1. 食欲缺乏。	是	否
2. 恶心、胃口难受、腹痛。	是	否
3. 容易腹泻或便秘。	是	否
4. 关注心悸和脉搏。	是	否
5. 身体健康状况良好。	是	否
6. 牢骚和不满多。	是	否
7. 父母期望过高。	是	否
8. 自己的过去和家庭是不幸的。	是	否
9. 过于担心将来的事情。	是	否
10. 不想见人。	是	否
11. 觉得自己不是自己。	是	否
12. 缺乏热情和积极性。	是	否
13. 悲观。	是	否
14. 注意力不集中。	是	否

续表

15. 情绪起伏过大。	是	否
16. 常常失眠。	是	否
17. 头痛。	是	否
18. 脖子、肩膀酸痛。	是	否
19. 胸痛憋闷。	是	否
20. 总是朝气蓬勃。	是	否
21. 气量小。	是	否
22. 爱操心。	是	否
23. 焦躁不安。	是	否
24. 容易动怒。	是	否
25. 活着没意思。	是	否
26. 对任何事都没有兴趣。	是	否
27. 记忆力减退。	是	否
28. 缺乏耐心。	是	否
29. 缺乏决断能力。	是	否
30. 过于依赖别人。	是	否
31. 为脸红而苦恼。	是	否
32. 口吃,声音发颤。	是	否
33. 身体忽冷忽热。	是	否
34. 注意排尿和性器官。	是	否
35. 心情开朗。	是	否
36. 莫名其妙地不安。	是	否
37. 一个人独处时感到不安。	是	否
38. 缺乏自信心。	是	否
39. 办事畏首畏尾。	是	否
40. 容易被人误解。	是	否
41. 不相信别人。	是	否
42. 过于猜疑。	是	否
43. 厌恶交往。	是	否
44. 感到自卑。	是	否
45. 杞人忧天。	是	否
46. 身体倦乏。	是	否
47. 一着急就出冷汗。	是	否
48. 站起来就头晕。	是	否

续表

49. 有过失去意识、抽筋。	是	否
50. 人缘好，受欢迎。	是	否
51. 过于拘泥。	是	否
52. 为犹豫不决而苦恼。	是	否
53. 对脏很在乎。	是	否
54. 摆脱不了毫无意义的想法。	是	否
55. 觉得自己有怪气味。	是	否
56. 觉得别人在背后说自己坏话。	是	否
57. 总注意周围的人。	是	否
58. 在乎别人的视线。	是	否
59. 觉得别人轻视自己。	是	否
60. 情绪容易被破坏。	是	否
61. 至今你感到自身健康方面有问题吗？	有	没有
62. 你曾经觉得自身心理卫生方面有问题吗？	有	没有
63. 至今你接受过心理卫生的咨询和治疗吗？	有	没有
64. 如果你有健康或心理卫生方面想要咨询的问题，请写在下面的文本框内：	有	没有

1.3　计分和解释

第四节　养育心灵花园——维护心理健康

案例导入

安然度过新生适应期

李彦是大一新生，自步入大学校门以来，最让他感到不适应的就是“同在一个屋檐下”的寝室集体生活了。由于大学之前从未住过校，很难体会到突然间多了好几个朝夕相处的“兄弟”的感觉，面对来自全国各地、生活习惯和价值观念迥然不同的室友们，李彦显得有些手足无措。另外，生活琐事一切由父母包办的日子一去不复返，所有生活上的事情都需要靠自己解决。和室友们相处了一段时间后，李彦觉得室友们在聊天或吃饭的时候总是把自己落下，因此心中觉得非常失落。渐渐地，李彦放弃和他们沟通交流，索性自己独来独往，在学校里他也找不到其他能够聊得来的同学，因此觉得大学生活十分没意思，甚至产生了想休学的念头。

看到学校心理咨询中心的海报后,李彦鼓起勇气向咨询中心的老师诉说他的苦闷。听完李彦的叙述后,咨询中心的老师告诉他,很多大一新生都会面临一系列的适应问题,表现之一就是离开原有的人际关系圈,新的人际关系圈尚未建立而产生孤独感。咨询老师建议李彦根据自己的兴趣爱好多参加实践活动和社团组织。李彦喜欢足球,可以加入学校的足球队,这样既能发挥自己的特长,又能交到更多的朋友。如果寝室里也有爱好足球的室友,则可以邀请他们一起参加足球队,组织足球比赛等,以此来培养和室友间的感情。同时,咨询老师建议李彦制订一个短、中、长期的计划,使自己的业余时间更加有序。

经过一段时间的调整,李彦逐渐走出新生适应的困难期。通过参加足球队,他认识了很多志同道合的朋友,业余生活明显丰富了,和室友间的相处也比原来融洽了。总之,他又重新拾起了对大学生活的信心。

一、大学生常见心理问题

在生活工作中,每个人都会遇到各种各样的心理困扰,大学生处在人生多变期更是如此。2010—2011 年关于大学生心理健康状况的网络调查表明,27% 的大学生经常受到心理问题的困扰,66% 的大学生认为自己偶尔会受到心理问题的困扰,只有 2% 的大学生认为自己没有受到心理问题的困扰,另有 5% 的大学生选择没有想过这个问题。大学生的心理问题越来越受到社会的关注和重视,大学生因为心理问题休学、退学的案例不断增多,自杀、凶杀等恶性事件也时有发生。不良事件的发生无不和大学生的心理健康有关,也向人们敲响了警钟,加强大学生心理健康教育迫在眉睫。大多数的调查结果显示,目前我国大学生的心理健康状况令人担忧。总的来说,有以下几个特征①:①心理问题的比例呈上升趋势;②心理疾病开始逐渐成为休学、退学的主要原因;③神经症成为主要的精神疾病;④重性精神病危害较大。

大学生常见的心理问题包括适应问题、学业问题、人际关系问题、恋爱与性问题、职业选择问题等,其分布见图 1-2。这些问题如果得不到及时解决,就可能引发大学生自杀等严重后果。

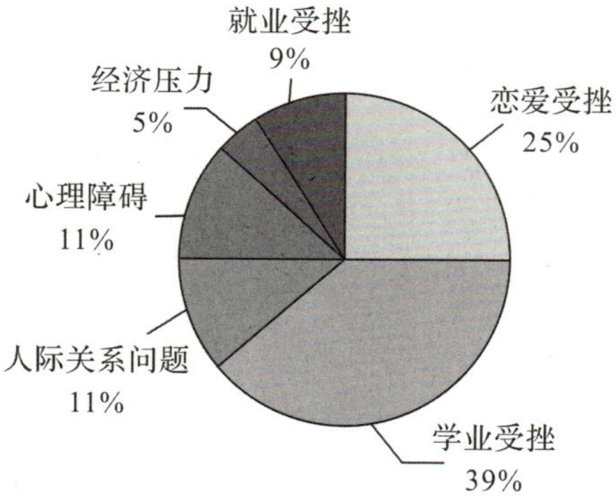

图 1-2　大学生常见心理问题分布

(一)适应问题

案例分析与讨论

李某是一名大一下学期的学生,目前以患病为由,请假待在家里。大一开学时李某因为与班级里的几个同学关系紧张,她认为这是影响她学习的主要原因。于是,她

①仲稳山,倪亚兰,潘林元. 大学生心理健康维护[M]. 苏州:苏州大学出版社,2006:157-162.

向家长哭诉,强烈要求家长为其转班级,说只要换一个新的学习环境,她会重新开始正常学习。当时,家长认为孩子说得很有道理,就给孩子办了转班级手续,然而转到新班级后,李某又因为与室友发生摩擦,提出要更换寝室。这时家长仍然没有意识到问题所在,又要求学校为其调换寝室。可是,李某即使换了新的寝室,依然感到无法适应新环境,常常感到莫名的孤独和焦躁,最终导致她产生了厌学的情绪,拒绝上学。

你曾经遇到和李某类似的问题吗?谈谈你是如何克服的?

几乎每一位刚迈入大学校门的学子都会面临各种适应问题。远离家乡来到异地求学的大学生在气候、饮食习惯、生活方式等方面可能难以适应,就算是在本省读书的大学生,也会面临与室友、同学、老师交往等处理各种人际关系和考验生活独立性的一系列问题。若大学生还采用高中时期的态度和方法去面对大学生活,很可能感到难以适应而产生矛盾和困惑,因此大一是培养学生独立生活、独立工作的关键时期。刚入学的大学生要顺利度过生活环境的转变期,需从小事做起,从眼前做起,利用每一件小事和每一个机会锻炼自己。大学四年的生活需要我们用一种平和的心态去面对,无论是身边的同学还是老师,都需要我们用心去真诚接纳。此外,我们也需要去适应学校的管理制度,充分利用学校的各种资源,寻找到最适合自己的生活方式,充实快乐地度过四年大学生活。

(二)学业问题

学生最主要的任务是学习,掌握知识和增强能力是大学生活的核心内容。大学的学习方式、学习内容、学校环境和中学有较大差异,它需要大学生有更多的自主性和自制力,从中学时刻有人监督学习的状态转化到自己安排学习进度、学习时间和学习目标的状态。大学生面临的学业问题主要表现为学习目的问题、学习动力问题、学习方法问题、学习态度问题以及学习成绩差等。大学生最重要的是培养一种自学能力,利用身边的各种资源让自己的知识结构更加合理,体系更加完善。

(三)人际关系问题

与中学阶段不同的是,大学生面临来自五湖四海不同背景、不同个性和不同生活习惯的同学,开始完全独立地生活。他们一方面渴望与人建立长久的友谊,但由于沟通技巧的不成熟和青春期的敏感冲动,他们又常常陷于人际交往的困惑当中。大学生的人际关系问题主要表现在以下几个方面:(1)人际关系不适。进入大学,远离原来熟悉的生活与学习环境,面对新的人际群体,部分学生显得很不适应。(2)社会交往不良。部分大学生缺乏在公众场合表达自己思想的能力与勇气,面对各种各样的活动,充满了兴趣,却又担心失败,只是羡慕而不积极参与,久而久之,开始回避参与活动,并感叹“外面的世界很精彩,外面的世界很无奈”。(3)个体心灵闭锁。大学生从家门到校门,缺乏社会阅历和人际交往经验,而自身在人际交往中的不自信又不利于增加自身的人格魅力,妨碍了良好的人际交往圈的形成。与此同时,由于个体间的正常交往不够,又易引发猜疑、妒忌等不良心理,不利于学生的健康成长。①

①周家华,王金凤.大学生心理健康教育[M].3版.北京:清华大学出版社,2010:9.

自我辅导小技术——试试看

学会与他人有效沟通

1. 练习积极的沟通。提出批评意见时，至少提出一个正面的评论加以平衡。

2. 全神贯注地听人讲话。最好能够与对方保持较近的距离和有一定的目光接触。

3. 注意对方的优点并经常加以表扬。

4. 花时间倾听。倾听的目的是理解而不是评论。尊重他人，平等地对待对方，不讨好也不随感评判。听完后，告诉对方你听到的内容，但是不要急着去讲你自己的态度或者想法。

（四）恋爱与性问题

处在青春期的大学生，性的发育成熟是其重要特征。大学校园中，恋爱已然成为一种普遍现象，但是由于缺乏正确的恋爱观和性教育，不能够理智审视该阶段面临的主要任务，很多人将大部分时间花在了恋爱上；此外，还有很多大学生由于心理发展的不成熟，无法正确面对恋爱中的挫折，难以自我调适，常常陷入感情的漩涡中而无法自拔，这些均给大学生带来极大的心理困扰。爱情需要理智，一旦双方产生了恋情，要沉着、冷静、理智地对待，既应珍视纯洁的感情，又不能任其发展，注意适度控制，正确处理恋爱与学业的关系。

案例分析与讨论

男生小陈向其爱慕的女生小莉求爱，小莉婉拒了小陈。小陈求爱不成，便在多个场合谩骂小莉。一天晚上，当自修室内只有小莉一人在自习时，跟踪已久的小陈冲进自修室，拎起椅子向小莉砸去，最后导致小莉头部和腰部严重受伤。小陈则一直强调自己是太喜欢小莉了才会出现这种行为。小莉的父母坚决要求校方开除小陈并赔偿损失。

小陈为什么会出现不当行为？我们该如何帮助他呢？

（五）职业选择问题

日益严峻的就业形势带给大学生的心理压力也越来越大。对于大四的学生而言，找到一份理想的工作已成为他们最为关心的问题。但是很多学生自我定位不准确，难以适应巨大的竞争环境，缺少工作前的准备和缺乏面试的信心等，这些都让他们在求职道路上走得比较坎坷。大学生需要提早进行职业规划，要明确自己的目标和定位，不要到了大四才开始感到迷茫和乱投简历。

1.4 情景剧

二、维护大学生心理健康的方法和措施

案例分析与讨论

某高校大三学生晓晨原本出生在一个幸福美满的家庭，父母和谐恩爱，家庭氛围温暖，但是在晓晨2岁那年，父母因为车祸不幸离世，于是晓晨就由年迈的爷爷奶奶抚养长大。在12岁的时候晓晨曾被开水烫伤，左边脸部损伤严重，她当时非常难过，但还是笑着对爷爷奶奶说：“没事的，晓晨还是很漂亮。”尽管爷爷奶奶年迈，但是对晓

晨的照顾十分周到。晓晨从小就懂得爷爷奶奶的艰辛,十分懂事和孝顺,从小学开始一直都是班上品学兼优的好学生。尽管生活困难,但她仍然在困顿的生活中保持积极向上的态度。进入大学后,晓晨努力学习,积极参加学校的志愿者活动,除了每年获得奖学金外,还利用假期做家教补贴家用。晓晨说,有时候我们没有办法选择自己的出身,但是可以选择如何走好接下来的每一步。

案例中的晓晨虽然人生道路并不平坦,经历过重大挫折,但是她凭借坚强的性格和非凡的毅力战胜了重重困难。正是因为晓晨具有的乐观心态、良好的心理素质,她的生命才没有因为不幸和困难而失去光彩,反而不断阐释着生命的意义。因此,心理健康是我们幸福生活的基础,也是我们不断发展和完善自身的重要保障。

心理问题广义上是指有心理及行为异常的情形,根据其严重程度分为心理困扰、心理障碍和心理疾病。心理困扰人人都有,只不过存在的程度有很大的差异,如果这些困扰不能得到及时的解决,就有可能发展为心理问题,甚至会导致心理疾病。我们只有掌握了正确的维护心理健康的方法,才能在遇到各种心理困惑和挫折时,积极调动自我调节系统正面应对。

(一)培养健康的生活方式和良好的生活习惯

健康的生活方式和良好的生活习惯是一个人身心健康的重要保障。一般来说。一个良好习惯多、不良习惯少的人,往往是心理健康状况良好的人;反之则是欠佳者。我们常常看见有些人一心埋头于学习和工作始终处于高度的紧张状态;有的人生活没有规律,吸烟、饮酒过量或是不合理用药。随意破坏生物节奏和精神节奏,势必会影响工作和学习的效率。对于可塑性较强的大学生来说,培养规律的睡眠习惯、健康的饮食习惯等良好的生活习惯将受益终身。

(二)大学生必须增强心理健康意识和自我调节能力

从对心理健康的认识来看,仍然有许多大学生认为心理健康教育是专门针对有心理障碍或是疾病的学生,去学校心理咨询室的同学也是所谓"精神不正常"的人。首先,大学生要正确认识心理健康教育的概念与意义,明白我们每个大学生或多或少都存在心理困扰,高校心理咨询更多是开展发展性的咨询,其主要功能是为大学生排忧解难,让大学生更轻松快乐地生活。其次,大学生要自觉加强对自身心理健康的关注。在学习心理健康相关知识的基础上,了解心理健康的重要性并学会对照心理健康标准来衡量自身的情况;也可以通过体验式学习(如拓展训练、人际关系团体辅导、职业生涯团体辅导等)增强心理健康意识,拓展自我认识和自我体验。

大学生正处于身心发展的重要时期,应随时随地加强自我心理调节,主要可采取以下几种方法:(1)及时疏泄负面情绪。长期压抑情绪会直接导致心理障碍,因为负面情绪自己不会消失,虽然暂时被压抑,但是积累到一定程度就会以极端的形式爆发,会造成更大的伤害。因此,在生活中遇到令人不愉快和烦闷的事情要及时发泄,但要注意宣泄的对象、地点、场合、方式等,切不可任意宣泄,无端迁怒他人或他物。(2)理智调节。在日常生活中出现过于强烈的情绪反应时人的思维会变得狭隘,情绪会难以自控。这时需要我们学会理智调节,无论遇到什么事情,产生什么不良情绪,都要分析原因、解决问题、调节情绪,从而保持心理平衡。(3)转移注意力。情绪不佳时可以试着换换环境,外出和朋友娱乐等,尽快有意识地转移自己的注意力。(4)学会向朋友倾诉。长期遇到问题或困扰总是独自闷在心里会让我们感到十分压抑,学会倾诉能够很好地帮我们解开心结。朋友站在一个客观的立场看待问题可以帮助当事人更加理智地分析问题,改变当事人不合理的认知。①

(三)高校科学落实心理健康教育课程,使之符合大学生实践应用

我国大部分高校虽然开设了心理健康教育课程,但是还远远没有落实在服务大学生心理需求的实践层面,因此必须抓紧将教学内容的安排和设计从理论的层面落实到为大学生实践指导的层面上来。另外,结合大学生不同阶段的心理状况,有针对性地开展心理健康教育专题讲座。例如,学生入学之初对其进行环境适应与角色转换的引导,在校期间对其进行心理健康指导,毕业之际对其进行面向社会的人生职业规划和就业心理调适等方面的教育。同时,还要把大学生的心理健康教育工作渗透到学科教育的各个领域中去,在进行专业教学的同时,做到春风化雨、润物无声,从而促进大学生心理健康教育体系的良性循环。政府和社会也应当给予大学生心理问题更多的关注,呼吁社会各界人士支持大学生心理工作。

(四)学校对大学生进行心理普查,建立个人心理健康档案

实施大学生心理健康档案制管理,认真建立新生心理健康档案,掌握每一届学生心理健康状况,从中发现心理疾患高危人群和一般疾患人群,从而有针对性地进行防范和治疗。同时,对来咨询学生进行跟踪观察与辅导,不断帮助大学生提高自身心理健康水平和心理素质。另外,还可以对优秀心理品质大学生进行追踪观察,在大学生毕业进入社会后,对那些可以尽快适应社会,转变自身角色,正确自我定位的大学生,统计分析他们当初的心理档案,以便从优确立大学生心理健康教育模式。

(五)拓宽教育途径,构建网上心理健康教育平台

随着信息技术的快速发展,上网已成为大学生了解时事、查阅资料、交流感情和休闲娱乐的重要途径,更成为他们学习和生活不可或缺的重要组成部分。大学生作为最广泛的网民群体,对网络环境的熟悉和信赖程度较高。构建心理健康教育网络平台是适应时代发展的举措。网络心理健康教育是指来访者通过专业网站提供的信息,学习并掌握有关心理健康的知识和技能;网络平台支持辅导者向受辅者介绍心理学知识,提供心理健康教育的有关服务。与传统的心理健康教育相比,网络心理健康教育具有不受空间限制、即时性、广泛性、隐秘性等特点,因此受到越来越多人的青睐。但是需要注意的是,网络环境鱼龙混杂,网上咨询人员的能力有待提高,数量有待增加,咨询效果的反馈也得不到保障。想要达到理想的心理健康教育效果需要专业可信的网络平台支撑。集中优势力量建设好全国大学生心理健康教育大网络,实现全国心理健康教育网的互联与资源共享,加快专业心理健康软件的开发应用是解决这一问题的办法之一。另外,网络技术的发展要求各高校尽快培养一支新型的心理健康教育队伍,使这支队伍成为名副其实的网络灵魂工程师,能通过网络准确把握大学生的心理动态、心理变化和心理要求,科学地给

①四川外语学院成都学院.大学生心理健康教育[M].北京:世界图书出版公司,2013:177-179.

予服务和引导,使得网上心理健康教育更具亲和力。①

（六）建立健全心理咨询机构,加强心理咨询工作

心理咨询是大学生缓解心理压力、防治心理疾病、增强心理健康的重要途径,也是增强大学生心理素质教育的一个有机组成部分。心理咨询机构能为大学生提供及时、有效的心理健康咨询服务,辅助他们正确处理来自环境适应、情绪控制、恋爱交往、求职择业和挫折应对等方面的问题和困惑,增强其心理调适能力和社会适应能力,从而有效地预防和缓解心理疾病,实现身心健康发展。因此,高校要在校园内逐步建立起配套的心理咨询机构,聘请专业心理咨询人员,通过当面沟通、电话咨询、网络交流、心理行为矫正等多种形式,对大学生的生活、学习、交往、就业等各方面进行有针对性的心理指导,使学生们对自己的身心健康状况、心理发展特点及影响身心健康发展的主客观因素有一个全面的了解。

（七）在大学生群体中推行朋辈辅导计划

在大学生群体中推行群体辅导即是基于目前高校专业心理工作人员不足情况下的一个对策,主要是考虑到学生们在讨论个人问题的时候,更多的是寻求朋辈而不是成人,朋辈辅导员和他们的当事人可能在这种相互作用中获益。众多研究表明,朋友是学生解决困难时最重要的支持力量,同时朋友是指示学生到何处求助的重要信息提供者。学生们期望从愿意倾听和理解他们的困惑,并且能够提供致力于解决问题的建议的同辈那里获得帮助。目前主要的朋辈辅导类型有:(1)同辈教导。同辈教导指同辈之间互相教导共同提高的一种辅导方式。其主要理念是"年轻人帮年轻人",在教导中教导者与被教导者角色是不确定的,即相当于"道之所存师之所存"。同辈教导对同辈教导者与被教导者的学业及社会发展有积极的作用。(2)同辈调解。同辈调解是同辈辅导方案的核心,也是目前被广泛应用的由同辈协助解决同辈间争执、冲突的方法。同辈调解主要是由经过训练的同辈辅导员,利用有效的沟通技巧,倾听同辈不同的观点,引导冲突双方共同探讨解决问题与争端的途径,建立相互尊重的气氛,终至问题解决,防止争端扩大。(3)同辈咨询。同辈咨询讲求咨询具有隐秘性和私人性,同辈咨询重视问题解决、信息提供、内容导向,比较强调预防的功能。同辈辅导计划能将辅导服务的范围拓展到学校的每一位学生,扩大了高校心理健康工作的影响范围。

（八）加强校园文化建设,营造良好的健康氛围

丰富多彩的校园文化可以陶冶情操、净化心灵,对大学生的身心健康而言具有潜移默化的作用。大学生可以从校园文化中汲取营养,从丰富多彩的校园活动中感触时代的脉搏,体验交往的愉悦和人际关系的和谐,有利于培养他们健康乐观的心态,增强自身的社会适应能力。因此高校校园文化建设也是高校心理健康教育中重要的一环。

（九）加强对教育工作者的心理健康教育,充分发挥辅导员的职责和作用

大学生心理健康教育是一项复杂的系统工作,必须渗透到学校管理和日常教学的全过程。大学生心理健康教育工作的成败在很大程度上取决于教育工作者的心理素质和

①张心琦.当代大学生心理健康存在的问题及对策研究[D].大连:大连海事大学,2003:190-193.

综合素质,教师的心理素质和人格魅力对大学生的心理健康发展具有深远的影响。因此,加强教育工作者的心理健康教育,是加强大学生心理健康教育的基础和关键。这就要求广大教师在培养学生的同时,也要加强对自身心理状态的调整与人格的塑造,用美好的心灵去影响学生的心理,为大学生的健康成长创造良好的软环境。同时,要充分发挥工作在大学生教育管理第一线的辅导员的职责和作用,及时发现大学生在做人、做事和做学问方面存在的问题和障碍,及时干预大学生中潜在的心理危机因素,及时解决可能发生的心理危机并将影响控制在最小范围,真正起到大学生心理健康教育主力军的作用。

三、开展团体心理辅导活动

学校心理健康教育的重要使命在于使适应正常的广大学生具有健全的人格、良好的个性心理品质,促使其内心世界的丰富、精神生活的充实、潜能的发挥与人生价值的正确体现。从整体上看,有不少学生会在心理和行为上表现出一些“问题”,其中大部分是成长过程中出现的发展性问题。如学习能力差引起的学习困难,挫折承受力低而导致的情绪易波动等,属于大学生正常心理发展中有可能出现并可以理解的问题。学校需要针对这些学生的共同的成长课题进行心理健康教育。学校团体心理辅导主要是通过团体内人际交互作用,促使个体在交往中观察、学习、体验,认识自我、探索自我,调整改善与他人的关系,学习新的态度与行为方式,以促进良好的适应与发展的助人过程。许多人在参与团体辅导过程中能够得到成长、改善适应和加快发展。

(一)团体心理辅导活动的优点

(1)适用面广,既可以针对具有共同心理问题的十个人左右的小组,又可以针对几十个人的发展性群体;

(2)形式多样,生动有趣,有利于吸引学生积极投入;

(3)耗时短,效率高,收效好,每个成员既是“求助者”又是“助人者”,可在有引导的相互影响中多视角地学习,有理论,有实践,有体验,有分享,获得多重的反馈,从而产生心理与行为的改变。在团体中不但可以更有效地影响或改变个人的某些自我概念或想法,还可以协助解决原本在个人之间难以解决的问题。

(二)团体辅导的主要过程

1. 定向阶段

处于此阶段的成员对团体不了解,彼此之间不太熟悉,往往存在焦虑担心、气氛沉默、防卫心理和对辅导员的依赖等反应,因而工作的重点是协助成员建立“安全感”与“信任感”。

2. 冲突阶段

随着团体辅导的进展以及为了达到团体辅导的目标,团体成员就需要将内心的真实自我展示出来,这将会引起自我内心的冲突,也促使成员之间真正意义的互动,形成各种真实自我的冲击,从而表现出焦虑与挣扎、抗拒与防卫和挑战领导者等特征。

3. 凝聚整合阶段

团体经过冲突之后,出现了凝聚现象。团体成员的真实自我的袒露,增进了相互的了解，密切了相互之间的关系，尖锐真实的意见受到鼓励和欢迎，从而感到团体是安全、信任和可靠的，也使成员有了团体归属感，对团体的成员、领导者和目标有了认同感。

4. 成效阶段

该阶段成员不再那么依赖辅导员，自己也学会了一定的团体技术，能主动关心别人，挑战自己，相互反馈，相互帮助，相互依存。

5. 巩固结束阶段

团体发展到这一阶段，成员之间建立了友谊，大家依依惜别；但有的成员不免会对自己回到原来的环境后能否适应感到担心；还会出现成员注意力不集中，精力有所转移，结果造成团体互动频率降低、影响力减弱的松散现象。

课堂团体辅导活动

天生我才

目的：通过练习，协助参加者了解自己的长处，珍惜自己的潜能，学习自我欣赏、自我肯定，学习欣赏别人，增进自信和信任。

操作：领导者先介绍活动，请成员填写“天生我才”练习表（见下表），然后各小组成员在自己组中讲出自己填写的内容。每位参加者说出同一项的答案再开始下一项，完成各项答案，开始讨论。讨论大纲如下：

（1）你同意“每人都有长处”吗？原因何在？

（2）你做了一件事，如“帮助生病的室友打饭”或“考得好成绩”等，你会欣赏自己的行为吗？为什么？

（3）当你做错事，如“和朋友约会迟到了”或“考试时有些题根本不会”，你会怎么对待自己？会责骂自己吗？为什么？

总结：每个人都有优点，都有值得欣赏的地方。对于优点应欣赏、珍惜及继续发展；对于缺点应该接受并改善。

“天生我才”练习表

请完成下列句子。
1. 我最欣赏的自己的外表特征是：
2. 我最欣赏自己对朋友的态度是：
3. 我最欣赏自己对求学的态度是：
4. 我最欣赏的一次学业成绩是：
5. 我最欣赏的自己的性格特征是：
6. 我最欣赏自己对家人的态度是：
7. 我最欣赏自己对做事的态度是：

课后讨论与探究

心态对成功的影响①

一位心理学家想知道人的心态对行为到底会产生什么样的影响,于是他决定做一个独具匠心的实验。首先,他让10个人跟随自己穿过一间黑暗的房子。在他的引导下,这10个人全部顺利通过。然后,心理学家轻轻地打开房内的一盏灯。在昏黄的灯光下,这些人看清了房内的一切,全都惊出了一身冷汗,原来这间房子里有一个大水池,里面有十几条大鳄鱼,水池上方搭着一座窄窄的小木桥,没想到刚才他们正是从独木桥上走过去的!

心理学家此时问:“现在,你们当中还有谁愿意再次穿过这间房子呢?”沉默了好一会儿,有三个胆大地站了出来,其中一个小心翼翼地走了过去,速度比第一次慢了许多;另一个颤颤巍巍地踏上小木桥,走到一半时,竟然趴在小桥上,爬了过去;第三个刚走几步就一下子趴下了,再也不敢向前移动半步。屋内有10盏灯,心理学家又打开剩余的9盏,顿时亮如白昼。这时,人们才看见小木桥下方装有一张安全网,只是由于网线的颜色极浅,所以刚才他们根本没有看见。“现在,谁愿意通过这座小木桥呢?”心理学家问道。这次有五个人很快地站了出来。“你们为何不愿意呢?”心理学家问剩下的两个人。“这张安全网牢固吗?”这两个人异口同声地反问。

思考:如果你们在现场,你们会如何表现?________________________

你们认为成功者需要具备的素质是:________________________

你们认为失败者具有的特点是:________________________

害怕失败的恐惧感是人们会失败的主要原因,但是要成功就一定会先失败,失败对成功来说是绝对必要的阶段。

想出三件因为害怕失败的恐惧感而使你们在个人生活、职业生活或是财务处理上无法达到自己目标的事情。

(1)________________________

(2)________________________

(3)________________________

你们可以从每一次挫折中学习,将失败转换为成功,请列出一项你经历的曾令你非常沮丧的事情,并至少举出一门你学习到的最有价值的功课。

沮丧的事情:(1)____________　　学习到的:(1)____________

(2)____________　　(2)____________

(3)____________　　(3)____________

进一步阅读的文献

- 马斯洛,等. 人的潜能和价值[M]. 林方,主编. 北京:华夏出版社,1987.

《人的潜能和价值》是人本主义心理学有关“人的潜能和价值”讨论的论文集,主要选录了马斯洛有关人性心理学价值观的文章。马斯洛理论把人的需要分成生理需要、安

①崔艳. 大学生心理健康教育读本[M]. 大连:东北财经大学出版社,2013:43.

全需要、归属与爱的需要、尊重的需要和自我实现的需要五类，依次由较低层次到较高层次发展。不同专业的学生阅读它都会受益匪浅。

● 弗洛姆. 爱的艺术[M]. 李健鸣，译. 上海：上海译文出版社，2011.

在这本书中，弗洛姆认为，爱情不是一种与人的成熟程度无关，只需要投入身心的感情。如果不努力发展自己的全部人格并以此达到一种创造倾向性，那么每种爱的试图都会失败。如果没有爱他人的能力，如果不能真正谦恭地、勇敢地、真诚地和有纪律地爱他人，那么人们在自己的爱情生活中也永远得不到满足。

● 许宜铭. 重塑心灵[M]. 北京：中国轻工业出版社，2009.

有 20 年经验的资深治疗师许宜铭在书中为我们提供了一套清晰可遵循的架构及剖析人格的范例与练习，带领我们进行一次人格的自我回溯之旅。你会开始明白，父母、原生家庭的特质及成长过程中的重大事件如何点滴烙印在你的人格上，如何强化你的思考与应对模式；也只有在更清楚自己的时候，你才可以为自己做出新的抉择，找到更适合你展现的人生剧本，拥有自主的人生。

第二讲　大学生的学习心理

【导语】

对于大学生来说，学习是主要任务。大学生在校园里要学习的东西，有书本层面的理论知识，也有直接运用于实际的技能，还有为人处世的态度和方式方法。健康的学习心理是指导大学生去认识和处理学习过程中出现的各种具体矛盾的关键，培养健康的学习心理就成了大学生心理健康教育的重要内容。通过本讲的学习，希望你可以：

1. 认识大学生的学习特点；
2. 知悉该如何激发和培养大学生的学习动机；
3. 掌握大学生养成良好学习习惯的方法；
4. 学习如何培养创新能力。

2.1　微课视频

第一节　探索学习的奥秘——认识学习心理

知之者不如好之者，好之者不如乐之者。　——孔子

学习知识要善于思考，思考，再思考。　——爱因斯坦

课前暖身活动

改变自我对话

改变自我思维首先要从改变自我对话模式开始。下面是一些自我对话的例句（括号里是要丢弃的自我对话方式）。同组成员讨论平时自己更加倾向于哪种自我对话，组员间相互鼓励说出积极正向的自我对话。

1. 我选择/我想要……（VS. 我必须/我一定得……）
2. 这个任务我可以每次做一小步。（VS. 这个任务太艰巨了。）
3. 我也可以是平凡人。（VS. 我必须完美/出类拔萃。）
4. 我一定要休息娱乐/休息娱乐是正常生活的一部分。（VS. 我没空休息娱乐/休息娱乐就是偷懒。）

一、学习的含义

"学习"一词在我国古代就出现了。2000多年前的孔子就有"学而时习之不亦乐乎"的说法。那么在心理学中是怎么来定义"学习"这一概念的呢？在心理学中，学习可以有广义和狭义两种概念。广义的学习，指由经验所引起的行为或思维的比较持久的变化。其特点包括学习的发生是由经验所引起的、学习引起的变化见诸于行为、不是所有行为的变化都意味着学习、学习不是人类普遍具有的、动物也存在学习。狭义的学习，指学生在学校中的学习。其特点包括掌握间接经验为主、是在有计划有目的和有组织的情况下进行的、学习的主动性和被动性并存①。

二、大学学习的特点

大学生的学习与中学生相比，在目的、性质、途径、内容、方法等方面与中学教育有很大的不同，因而大学生的学习活动具有一些新的特点。

（一）学习过程的自主性

大学生的学习以自学为主，课堂教学为辅，因而学习具有更大的自主性。大学的学习虽然也强调教师的课堂教学，但教师授课之后的理解、消化、巩固等各个环节主要靠大学生独立完成，这样一来，除了上课之外，大学生约有45%的时间是可以自由支配的。这从客观上对大学生独立自主的学习能力提出了较高的要求，如果不能科学合理地安排好学习时间，制定相应的学习进程表，则很容易出现相关的学习问题。在学习内容的自主选择上，也是大学生独立自主的学习能力得以展示的重要方面。无论是学习时间的自由安排，还是学习内容的自主选择，都需要大学生在学习过程中充分发挥主动性、积极性，独立自主地进行学习，这是大学教育对大学生们提出的一个要求，也是大学学习的一大特点。

（二）学习内容的专业性

当大学新生进校后，彼此之间的招呼介绍通常是"学什么的？是哪个系哪个专业的"，专业性成为大学生学习角色的重要特征。大学里的学习内容都是围绕着专业的方向和需要来展开的。要求学生既要在某一专业领域的学习向纵深的方向延展，也要广泛涉猎各学科领域，构建一个既有精深的专门知识，又有广博的知识面，包括基本理论、基础知识、专业基础知识、专业知识、学科知识、学科前沿知识等最合理、最优化的知识体系。也就是说，大学的教学目标实际上是为学生将来成为某个领域的专门人才而设计的一个知识结构和能力结构的基本框架。

（三）学习方法的多元性

在学习方法上，中学时期，老师教学生是"手拉手"领着教，老师安排得非常详细周到，不少同学养成了依赖老师，只会记忆和背诵的习惯。而大学老师则是"老师在前，学

---

①谭芳.大学生心理健康教程[M].北京：化学工业出版社，2014：94.

生在后引着走”,提倡学生自主学习,课外时间要自己安排,逐渐地从“要我学”向“我要学”转变,不采用题海战术和死记硬背的方法,提倡生动活泼地学习,提倡勤于思考。除了传统的课堂授课方式外,大学生可以通过各种途径和渠道开展多方面的学习,例如,通过广泛阅读专业书增加自己的知识储备量、同学间相互切磋、利用丰富的网络资源获取知识、参与社会实践和社会调查等丰富多彩的学习活动也为拓宽大学生的知识面、提高实践能力提供了良好的条件。

(四)学习过程具有探索性

探索性是大学生在学习过程中对书本知识之外的新知识的寻求和钻研,这主要表现在大学生在学习过程中创新意识的培养和开展初步的创造性活动。大学生的学习具有研究和探索的性质,这不仅表现在他们完成毕业论文(设计),参加学术报告会、讨论会和学会活动上,还表现在所学课程上。通过大学四年的累积,部分大学生已逐步养成良好的学习习惯和探索精神,学会通过各种途径深入学习自己感兴趣的知识。

三、大学生常见的学习问题

(一)学习方法不当

案例分析与讨论

求助者个人陈述:我小学至高中一直学习成绩优异,尤其是数学,经常在班级中排名第一,深受老师喜爱。高中毕业顺利考入大学,报了自己的强项,数学专业,非常满意。自知大学是知识的殿堂、人生成长的沃土,所以进入大学后就认真听课,课后到图书馆查资料,早出晚归,争取各科期末考试都取得理想的成绩。考试前,好多同学临时抱佛脚,而自己却已把要考的科目复习了好几遍。但奇怪的是,考试成绩并不理想,有些科目还差点挂科。

经过深入了解才知道他所说的学习几乎等同于背书,理科类的绝大多数知识点需要靠理解和练习来掌握,光靠背课本不能取得令人满意的成绩。

你觉得求助者的学习出了什么问题?

这个案例具有一定的代表性,即很多学生目标明确、勤奋学习,但还是没有取得满意的成绩,他们的付出与其收获不成比例。影响获得好成绩的因素很多,其中正确的学习方法就是影响学习成绩好坏的一个重要因素。学习方法是学习者以提高学习效果为目标所采用的方法或调控方式。学习方法的正确运用是提高学习效率的关键,是成功学习的保证,也是快乐学习的关键。没有掌握科学学习方法的同学,其学习行为往往表现出从众性与依赖性,缺乏独立性和创造性,对一些应学的知识不能运用有效的学习方法,只是死记硬背、应付考试,缺乏正确灵活的策略,讨厌紧张、繁忙的学习,遇到问题得过且过,不能适应新的学习。

自我辅导小技术——试试看

记忆力训练①

1. 下面列出3组数字，每组12个数。这是对你的记忆力的测试，你可任选一组数字，在1分钟内读完（平均每5秒钟读1个数），然后把记住的数字写出来（可以颠倒位置）。记录你正确记住的数字的个数，根据记住的多少，可以评定你的机械记忆力。

（1）73、49、64、83、41、27、62、29、38、93、74、97

（2）57、29、32、47、94、86、14、67、75、28、79、24

（3）36、45、73、29、87、28、43、62、75、59、93、67

2. 下面编排了100个数字，请你在这些数字中按顺序找出15个连续的数字，如2～16或61～75等，记录你找到这些数字所花的时间，根据这个时间，可以了解你在集中注意时的记忆能力。

12	33	40	97	94	57	22	19	49	60	27	98	79	8	70	2
13	61	6	80	99	5	41	95	14	76	81	59	48	93	28	20
96	34	62	50	3	68	16	78	39	86	7	42	11	82	85	38
87	24	47	63	32	77	51	71	21	52	4	9	69	35	58	18
43	26	75	30	67	46	88	17	64	53	1	72	15	54	10	37
23	83	73	84	90	44	89	66	97	74	92	25	36	55	65	31
0	45	29	56												

2.2　结果解释

拓展阅读

记忆小窍门

1. 谐音记忆法

3.14159265358979323846 26＝"山巅一寺一壶酒，尔乐苦煞吾，把酒吃，酒杀尔，杀不死，乐而乐"。

2. 口诀记忆法

化学式子要配平，必须纯量代方程，单位上下要统一，左右倍数要相等。

质量单位若用克，标况气体对应升，遇到两个已知量，应照不足来进行。

含量损失与产量，乘除多少应分清。

3. 首字母记忆法，提取首字母减少记忆负担。

（二）不喜欢所学的专业

大学的专业学习对很多尚未跨入大学校门的学生来说是很陌生的，但是，专业的定

①严玲，常雅娟. 大学生心理健康教育［M］. 北京：高等教育出版社，2014：94.

向恰恰在这个阶段就必须完成。普遍来说，大学生当初在填报高考志愿时，除少数学生是出于个人志向的主动选择外，大多数学生是在教师和家长的劝慰、参谋和要求下进行的被动选择。而老师和家长进行专业选择时一般来说会考虑这样几种因素：高考分数与填报专业的分数要求、毕业之后就业的问题及所填报的专业在目前的热门程度等，相对于学生本人的志愿因素，则考虑得少得多。在这样的情况下，进入大学校门之后，专业学习与个人志向的矛盾就显露出来了，当所学专业与个人志向大体一致时，当然会感到欣喜、满足与安慰，并由此增添向上的动力。但当所学专业与自己的志向不一致时，就会产生苦恼、迷惘、失落之感，直接影响他们对专业知识的学习。大学生不喜欢自己所学的专业主要表现为以下三类。

第一类是对所学专业深恶痛绝型。这类学生因为种种不得已的原因进入了一个自己并不喜欢的专业，内心必然会产生相当强烈的失落、沮丧、郁闷、忧伤甚至绝望等情绪反应。在这些消极情绪的影响下，学生对所学专业存在着严重的排斥心理，一提起自己的专业就头疼，对专业知识的学习不仅是缺乏兴趣，而且是感到厌烦，终日无精打采、消沉冷漠。在这种心态的影响下，自然学不好专业，这样一来，也更加深对自己根本不适合这个专业的主观判断。

第二类是游移不定型。此类大学生对自己所学专业没有深厚的感情，对专业的态度不坚定，时好时坏，容易受到外界各种因素的影响。当听说此专业大有前途时，对所学专业充满热情、兴趣，学习劲头十足；而一旦听到有关该专业的负面消息时，就热情全无，回到无动力的观望状态。

第三类是委曲求全型。这类学生在专业选择上虽然没有选择到自己所喜爱的专业，但是在主观认识上意识到仅凭自己的力量无法改变现实，讨厌也好，喜欢也好，都得学下去，所以尽量改变自己的主观情感，尽力学好这个专业。如果他们的委曲求全最终得到了相应的回报，那么万事大吉；如果在此过程中出了问题，很容易回头找到专业的毛病，不愿意继续努力。

（三）学习目标不明确

经过高考来到大学校园，很多同学最初感受到的是惊奇和兴奋，但是到了大二大三的时候，有人开始感到迷茫，不知道自己学习是为了什么，也不清楚自己以后的人生目标，只是日复一日地进行“三点一线”的生活。这种迷茫的感觉到了大四的时候尤为明显，究其原因，大学生对于自己的学习和今后的发展没有一个明确的目标和规划。学习缺乏目标很容易让人产生消极懒惰等心态，有了明确的目标则可以不断激励大学生向这个目标奋进。

自我辅导小技术——试试看

找出大学期间最重要的学习目标

1. 在纸上写出你大学几年所要完成的五件大事。

2. 你发现这些大事与学习的相关性了吗？请满怀信心地体验和分享你对这五件事情的期望与喜悦。

3. 现在有特殊事件发生，你必须在五件大事中抹掉两件，请用笔把它们划掉。抹掉就意味着完全地失去了，这两件你永远也不能接触，与你无关了。体验一下你现在的心情。

4. 现在又有特殊事件发生了，请你再抹掉一件。这一件你也是永远不可能再接触，与你永远无关了。这时你的心情如何？

5. 残酷的现实再一次降临，你还要在剩下的两件中抹掉一件，永远地失去。这时你的心情又如何？

6. 现在只剩下一件了，看着你剩下的最后一件事情，这就是你三年或五年内最想干的，对你来说也是最重要的一件大事，这就是你当前为之奋斗的目标。

讨论分享：大家期间你的目标是什么？有什么感想？

（四）自我管理学习能力不足

案例分析与讨论

求助者个人陈述：读大学一年来我感受最深的一点就是宽松了。高中时，每天时间被排得满满的，老师也盯得紧紧的，还不时有这个测验那个考试，不想努力都难。但是进了大学后，上课时精力不集中，要么睡觉，要么缺课，老师讲课自己总是听不进去，总想着课外的事情，比如和哪个班级打篮球，游戏怎么冲关，周末去哪儿玩等等。课后没有作业也就不温习了，回到寝室后不是睡觉就是打游戏或网聊。现在课程落下很多，有些还挂科了，感觉很苦恼，不知道未来的大学生活该如何度过了。再这样下去，大学生活我将一无所获，将来我怎么找工作啊，我都不想读了……

你认为这个求助者的学习生活怎么了？

这位求助者所遇到的是自我管理能力不高所导致的问题。自我管理的内容包括很多，如时间管理、学习环境管理、情绪管理、努力管理、资源管理等。其中对时间进行科学管理，合理安排时间以进行高效的自主学习，是自我管理中的一项重要内容。研究表明，学生的学习时间直接影响其学习效果。学生所花的学习时间越多，学习成绩越好。自我管理的实质就是根据目标对自己的行为进行监督和调节，是一种控制自己行为的能力。

大学的学习生活中，如果能够对自己的学习进行有效的管理，充分调动自身认知的、情感的、行为的因素参与学习过程，使自己真正成为学习的主人，就能成为一个高效的学习者。但是，现实情况并非如此，进入大学校园的学生们，在学习方面的不适应恰恰更多地表现在这个方面，比如不能有效地安排好自己的学习，缺乏时间管理技能；面对学业压力，尤其是考试的压力，没有良好的应试策略；对学习的目的与意义存在矛盾态度，缺乏与自己相适应的学习目标；对学习任务及学习成绩无法达到理想状态造成的学习压力、紧张等负面情绪难以进行有效的调节等。

自我辅导小技术——试试看

时间四象限法帮你管理时间

时间四象限法是美国管理学家科维提出的一个时间管理理论，以紧急程度为横坐标，重要性为纵坐标，建立一个时间管理坐标系（见下图），紧迫性是指必须立即处理的事情，不能拖延；重要性与目标是息息相关的，有利于实现目标的事物都称为重要，越有利于实现核心目标就越重要。我们要处理的事务大致可分为四个类别：重要且紧急、重要不紧急、紧急不重要、不重要不紧急,这些事务都可以放入这个坐标系中。

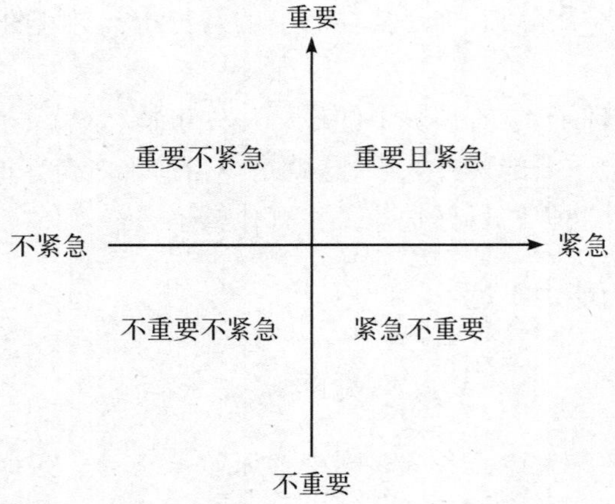

我们可以按照下表安排自己的学习生活。此计划表简单易用,能够有效地帮助我们管理时间和养成良好的工作、学习习惯。

日常工作学习表

顺序	一定要完成的事务	重要程度	紧急情况	完成情况	备注
1					
2					
3					
4					
5					
顺序	紧急/临时任务	重要程度	紧急情况	完成情况	备注
1					
2					
3					
顺序	有时间就做的事	重要程度	紧急情况	完成情况	备注
1					
2					

时间管理四象限法给我们的启示是:①把时间花在重要的、必须做的事情上。②不要被紧急的事情牵着鼻子走。③避免让自己长期处于高压力的工作、学习状态。

第二节　点燃学习的火焰——激发和培养学习动机

案例导入

小王的苦恼[①]

小王，某大学一年级学生，因两门课程考试不及格而非常苦恼而前来咨询。自述从小学习成绩很好，父母对其期望很高，希望他能考上名牌大学。可是高中的一次变故让自己落下三个月的课程，成绩下滑严重，最终没能考上本科第一批学校。因父母都在医院工作，考虑到就业方便，就为其报考了医学专业，但小王入学后觉得不喜欢该专业，加之来该校上学不是自己所选，故上课看小说，与同学说话，玩手机，课下也不认真复习，最终考试不及格，因此很伤心、懊恼。

进入大学之后，大学生的学习发生了很大的变化，小王的困惑和苦恼，你曾经遇到过吗？你现在的学习一帆风顺吗？你能觉察到你学习中存在的问题吗？面对这些困惑，我们应该如何应对呢？

一、大学生的学习动机

人们无论从事什么活动，总要受到动机的支配和调节。动机（motivation）是激发、维持并使行为指向特定目的的一种力量，对个体的行为和活动有引发、指引、激励功能。学习动机是推动、引导和维持人们进行学习活动的一种内部力量，是学习过程中不可缺少的条件。根据耶基斯—多德森定律（简称倒“U”曲线），动机的中等程度的激发或唤起，对学习具有最佳的效果（图 2-1）。同时，根据该定律，最佳的动机激起水平与任务难度密切相关：任务难度系数不高，效率随动机的提高而上升；任务难度系数增加，动机的激起水平呈逐渐下降的趋势。大学生学习动机过弱不能激发学习的积极性，动机过强也会造成学习效率的降低。目前大学生存在的学习动机不当具体表现在学习动机过强和学习动机不足两个方面。

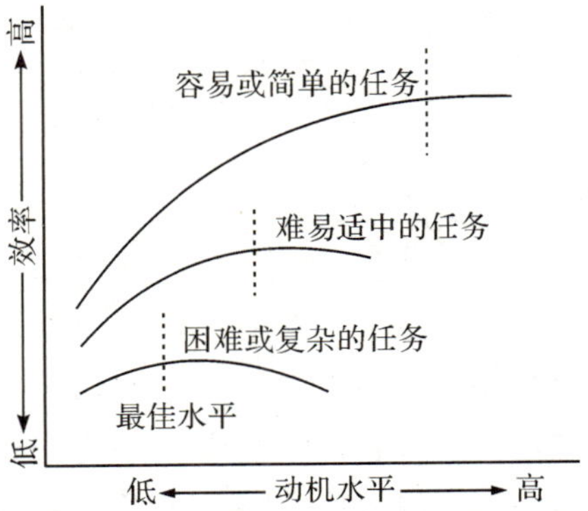

图 2-1　动机水平与学习效率之间的关系

①刘国秋，张利萍．大学生心理健康教育［M］．北京：人民邮电出版社，2018：126.

(一)学习动机不足

案例分析与讨论

求助者个人陈述:由于高考失利,我进了大专,并听从父亲的安排选择了中药学专业。但是,我没有兴趣,中药学的课程在我看来是如此的枯燥乏味,学习毫无乐趣可言。一直没有转专业只是为了不想让父亲生气。离开散文,离开诗歌和小说,我开始堕落在无可奈何中,并与周遭的人们格格不入,真正相知的朋友也是屈指可数。我的固执与高傲已经把我的生活与欢娱隔绝开来。20 岁依然没有固定的目标,却再也不想读书。前路一片渺茫,不知道喧嚣的尘世中是否有我残存的领地……

这位求助者的学习怎么了?

对于学习动机不足造成不愿继续学习的这类大学生来说,可能是在高考前为了一纸大学录取通知书而拼命苦读,进入大学后,再也没有向上的目标激励自己努力学习;也可能是进入大学后,在学业上自己也曾努力过,但受种种因素的影响,自己的学习成绩再也不能像高中时那样在班级中名列前茅,因而对学习失去兴趣,再也没有向上的动力与决心,产生了破罐子破摔的消极心理;也可能对所学专业不满意而产生了消极情绪,继而影响了学习的积极性……总之,原因是多种多样的,但在表现形式上都是类似的,即学习缺乏主动性、积极性和自觉性。

(二)学习动机过强

案例分析与讨论

求助者个人陈述:我今年已经大三了。一直优秀的我一向对自己要求很高,当然这也与家庭的期望有关,父母都是具有高级职称的知识分子,在他们的言传身教下,我从小就知道努力与奋斗。在大学,我进行了认真细致的生涯规划,一步一个脚印地向前走,成绩要拔尖,二年级英语水平要通过国家六级和托福考试,为将来出国留学做好准备;三年级入党,与此同时锻炼自己在各方面的能力。于是,在大学我像一只陀螺飞速运转着,珍惜大学的分分秒秒,因为我相信:付出总有回报。然而现在我却发现离自己的目标越来越远,我忽然怀疑起自己的学习能力,我感到自己在学习上的优势在失去,甚至多年积累的自信也受到挑战,对未来,我忽然担心起来,我该怎么办?

这位求助者的学习怎么了?

对于学习动机过强导致的学习焦虑这类大学生而言,他们都有争强好胜的人格特征,在学习方面有着严格的要求,不允许自己有一丝一毫的放松。这类学生往往抱着只要自己努力就一定能达到目标的错误认知,为自己设立了远大的有些不切实际的学习目标,当经过万般的努力,目标仍不能实现时,给自己造成了很大的心理压力,产生了学习上的焦虑,降低了学习效率,使自己处于抑郁的心态之中,影响了学习成绩。

2.3 情景剧

心理测吧

学习动力自我诊断①

这是一份关于大学生学习动力的自我诊断量表，一共有 20 个问题，请你根据自己的实际情况，逐一对每个问题做“是”或“否”的回答。

1. 如果别人不督促你，你极少主动地学习。	
2. 你一读书就觉得疲劳与厌烦，只想睡觉。	
3. 当你读书时，需要很长的时间才能提起精神。	
4. 除了老师指定的作业外，你不想再多看书。	
5. 在学习中遇到不懂的知识，你根本不想设法弄懂它。	
6. 你常想：自己不用花太多的时间，成绩也会超过别人。	
7. 你迫切希望自己在短时间内就能大幅度提高学习成绩。	
8. 你常为短时间内成绩没能提高而烦恼不已。	
9. 为了及时完成某项作业，你宁愿废寝忘食、通宵达旦。	
10. 为了把功课学好，你放弃了许多你感兴趣的活动，如体育锻炼、看电影与郊游等。	
11. 你觉得读书没意思，想去找个工作做。	
12. 你常认为课本上的基础知识没啥好学的，只有看高深的理论、读大部头作品才带劲。	
13. 你平时只在喜欢的科目上狠下功夫，对不喜欢的科目则放任自流。	
14. 你花在课外读物上的时间比花在教科书上的时间要多得多。	
15. 你把自己的时间平均分配在各科上。	
16. 你给自己定下的学习目标，多数因做不到而不得不放弃。	
17. 你几乎毫不费力就实现了你的学习目标。	
18. 你总是同时为实现好几个学习目标而忙得焦头烂额。	
19. 为了应付每天的学习任务，你已经感到力不从心。	
20. 为了实现一个大目标，你不再给自己制订循序渐进的小目标。	

2.4　结果解释

①王丽萍，黄车白. 大学生心理健康[M]. 北京：北京师范大学出版社，2011：109.

二、学习动机的激发与培养

(一)制定职业生涯规划,设置学习目标

美国哈佛大学有一个非常著名的调查,是关于目标对人生影响的跟踪调查。调查对象是一群智力、学历、环境等条件都差不多的年轻人,调查结果如下。

3%的人有清晰且长期的目标,25年来,他们从未改变过目标,总是朝着同一个方向不懈地努力,25年后,他们几乎都成了社会各界顶尖的成功人士,他们中不乏创业者、行业领袖、社会精英。

10%的人有清晰的短期目标,这些人大多生活在社会的中上层。他们的共同特点是:不断完成预定的短期目标,生活状态步步上升。25年后,他们成了各行各业不可或缺的专业人士,如医生、律师、工程师、高级主管等。

60%的人目标模糊,他们能安稳地生活与工作,但都没有什么特别的成绩。

27%的人,25年来都没有目标,他们几乎都生活在社会的最底层,生活过得很不如意,常常失业,靠社会救济生活。

由此看来,目标对人生有巨大的导向性作用。目标在一开始仅仅是一个选择。你选择什么样的目标,就会有什么样的成就,就会有什么样的人生。大学生有了目标,你就不会浪费一分钟,不会无所事事,你的大学生活就一定会充实、精彩且富有成效。

一个人的动机总是指向目标,以满足心理需求。目标可分为长远目标、中期目标和短期目标。因此,大学生首先需要制定职业生涯规划,建立长期目标,激发学习动机。通俗地说,大学生职业生涯规划就是大学生对自己的未来生涯制订的行动计划,其实质是了解自我、了解工作,达到"人职匹配"的目的。因此,制订职业生涯规划的过程,就是探索自我的过程,了解自我的兴趣爱好、能力特点、优势与劣势各是什么,了解环境和职业,对其进行综合分析与权衡,结合时代特点和自己的职业倾向,确定最佳的职业奋斗目标,并为实现这一目标做出行之有效的安排。这对于开发自己的潜能、深刻理解人生的意义和价值,引领学习具有十分重要的作用。

如果职业生涯规划指明了人生奋斗的长期目标,那么还需要有对应的中短期目标相衔接,否则长期目标就可能因为没有支撑而落空。因此,制定中短期目标就显得十分有必要,譬如大学毕业时应该达到的目标是什么,大学一年级、二年级、三年级的目标又是什么,甚至每学期、每个月、每一周、每一天都应该有计划和目标。就短期目标而言,还要制定时段学习日程表与之相配套,其目标才能落到实处。在制定短期目标时应该注意的是,完成某项学习任务是眼前的事,而非未来的事;目标应明确具体而非笼统模糊,才能使行动有方向;应分析个体实际情况,目标具有适当的挑战性,而非太容易或太难。有了长、中、短期目标以后,自己就要一步一步去实现,这犹如上楼梯,一个台阶一个台阶攀登,最终就能到达顶点。

（二）学会通过自身内部和外部因素来调动学习的积极性

从前有两名瓦工，在炎炎烈日下，同样辛苦地建造一堵墙。一位行人走过问："你们在干什么？""我在砌砖。"一名瓦工答道；他的同伴却说："我在修建一座美丽的剧院！"多年以后……那个将自己的工作视为砌砖的瓦工砌了一辈子砖，而他的同伴则成了一名颇有实力的建筑商，承建了许多美丽的剧院。

内部动机是指由学习活动本身作为学习目标而引发的推动人们学习的动力，学习者在学习活动过程中获得满足。列出你想要学习的三条理由，集中在你的需求、好奇心和喜好上。内因是你自身学习的积极性，同时还包括你的学习目标、你的价值观，以及你的爱好。记住：内因是你学习动机的决定性因素。外部动机是指由学习结果或学习活动以外的因素作为学习的目标而引发的推动人们学习的动力，学习活动只是达到目的的手段。

（三）创设成功的机会，培养学习兴趣

人们行为的原因在于人们在此种行为活动中能获得一定的愉悦体验，对活动内容有兴趣、能满足成就需要；反之，多次的失败体验容易使人产生焦虑和自卑感，降低学习动机水平。因此，大学生要多设置一些经过努力就可获得成功的小目标，尽量找出自己学习上的"闪光点"，哪怕是一次小小的成功，如这次作业我做得很好，这次实验我得了A，给自己及时的物质或精神的激励。随着学习上愉快的情绪体验增多，那么对学习的兴趣就会越来越浓，从而更能激励自己不断学习。

（四）在学习成败上多进行积极归因

一般地，一个人做事无论成功还是失败，都会寻找其中的原因。对学业成败不同归因会引起不同的心理变化，主要表现为对下一次学习行为结果的预期不同，出现不同的情感反应，进而对下一步的学习行为的动机强度、选择性和持续性产生不同的影响。美国心理学家韦纳认为，人们习惯于将行为成败归因于个人的能力、努力、任务难度、机遇、他人帮助和情绪等因素，其中将成败归因于能力和努力这两个因素最为关键。如果把成败归因于努力，则今后对学习的态度更加积极，更有自信心和责任感，不断给自己提出新的更高的目标，喜欢向困难的任务挑战，在挫折面前更能坚持到底。如果多次把成败归因于能力，引起的心理变化则复杂一些，若成功了则自信心大增或产生自傲情绪，若失败了则产生自卑感和无能感。相比较而言，把成败归因于努力因素就是一种积极的归因。因此，大学生应有意识地对成败多进行积极的归因。

（五）增强竞争合作意识，组织小组竞赛

选择班上几位同学组成学习小组，小组成员内相互竞赛，班级小组间也展开相互竞争。一个小组为了超越其他小组，小组成员彼此监督学习进展，定期了解学习状况；当遇到学习问题时也可以相互讨论提出解决问题的方案，营造良好的合作与竞争氛围。通过合作和竞争的方式增强班级成员的学习动机。

第三节　构建学习的基石——养成良好的学习习惯

课前暖身活动

巧练注意力

1. 凝神冥想——训练对背景“视而不见”的能力

(1)做深呼吸和放松运动。目光注视前方某一点,别无他念,想象这一点慢慢地被拉长,变成一条线,然后又幻化出许多复杂的图形。在训练的时候要特别注意排除来自环境的干扰,当我们的眼睛长时间地凝视在一点时,视野就会变得狭窄。那些容易吸引你并导致注意力分散的事物就不会进入眼帘,因而人的意识范围也随之变窄,从而达到注意力集中的心理境界。

(2)每组坚持做2分钟这样的训练。

2. 训练对背景声音“听而不见”的能力

(1)做深呼吸和放松运动。

(2)播放预先录好的时钟的嘀嗒声(1分钟),要求学生跟着数嘀嗒声的次数,而且心中只能注意这种声音,不理会来自环境的干扰。

(3)重复上一步骤两次。

(4)重复上述步骤,同时增加干扰声。

(5)逐渐增加干扰的强度。

人的习惯包括生活习惯、学习习惯、卫生习惯、行为习惯等。其中,学习习惯问题是一种自动化了的行为活动。对于大学生来说,养成良好的学习习惯非常重要,这是因为人的一生中,无论工作,还是生活都离不开学习。良好的学习习惯的标准有三条:一是组成学习习惯的一系列动作的敏捷性日益提高;二是动作的精确性和协调性不断提高;三是学习者的体力消耗、神经活动的消耗不断减少。

学习习惯的形成是一个长期复杂的过程,这一过程的心理发展主要表现在以下四个方面:一是学习习惯的形成过程是由外部支配到内部控制的过程;二是学习习惯形成过程是由简单到复杂的过程;三是学习习惯养成的过程是由不稳固到稳固的过程;四是学习习惯形成的过程是好习惯和坏习惯不断斗争的过程。学习方法经过长期的运用,就会形成比较稳定的学习习惯。一旦形成习惯,就不需要更多的意志力来调节控制。好的习惯对于获得学习上的成功极为重要。那么,对于大学生来说,在学习中应如何养成良好的学习习惯呢?

一、学习时间的管理策略

良好的学习习惯必须基于科学合理的时间管理,而学习时间管理策略主要是帮助大学生提高科学运筹学习时间的能力,达到合理利用时间、提高单位时间的利用率、正确支配时间以取得良好的学习效果。

（一）学会时间分配，提高时间使用效率

我们每天都有很多事要做，其中包括很多学习任务需要完成，但是每天面对的这些事情对我们而言有着不同的重要性，有轻重缓急之分，因而学会将任务按一定的标准加以排序，再统筹分配时间逐一完成，可以帮助我们更有效地利用时间。以下介绍分配学习时间的几种方法。

1. 次序分配法

所谓次序分配法，即指将每天要完成的学习（工作、生活等）活动，按其实际需要（或复杂程度等），有次序地予以安排，以便一天的活动有节奏、有次序地合理进行的方法。美国时间管理专家艾伦·莱金在其代表作《如何控制你的时间和生命》一书中指出：每个人要做的事情均可分成 A、B、C 三类：A 类事情最重要（或每天需完成的常规性的）；B 类次之（一般性的）；C 类可以放一放。如果把 A、B 两类事情办好，就完成了工作的 80% 以上。要是有特殊情况出现（如老师要求完成 C 类），就可将其上升为 B 类，或将 B 类上升为 A 类，等等。莱金将此法称为有计划的转移。这种方法的精妙之处，就在于将有效的时间安排给最重要的事情。

2. 重点分配法

所谓重点分配法，即指按事情的轻重缓急，有重点地对时间进行分配，以便使重点任务能保证完成的方法。意大利社会经济学家帕累托称此为 80/20 法则。他指出：可将事情分成 80% 与 20% 的比例关系，并分配以不同的时间，从而既实现对时间的控制，又实现事情的有效完成。他以藏书为例，假设某人有藏书 1000 册，他就应该将使用率最高的 20%（即 200 册）挑选出来，放在取用最方便的地方，这样，查阅时既节省时间又提高效率。在学习时间的分配上，我们也可以借鉴和使用此法，如把 80% 的课余学习时间分配给 20% 最重要、最需要完成的学习任务上，把 20% 的时间分配给 80% 的一般事情上，这样，就突出了学习重点，保证学习任务的完成。

3. 性质分配法

所谓性质分配法，即指按事情的不同性质（工作、学习、生活、休息等）来分配时间，以便获得时间的无形“扩展”和“增值”的方法。例如，大学生可以将一天 24 小时按性质划分为“刚性”时间——每天必需的常规性的课内学习时间、睡眠时间、休息时间等，“弹性”时间——每天可调节使用的学习时间、社交活动时间、体育锻炼时间、其他时间等。从“弹性”时间中又可分为学习与非学习时间，学习时间又可分为整体学习时间和分散学习时间。性质分配法的优点在于，既然每天的活动中，除了“刚性”时间外，还有不少“弹性”时间，那么我们便完全可以利用这种“弹性”原则，让时间得到“扩展”和“增值”。

请根据自己的实际情况，参照如下时间类型安排表（表 2-1），制订一份适合自己的时间类型安排表，高效地让时间为自己所用。

表 2-1 时间类型安排表

时间类型	可做的事情	目前我在这段时间做的事情	今后我应该在这段时间做的事情
大块时间	上课，消化当天课堂上学习的内容，完成课后作业，阅读与专业有关的书籍并查阅相关资料		

续表

时间类型	可做的事情	目前我在这段时间做的事情	今后我应该在这段时间做的事情
过渡时间	复习笔记,回忆上课内容,探讨问题或交流心得		
零碎时间	做一些小事,如记单词,练习听力、口语等		
刚性时间	根据学习习惯制订学习计划,如早晨读英语、中午做数学题、晚上练习英语听力		
安静时间	阅读书籍,写作,思考问题		
弹性时间	弥补没有做完的事情,或是留作中途被干扰、打断以后的调节时间,或用来休息缓冲,张弛有度		
交通时间	读报,听新闻,看小说,听音乐等		

(二)了解和掌握自己的“生物钟”,充分利用最佳学习时间

你充分了解自己的生物节律吗?知道自己在一天的哪段时间里学习效率最高吗?根据学习者对不同学习时间的偏好,可将学习者分为四种类型:清晨型(也叫百灵鸟型)、上午型、下午型、夜晚型(也叫猫头鹰型)。

清晨型:该类型学习者在清晨头脑清醒,反应敏捷,记忆和思维效率高。清晨型学习者这样描述自己对学习时间的偏爱:“我总是习惯于在清晨学习,这时候,思维特别活跃,记忆也特别好。所以,我总是把需要记忆的知识放在清晨记诵,这样往往收到好的效果。相反,如果让我在下午学习,那简直糟透了:心不在焉,注意力不集中,反应迟钝,其学习效果是可想而知的。因此,我习惯在下午运动。我并非猫头鹰型,从不习惯熬夜,所以早睡早起成了我的习惯。”

上午型:上午型学习者在4个时间段中上午的学习效率最高。他们常常说:“我发现上午9点后头脑才完全清醒,这时候注意力集中,思维活跃,学习效果最好。所以我对这段时间抓得特别紧,决不把它轻易放过。”

下午型:该类型学习者偏爱下午学习,他们在下午的学习效率最高。该类型学习者较少,但确实存在。

夜晚型:该类型学习者一到夜间,大脑即转入高度兴奋状态,且特别清醒,注意力集中,精力充沛,思维活跃,学习效率特别高。下面是一位夜晚型学习者对自己偏爱的学习时间的描述:“如果让我选择什么时间来自修,那答案无疑是晚间,甚至深夜。因为我特别喜欢晚间那种柔和、静谧的气氛,尤其是雨后的、暮春的夜晚,清凉沁人心脾的空气中,飘荡着湿润的泥土气息与淡淡的花香。此时,坐在敞开的窗户前,伏在橘黄色的光影里,头顶着星星,面对着书卷,让知识渗入脑中,的确是一种享受。那一刻的学习与在白天拥挤、喧嚣状态下的学习相比已有天壤之别。乐于晚上学习的另一重要原因是,此刻我的心情特别平静,可以说是心静如水,但大脑却运转得飞快。众所周知,情绪对学习是很重要的,大喜、大怒、心乱如麻、胡思乱想等状态下都不可能进行良好的学习活动。所以,我选择了心情平和的晚间学习。再加上我的大脑夜间的工作效率优于白天，晚上学习常使我感觉有事半功倍之奇效，而且常常有顿悟式的发现。”

至于如何安排时间，请参阅如表 2-2 所示时段学习日程表。

表 2-2　时段学习日程表

学习时段	时间段	我们的精神状态	适宜功课
黄金时段	6：00—8：00	睡眠后人的疲劳已消除，头脑最清醒，体力充沛	英语、语文等需要大量记忆的功课的阅读
考验时段	8：00—9：00	人的耐力处于最佳状态	难度大的攻坚内容
突击时段	9：00—11：00	人的短期记忆效果奇佳	“抢记”和“突击”马上要考核的功课
休息时段	13：00—14：00	饭后人易疲劳，夏季尤其如此	休息调整一下，养精蓄锐，以利再“战”，听听音乐，做做放松操。午休切莫过长，40 分钟左右为佳
次佳时段	15：00—16：00	调整后精神又振作起来，长期记忆效果特棒	可合理安排需“永久记忆”的功课
攻关时段	17：00—18：00	人的分析能力最强，安排得当，可以一当二	完成复杂计算和费劲作业
饭后光阴	18：00—	学习与记忆的高潮期	应根据个人情况妥善安排，可分两三段来学习，专业课与非专业课交叉安排；还可利用这段时间来加深印象，特别是对一些难以记忆的东西加以复习，则不易遗忘

以上只是一般的学习时段安排表，如果你已经在长期的学习中形成了自己特有的生物钟，那不妨多留心一下，根据自己的生物钟列出这样的一张表，就会收到事半功倍的效果。

小贴士

康奈尔笔记系统

这种方法是一个名叫沃尔特·鲍克的人发明的，目的就是帮助学生有效地做笔记。康奈尔笔记系统把一页纸分成了三部分，就是左边四分之一左右和下面五分之一左右的空间单独划拨出来。右上那最大的空间是我们平时做笔记的地方，你按照你的习惯记录就行了；左边那竖着的一条空间叫作“线索栏”，是用来归纳右边的内容的，写一些提纲挈领的东西，这个工作是在上完课之后马上回顾，然后把要点都写到左边，这样一方面马上复习了内容，另一方面理清了头绪。下面那横着的一栏是用来做总结的，就是用一两句话总结你记录的内容，也是对笔记内容的极度浓缩和升华，这个工作可以延后一会儿做，起到促进你思考消化的作用。

简单的一个划分，使得原来杂乱无章自己都不想看的笔记瞬间变得清新俊俏了，以后复习起来能够很快地提纲挈领，而且也容易促进你的思考，学习效率会有很大的提高。

自我辅导小技术——试试看

了解自己的生物钟①

有的人早上学习效率高，有的人则是下午学习效率高，有的人却是晚上学习效率高；有人工作、学习时总是精力充沛，有人却一到工作、学习时就疲倦不堪：这是“生物节奏类型”的不同所致。现在请你完成下表，选出最符合你的情况的答案，按照计分表的分数来计算总分，然后你就可以判断出自己的“生物节奏类型”。

1. 如果白天的时间任你支配，你在______时起床，才能使你进入最佳学习或思考状态。

A. 早晨 5:00—6:00　　B. 早晨 6:00—7:00
C. 上午 7:30—9:30　　D. 上午 9:30—10:30
E. 上午 10:30—11:30

2. 如果夜晚时间任你支配，你觉得______时入睡你才能在第二天保持最佳学习或思考状态。

A. 晚上 8:00—9:00　　B. 晚上 9:00—10:30
C. 深夜 10:30—12:15　　D. 午夜 12:15—1:15
E. 深夜 1:15—3:30

3. 早晨醒后半小时内，你的清醒程度______。

A. 非常清醒　B. 比较清醒　C. 不太清醒　D. 很不清醒

4. 晚上 9 点时，你感觉______。

A. 非常累　B. 比较累　C. 状态较好　D. 状态很好

5. 你将要进行一次重要的口试，你会选择______时间去应试。

A. 上午 9:00—10:00　　B. 上午 10:00—12:00
C. 下午 5:00—6:00　　D. 晚上 7:00—8:00

6. 你准备每周进行两次体育活动，每次半小时，如果在早上 7:00—7:30 进行，你认为在这段时间里活动，身心将会处于______。

A. 最佳状态　B. 一般状态　C. 活动展不开　D. 根本不可能

7. 你将参加一次非常艰巨的考试(时间 2 小时)，你希望在大脑生物节奏最佳状态时间进行考试，你将选择______。

A. 上午 8:00—10:00　　B. 中午 11:00—1:00
C. 下午 3:00—5:00　　D. 晚上 7:00—9:00

8. 假设你每天工作 8 个小时，而且你对工作很感兴趣。下面这些连续工作时间，你最喜欢的是______。

A. 上午 7:00—下午 3:00　　B. 午夜 12:00—早上 8:00
C. 中午 12:00—晚上 8:00　　D. 晚上 7:00—凌晨 3:00
E. 早上 5:00—下午 1:00　　F. 下午 2:00—晚上 10:00

2.5　计分和解释

①黄士华. 大学生心理健康教育[M]. 武汉：华中师范大学出版社，2013：122.

心理测吧

你的学习方法正确吗?

请对下列各题作出是或否的回答。

题目	是	否
1. 准备考试时,我先写好各道复习题的答案全文(或抄别人的),然后把它背熟,以便考试时能全部默写出来。		
2. 在某些主要学科或某一门学科中,我认为特别重要的或特别难学的章节,我总争取做预习(在课前或前一晚上)。		
3. 我平时没有订什么学习计划,即使是寒暑假期间或复习迎考阶段也是这样。		
4. 阅读课本或其他读物时,我自己很少用红蓝笔或其他笔画线、做记号。		
5. 每天晚上我复习当天功课并完成当天作业都已经来不及了,所以第二天的功课我一般都不做预习。		
6. 在寒暑假期间,我常常要制订一个学习计划并努力按计划去学点新知识。		
7. 在背诵课文时,我常常在诵读几遍后开始试背,然后再打开书诵读几遍,再试背,也就是让诵读和背诵交替进行。		
8. 我常常把一些我认为写得好的文章(包括语文课本中的课文)反复诵读。		
9. 学习时,我时常把教材内容分解为若干部分或若干要点。		
10. 上课时,我尽力想象老师所讲的某些内容。		
11. 我一般是没有先复习功课就动手做作业。		
12. 学习时,我偏重于理解,不大重视记忆,以致有些重要的定义、定理、公式、结论,我能理解却记不熟。		
13. 做作业时碰到难题我常常找其他人帮助解决,免得自己花太多的时间去琢磨。		
14. 写文章或做问答题时,我常常先列出大纲或要点(同时还对列出的要点进行增删),然后才下笔。		
15. 我尽量做到当天的功课当天复习并做完作业。		
16. 我重在平时复习,考试前夕倒不怎么紧张,有时反而去玩一玩,让头脑休息。		
17. 我平时没有时间去复习每门功课,一般都是要考哪一科时我才去复习哪一科。		
18. 我喜欢独立学习、独立思考,但遇到问题时也喜欢和同学一起讨论。		
19. 听老师讲解一种知识时,我自己往往还联想起与此有关的一些知识或事例。		
20. 读物理、化学时我很重视书上说的各种实验,尽力想象实验进行的情境。		
21. 学习时,我经常把新材料和已有的知识经验联系起来。		
22. 学习比较抽象的材料时,我会努力联系实际或举出一些具体例子去说明它。		
23. 听课时我往往把不理解的或联想起来困难的问题记下,以便课后进一步思考、弄清楚。		
24. 由于种种原因,我很难每天在固定的时间开始做功课。		

续表

25. 学习各门功课时，我不单用头脑想，只要有可能，我总是动手去试做一下。		
26. 听老师讲课时，我总喜欢动笔记一些要点、纲要。		
27. 在回答问题时，我喜欢根据自己的理解，用自己的话去回答，很少硬背书本上的字、词、句。		
28. 我认为学习时能记住概念、定理、公式、结论就可以了，至于它们是怎么产生的，我往往不够重视。		
29. 考试时，我总是先把考题看一遍，把容易做的或得分多的题目先做了，把难做的题目留到最后去想。		
30. 在准备考试时，我常常根据书本写出各道复习题的答案要点（不是全文）。		
31. 发回的卷子或作业本，如果有做错的，我总要弄清楚为什么做错了。		
32. 我极少运用参考书和辞典。		
33. 在复习功课时，我喜欢把详尽的材料变成简要的提纲，以便更好地记住。		
34. 我常常把学到的各种知识进行比较，发现它们之间的异同和联系。		
35. 在准备考试时，我不是系统、全面地复习，而是猜想老师可能出什么题，然后有重点地复习一些内容。		
36. 复习功课时，我常常把学过的知识列成表或画成图，借以揭示各种知识（如各种概念、定理、公式、事物的特性等）的区别和联系。		

二、加强自主学习能力的培养

2.6 计分和解释

走在大学校园里，我们可以看到，有的学生看着笔记本电脑凝神思索，有的学生捧着厚厚的书本在专心阅读，还有三三两两的学生在草坪上激烈地争论学术问题……这些就是自主学习的例子。自主学习是指学生根据学习任务的要求或特点和自身相关的知识基础，自觉自主确定学习目标，制订学习计划，选择适当的学习策略、学习场所等，以实现自觉主动的学习。自主学习的主要特征是学习者拥有多少可自主选择的权力。学习者拥有的选择权力越大，自主学习的可能性就越高，即“自控”多。在教师主导的学习任务中，学习者可能在一个方面或几个方面有选择权，也可能在所有方面很少有选择权，即“他控”多。在实际学习情境中，完全的“他控”和“自控”是很少的，多数介于这两极之间。要使自主学习有良好的学习效果，其重要条件是大学生使用各种认知策略和元认知策略来调控自己的学习，努力使学习环境适合自己的需求和目标，对自己的学习负责。

三、加强探究学习能力的培养

探究学习是指通过自己的尝试、体验、实践，主动发现问题、解决问题、获取知识、形成能力的一种学习活动。探究学习是一种学习观念，要求学习者积极主动地去获取知识；同时又是一种具体学习模式，遵循以下步骤：发现问题——制定探究方案——提出研究假设——收集数据，寻找证据——作出结论——交流讨论——反思与评价。

(一)发现问题

任何一项探究活动总是从发现问题开始的。发现并确定要探究的问题是探究活动的第一步。大学生和有经验的研究者一样,可以从实际需要、日常观察、前人研究和理论等方面得到要探究的问题。但从实际需要中发现问题、研究问题更有现实意义。例如在教学改革中,教与学是一对矛盾。如果以教师为主体,教师讲,学生听,虽然强调了教师的作用,但忽视了学生的积极能动作用,教学效果并不好;但如果以学生为主体、为中心,忽视教师的作用,例如程序教学采用小步子学习和及时强化的方法,教学效果也不好。能不能吸收这两种教学方法的优点把教与学统一起来呢?这就产生了卢仲衡(1984)所领导的自学辅导教学的研究课题。实验结果表明,不仅学生学习成绩有了大幅度的提高,而且也发展了学生的求同思维能力和求异思维能力。究其原因,是这种教与学的方法既能调动学生学习的主动性和积极性,又能发挥教师的指导作用,为教学改革找到了一条路。

(二)制定探究方案

在提出一个要探究的问题之后,需要制定一个具体的方案,有助于减少探究行为的盲目性,提高探究行为的效果和效率。制定探究方案一般包括以下几项内容。

1. 明确问题

通过查阅文献,进一步明晰该探究问题的内涵,了解该问题目前的研究现状和趋势,预测所探究问题的理论和实践价值,明确解决问题的关键之处和可行性。

2. 提炼探究活动内容

在明确问题的基础上,提炼探究活动应围绕哪些内容展开,研究的可能结果是什么。

3. 找出方法

明确用哪些研究方法搜集资料、获得相关数据。研究方法有文献法、比较研究法、个案研究法、观察法、调查法、实验法等。

4. 制定方案

形成一个完整的探究方案,作为探究活动的行动指南。

(三)提出研究假设

在明确探究问题、制定好探究方案之后,就需要提出一个研究假设。研究假设一般包含两个事件或概念之间的关系,一般用"如果——那么"的句式来陈述。例如,某企业管理中曾发生这样的事情:企业如果要改变生产手段,企业员工对此很不满意,并且要花很长的时间才能学会新技术,于是造成大批员工的流失。对此,研究人员就推测,导致员工的这种反应是不是由于他们没有参与决策过程所致呢?于是就提出如下假设:如果员工参与了管理中的某些决策过程,那么就能提高他们对工作的满意度,而且人事变动就小。

(四)收集数据,寻找证据

确定收集数据的方法,寻找证据来证明上述研究假设的真伪。以上述企业管理问题为例,可采用准实验方法来检验研究假设,其操作程序为:随机选取部分员工分为三组,第一组员工完全参与决策过程,第二组只选出部分代表参与决策,第三组则根本不参与决策。

(五)作出结论

将收集到的数据、案例、观察记录用统计表、曲线图、照片并结合文字分别陈述出来,然后用简洁明晰的语句把研究结论表达出来。概括出的结论必须符合研究结果的实际,既不能夸大,也不能缩小,更不允许有不符合逻辑的地方。例如,就上述管理问题研究的结论表述如下:在本研究条件下,参与决策组的员工学习新技术时间短,工作满意度高,人事变动小。

(六)交流讨论

讨论的内容必须从结果出发,紧紧围绕研究课题的设想,用已知的经验或理论加以解释,以显示结果的价值和意义;同时,还可以对结果中不完善之处进行补充说明。

(七)反思与评价

在探究活动开始前、活动过程中以及活动结束后,不断地进行反思与评价,可以帮助探究者更好地监控活动,顺利实现目标。

▲学习中发现疑点,提出问题了吗?

▲搜集了哪些关于此问题的资料?

▲找到解决问题的方法了吗?

▲我制定研究方案了吗?

▲是否按照方案进行研究?

▲我是否解决了此问题,实现了探究目标?

小贴士

大脑如何劳逸结合?

大脑对事物的注意力只能持续一定的时间。开始时注意力最为集中,不久注意力便开始下降。但是,研究显示:将学习活动轮换进行可以提高记忆效果。尝试在学习20分钟后弹奏乐器、活动身体,或打个电话,然后重新开始学习。当然,如果学习过程顺利,而且节奏合理,就不要停,否则宝贵的学习劲头就可能消失。

四、重视合作学习

合作学习是以小组为单位,组内成员责任明确,以完成共同任务为目标的互助性学习。合作学习可以促进师生之间、同学之间的交流,相互争论、相互鼓励,有利于形成和谐发展的氛围,培养学生合作、研究精神。合作学习强调以学习小组为依托,以群体的分工合作为特征来进行学习,强调协作与分享。为此,在实施合作学习时应注意以下几个方面。

(一)组建合作小组

每个小组成员都应担当特定的、不可或缺的角色和任务,并承担相应的责任,是实现目标的保障。作为一名小组领导人需要做到以下几点:①营造一个宽松自由的物理和心理环境;②鼓励小组成员大胆表达自己的新思想、新观点;③善于协调人际关系;④注意根据小组成员的特点分配任务,充分发挥小组成员的潜能。作为一名小组成员需要做到:①积极参与小组活动;②打消不合理想法;③检查一下自己在小组学习中是否有以下不合理的想法:我对这个问题考虑得还不够全面,说错了别人会笑话我;我是个无足轻重的人,别人不会在意我的;别人不会在乎我的想法的,说不说都一样。

(二)营造合作氛围

小组成员要有积极合作的意识和精神,即我中有他/她,他/她中有我,主要体现在以下几个方面:①相互依赖。小组成员间形成一种积极的相互关系,每个成员都要有"一荣俱荣,一损俱损""人人为我,我为人人"的意识。②目标依赖。学生把自己当作向共同目标奋斗的一员,掌握自己的那部分知识并传授给同学,每个成员为实现共同目标而努力。③资源相互依赖。所有的成员都有独有的资源,而且必须与小组分享以达到共同成功。④奖励依赖。个人得到的奖励,如分数、夸奖,都取决于小组所取得的奖励。⑤相互鼓励与尊重。成员间相互尊重、相互鼓励,使每个成员都能感受到尊重与接纳。成员在这种氛围中完成任务会更积极,付出更多努力,成就感更高。

(三)掌握合作技能

组内各成员拥有适当的合作技能,是合作学习成功的重要保障。合作学习的技能主要包括:一是要学会倾听,如听别人发言要专心,眼睛注视对方,以微笑、点头表示感兴趣或赞同;努力听懂别人的发言,记住要点,并考虑他人的发言是否符合实际,有没有道理;别人发言时不随便插嘴打断,有不同意见要耐心听别人说完后再提出;听别人发言如有疑问,请对方解释说明时,说话要有礼貌;学会站在对方立场考虑问题,体会别人的看法和感受。二是要学会表达,如准备好后发言,不信口开河;发言围绕讨论中心,不东拉西扯;谈看法要有根据,能说清理由;语言表达力求清楚明白;别人提出疑问,要针对问题耐心解答,要尽可能作出令人满意的答复。三是要学会决策,如每个人都要提出自己的建议,其优点是什么、可行性如何等,然后表决形成群体决策。

从上面的介绍中可以看出,自主、探究、合作三种学习方式各自强调的侧重点不同。自主学习强调个体独立、主动、自觉、负责的学习,强调对学习的自我计划、自我监控、自我评价,它与被动学习是相对的,它强调培养学生自主学习的能力,为其自主发展和适应社会奠定基础。探究学习强调以问题为依托,以探究、发现的方式来习得知识和技能,它与接受学习是相对的,强调培养学生探索未知世界的能力,为其创新专业发展奠定基础。合作学习强调以学习小组为依托,以群体的分工合作为特征来进行学习,它与独立学习相对,强调协作、分享精神,为其在社会合作中的适应和发展做准备。

然而,三种学习方式又存在内在的联系。首先,自主学习需要探究与合作。在个体自主学习的过程中会遇到一些问题,这时就需要经过独立探究来解决;当自己经过探究尚不足以解决问题时,就需要寻求他人的帮助;当被求助者也不能解答该问题时,可能就需要分工协作,共同探究、解决问题。其次,研究性学习也离不开自主学习与合作学习。从组织形式上看,研究性学习有个人研究和集体研究之分。个人从事研究性学习的过程本身就是自主学习的过程。在这一过程中,不仅要求学生具有主动探究的动机,而且要求学生对自己的探究过程主动进行监控和调节,对自己的探究结果作出总结和评价。集体进行的研究性学习本身就是合作学习过程,如需要成立课题组,需要课题组成员分工协作,各展所长,交流研讨,共同解决问题,共享研究成果。再次,合作学习也需要自主学习、探究学习。在合作学习过程中，学习小组的成员都要各负其责，独立完成自己的学习任务，因此可以说是一种集体的自主学习。在合作学习过程中会遇到学习问题，如果个体经过独立探究不足以解决问题，就要与小组成员共同探究来解决，这又属于合作的研究性学习。

概言之，上述三种学习方式既有区别又有联系。在实际学习情境中，这三种学习方式存在着一种相互支持、互为补充的关系，如图 2-2 所示。同时也说明，学生自己先对学习内容进行自主学习；如果自主学习过程中产生了疑问，自己就开展探究性学习；如果自己探究还不足以解决问题，就寻求小组或集体合作的探究学习，直至把问题解决。

- 自主学习
  - 没有疑问——掌握
  - 产生问题——研究性学习
    - 自行探究解决——掌握
    - 自行探究没有解决——合作探究解决

图 2-2　三种学习方式

五、重视学习策略

拓展阅读

两只蚂蚁

有两只蚂蚁想翻越一堵墙，寻找墙那头的食物。一只蚂蚁来到墙脚就毫不犹豫向上爬去，可是每当它爬到大半时就会由于劳累而跌落下来，可是它不气馁，一次次跌下来，又迅速地调整自己，重新开始向上爬去。另一只蚂蚁观察了一下，决定绕过墙去，很快地，这只蚂蚁绕过墙来到食物前，开始享受起来，而另一只蚂蚁还在不停地跌落下去又重新开始。

我们学习也像这两只蚂蚁一样，有的人很努力地学习，不怕辛苦，却事倍功半，而有的人付出适当的精力就能事半功倍。这是为什么呢？因为后者有着明确的行为策略——达不到目的就变换一种策略：绕墙过去。因此，大学生为了提高学习效率，应该了解和掌握学习策略。

如前所述，学习策略是指学习者为了提高学习效率，有目的、有意识地制定有关学习过程的方案。例如，假设你要精读一篇记叙文，在精读之前形成一个阅读学习方案：

▲查看文章题目，推测它的大致内容和中心思想；

▲通读一遍获得整体印象，并圈出生字词；

▲找出谁、在哪里、做了什么事、怎么做的；

▲找出表现文章中心思想的句子；

▲考虑作者通过哪些方面来表现中心思想。

学习时，学习者首先要分析学习任务和自己的知识基础，然后根据这些条件制订适当的学习计划、选择适当的具体方法进行学习。这里采用学习策略而不是使用学习方法一词，都是从效果和效率的角度而言的。例如，记忆一列英语单词，如果一遍一遍地朗读，只要有足够的时间最终也能记住，但是，保持的时间不会太长也不会很牢靠，相反，如果采用分散复习或尝试背诵的方法，记忆效率会得到很大提高。

学习策略是一个复杂的系统，迈克卡将学习策略分为认知策略、元认知策略和资源管理策略三类(图2-3)。

- 学习策略
  - 认知策略
    - 精加工策略　如释义、口述、总结、做笔记、类比、举例、提问、答疑
    - 组织策略　如组块编码、选择要点、列提纲、制作关系图等
  - 元认知策略
    - 自我计划策略　如设置目标、浏览、设疑问等
    - 自我监察策略　如自我检查、集中注意、监察领会等
    - 自我调控策略　如调整阅读速度、重新阅读、复查、使用应试策略等
  - 资源管理策略
    - 时间管理　如建立时间表、设置进度目标等
    - 学习环境管理　如寻找固定、安静的地点学习等
    - 努力管理　如坚持不懈、调整心境、自我强化等
    - 他人支持管理　寻找老师或伙伴帮助、小组学习、个别辅导等

图2-3　学习策略分类

(资料来源:陈琦,刘儒德.教育心理学[M].北京:高等教育出版社,2005.)

上述学习策略中,认知策略包括记忆策略、理解策略、信息整理策略等,这些策略是加工信息材料的方法和技术,有助于有效地从记忆中提取信息。元认知策略是监视和指导认知活动进行,负责评估学习中的问题,确定用什么认知策略来解决问题,评价所用策略的有效性,使用或改变策略以提高学习效率。资源管理策略能帮助学习者管理、利用环境和资源,体现了学习者识别、选择、控制资源的能力。成功地使用这些策略可以帮助学习者适应环境、调节环境以满足学习的需求。

第四节　开拓创新的天地——培养创新能力

课前暖身活动

大家一起动动脑

1. 一个西瓜、一个椰子,它们打在头上,哪个疼?

2. 一块地毯上有一本书,用手拿不到,但是不准踩毯子,不准用其他东西来取,怎样拿?

3. 一条白狗,一条黑狗,在40℃的室外奔跑,哪条狗身上出的汗多?

4. 一瓶水,一瓶油,不用第三个瓶子,怎样能把油换到水瓶中,把水换到油瓶中?

5. 桌上有十支点燃的蜡烛,风吹灭了两支,过一会儿又吹灭了一支,这时把窗户关起来,一支也没有再被吹灭,最后还剩下几只蜡烛呢?

一、创新能力概述

创新能力是创造新产品的一种综合能力,它主要由三个因素构成:一是创新思维能力;二是创新人格;三是创新动机等。创新产品可以是精神的,也可以是物质的,但它都

具有新颖(独创的、预想不到的)与适宜(不超出现有条件的限制,产品是有用的)的特点。每个人的创新潜力是无限的,需要学习与培养,才能使其创新潜力转变为现实的创新能力①。

在如何对待创造的问题上,由于受传统观念和错误思维方式的影响,在大学生中存在许多错误的看法,较典型的有如下三种:①有的大学生认为只有天才才能创造,我们平凡人不能创造。其实,创造并非少数天才的特权,它是有强烈愿望和充分自主性的任何人的顺乎自然的行动。②大部分大学生认为自己懂得少,基础差,不能创造,只有懂得多的人才能进行创造。综观历史上的杰出人物,他们无不都是在一边学习一边发挥着自己的创造力,没人天生就具有杰出的创造力。③某些大学生觉得创造创新太困难,并不是自己可以胜任的。其实不然,只要对某件事物有自己的观点和看法,就可以认为这个人是拥有创造力的。学习的过程是由繁到简的过程,同时也是创造的过程。科学界的一些重大发现的基本思路往往非常简单,甚至从大学教材和中学教材中可以找到线索,重要的是需要人们对它进行不断思考。

二、创新能力与智力的关系

创新能力是一个健康的人所具有的一种普遍的心理能力,人人都具有创新的可能性。好奇、探究、创造乃是人类的本性,推动着人类无时不在发掘新事物、思考新问题、探索新关系、获得新理解和新发现。创新能力对于人来说,是一个由低水平到高水平的连续体,人和人之间的创新能力水平只有高低之分,而不是全有或全无。那么一个人创新能力的高低与哪些因素有关呢?一般认为,一个人的创新人格、创新思维水平、创新动机、智力水平等因素与创新能力密切相关。其中,创新能力与智力的关系一直是心理学关注的中心。它们的关系十分复杂,且一直争论不休。在创造性研究的早期,有人认为创造性就是智力的一部分,不过,现在大多数研究者对这两者作出了明确的区分。创新能力与智力存在一定的关系,但并不呈线性相关。其关系主要表现为:①高创新能力者,智力一定很高;②高智商者,创新能力可高可低;③低智商者,创新能力一定低;④低创新能力者,智商可高可低。低智商会影响创造的成就是显而易见的,但智力超常同样也可能影响个体的创新性。比如,有些高智商的人会自满、自负,由于有超常的智力作保证,他们失去了对获得新事物至关重要的好奇心;高智商的人很容易学习知识,按现存的规则行事,因此他们就没有动力去怀疑和改善现有的知识结构。

三、创新能力与想象力的关系

《哈利·波特》的作者 J. K. 罗琳在哈佛大学演讲时说过:"想象力在我重筑人生时发挥了巨大作用,但这并不是全部的原因。我固然到死也会捍卫睡前故事的价值,但我还认识到要在更为广阔的范围内珍视想象力。想象力是人类独有的预见未知的能力,它还是所有发明创造的源泉……"

创新能力从本质上来说是一种思维活动,是人遇到事情时,用长远的目光从不同的

①马建青. 大学生心理健康教程[M]. 4 版. 杭州:浙江大学出版社,2022:111.

角度来思考问题而做出的判断①。对于那些人们不能触及的角度，就需要发挥想象力的作用。想象力是人类大脑中装着的各种想法，每个人可以尽情地在大脑中畅想符合现实与超脱现实的事情，想象力会帮助你更好地完善认知，帮助你充分发挥潜在的创造力。

不带着思考来学习，只能接触到浅显层面的知识，更深层的知识需要我们发挥丰富的想象力。想象力会把事情推到另一个更高的层面上，对已经被验证的知识产生一种内在延伸，进而在反复的"怀疑与探索"中产生新的知识。因此，创新能力必须依赖强大的想象力。正是漫无边际的想象力，能够带你走向全新的领域。

四、创新心理的活动过程

虽然创新心理的活动过程纷繁多样，创新心理的表现形式各有差异，但只要认真分析这些多样性背后的心理过程，仍然可以把创新心理活动划分为不同的阶段。其中最有代表性的划分当属英国心理学家华莱士于 1926 年提出的创新过程"阶段论"。华莱士根据前人的研究成果（包括科学家的传记和回忆录）认为，任何创新活动的过程都包括准备阶段、酝酿阶段、明朗阶段和验证阶段。

（一）准备阶段

在这个阶段，创新主体已明确自己所要解决的问题，需要做好充分准备，然后围绕这个问题收集数据信息，并试图使之概括化和系统化，形成自己的知识，了解问题的性质，澄清疑难问题的关键点等；同时开始尝试和寻找初步的解决方法，但这些方法往往行不通，问题的解决出现僵持状态。有时，创新主体还需要学习有关的新知识、掌握有关的创新技法等。

（二）酝酿阶段

这一阶段最大的特点是潜意识的参与。对创新主体来说，需要解决的问题被搁置起来，主体并没有做什么有意识的工作。由于表面看来问题是被暂时搁置，而实际上主体仍在继续思考，因此这一阶段也常常叫作求索解决问题的潜伏期或孕育阶段。

（三）明朗阶段

进入这一阶段，问题的解决一下子变得豁然开朗。创新主体突然间被特定情景下的某一个特定启发所唤醒，创造性的新意识刹那间产生，以前的困扰顿时一一化解，使问题顺利解决。创新主体的情绪强烈而明显地发生变化，这一情绪变化是在面临问题解决的一刹那出现的，是突然的、完整的和强烈的，给创新主体以极大的快感。这一阶段常被称为灵感期、顿悟期。

（四）验证阶段

这是个体对整个创新过程的反思，检验解决方法是否正确的验证期。在这个阶段，把抽象的新观念落实在具体操作的层面，提出的解决方法必须详细，被具体地叙述出来并加以运用和验证。如果试验并检验是好的，问题便解决了；如果提出的方法失败了，则上述过程必须全部或部分重新进行。

---

①韦秀英. 哈佛高效学习法：如何利用好凌晨四点半的理念[M]. 青岛：青岛出版社，2021：25.

小贴士

灵感在哪里?

一天夜里,德国化学家凯库勒(1829—1896)在苦思冥想,他长期以来一直想把苯分子的结构式表达出来。他想着想着,困倦了,他把椅子转向炉边,进入半睡眠状态。猛然间,他于迷迷蒙蒙中恍惚看到苯分子……模糊不清地在眼前旋转,后来变成一条弯曲的蛇,蛇越转越快,最后用嘴咬住自己的尾巴……他被这奇异的梦惊醒了。这珍贵的一刹那梦境,给他带来了启示:苯分子用一个六角形的环状结构来表示不是很好吗?从此,苯分子 C_6H_6 有了一种固定的权威性的表述方法。

凯库勒抓住这梦中的一闪念,迅即解决了长期困扰他的问题,从而对有机化学理论做出了卓著的贡献,成为灵感促成发明的著名事例。

五、大学生创新能力的培养

如前所述,创新能力是一种综合性的心理品质,包括人格、思维、动机等成分。因此本部分就从动机、人格、思维等方面来探索大学生创新能力的培养。

(一)培育创新意识,激发创新动机

创新意识和创新动机是创新活动的强大推动力。只有当个人具有自觉的创新意识、强烈的创新动机,时常想到创新时,才易产生新思想、新观点、新方法。如果一个人从事他感兴趣的工作,具有完成该工作的较高的动机,那么他就会在这方面取得好的创新性成就。因此,创新的兴趣和动机能提高一个人的创新性水平。有研究发现,无论是超常儿童还是普通儿童,其创新性思维与创新兴趣和动机之间呈显著相关。具有较高兴趣和动机水平的学生的创新性成绩明显高于兴趣和动机水平较低的学生。因此,培养学生的创新性,关键是要培育其创新的意识,激发其创新的动机。

培养创新意识,主要就是增强创新的动机和欲望,养成自觉创新的思维习惯。其培养策略就是经常进行创新性活动。如何才能有效培养大学生自身的创新意识和激发创新动机呢?关键是要做到以下几点。

1. 破除创新的神秘感

神秘感源于无知,同时又激起人们的好奇和探索的欲望。人人都有创新的潜能,关键是能不能发挥出来。因此,大学生要有创新意识,敢于创新,树立创新的信心。陶行知在20世纪40年代就提出了“人人是创造之人”的论断。

2. 激发创新热情

创新热情是对创新活动表现出的一种积极的情绪体验,它突出地表现在进行创新活动时的情绪振奋和活动的持续进行。积极的情绪状态促进创新能力的发挥。在愉悦的情绪状态下,创新性总体发挥水平显著高于难过情绪状态下的表现,且主要体现在流畅性和变通性两个方面。

3. 磨砺创新意志

创新意志是创新者自觉地确定创新目标,克服困难的心理品质,它表现为创新活动的自觉性、果断性、坚韧性和自制力等方面。

4. 培养创新勇气

创新需要勇气。创新者要提出新思想、新观点、新见解、新工艺、新技术，难免遭人非议，如果没有勇气，将寸步难行。其实，创新的最危险"敌人"就是畏惧：畏惧权威、畏惧面子、畏惧困难、畏惧失败。培养自己敢于创新的勇气就是要从"畏惧"转变为"不怕"：不怕权威、不怕困难、不怕失败。

具体来说，大学生可以在日常学习生活中有意识地培养自己的创新意识，现举例说明。

1. 精确观察训练

观察仔细、全面、不遗漏有关细节，迅速抓住稍纵即逝的现象，培养在别人习以为常的现象中发现新问题的能力。例如，抓住几根五彩丝带在同学面前一晃而过，并问他/她有几根，分别是什么颜色（开始时，晃的速度较慢，让他/她有足够的时间注意看，后来速度越来越快）；给同学看一个有各种图案的小花瓶，让他/她观察一分钟，然后叫他/她背着花瓶说出上面有些什么图案，分别是什么颜色；把同学带进一个房间，然后让他/她出去，之后改变房间中的某件物品（增加一件物品或者拿走一件物品），然后又叫他/她进来，问他/她房间里发生了什么变化……

2. 改变习惯

尝试新鲜事物先从改变习惯开始，审视一下自己在日常生活中是不是养成了某些固定的行为模式，不妨有意识地去打破。例如，从宿舍到教室，换一条路线走走看。到某个地方去的时候，去和回的时候走不同的路线，你一定能发现不一样的景致；食堂里有什么菜式是自己从来没有尝试过的，不妨试一试；看一本自己以前不感兴趣的书；与一个自己不喜欢的同学成为朋友……

3. 问题新解

勇于尝试要具有颠覆传统的思想，要学会用不寻常的眼光来看待我们习以为常的事物。以下这些练习为我们提供了一种不同于传统课本知识的另类解读。

（1）成语新解

度日如年：日子过得好，天天都像过年一样。

杯水车薪：每天上班在办公室里喝喝茶水，年底却可以拿到够买一辆车的薪水。

按照上面的方式，找一些成语来进行重新阐释，如一知半解、如沐春风、心想事成等。

（2）词语造句

电脑——家里停电，脑袋里一片空白。

腐败——中午吃了块臭豆腐，败了我的胃口。

开心——他总是对这件事想不开，心情一直很坏。

享受——国王将荣华富贵一人独享，受到老百姓强烈抨击。

4. 走出舒适圈

每个人都有自己的舒适圈，在这个圈子内，我们按惯性生活，与认识的人相处，做自己会做的事，这让我们觉得轻松、自在。一旦我们踏出这个圈子，马上会因为面对不熟悉的变化与挑战而感到无所适从，很自然地想要退回到舒适圈内。假使我们不跨出自己的舒适圈，就会永远被限制在这个圈子里。而这种自我限制，是阻碍我们自由表达和实现创意的罪魁祸首，它导致我们不去尝试就轻言放弃，于是机遇就在指间流失。做做下面的练习,打开自己的封闭之门,勇敢地踏出你的舒适圈。

“我总是____________,我应该____________。”

将上面这句话的空填满,在第一空填上自己一直担心、害怕、不敢尝试的事情,后一个空填上与之相反的行动或想法。如下所示:

▲我是一个不善于拒绝他人要求的人,我应该试着鼓励自己学会说“NO”。

▲我总是在集体发言时保持沉默,我应该鼓起勇气表达自己的意见。

▲我总怕自己会被别人拒绝,我应该把这当成一件很自然的事。

按照自己罗列出来的条目开始行动,勇于尝试之后,你会发现向别人说“NO”或是当众发言等自己曾经畏惧的事情并不像想象中那样困难。

(二)发展和培养创新思维

创新产品源于观念的创新,创新观念源于创新思维。因此,创新思维是创新能力的核心内容,也是创新的灵魂。那么,什么是创新思维呢?创新思维是指在强烈的创新意识驱使下,通过综合运用各种思维方式,对头脑中的知识、信息进行新的思维加工,形成新的思想、新的观点、新的理论的思维过程。简言之,凡是突破传统思维习惯,以新颖独创的方法解决问题的思维过程,都可以称为创新思维。

1. 创新思维的特点

创新思维的基本特点包括思维的流畅性、变通性、独特性和敏感性。

思维的流畅性,也叫思维的丰富性,是指在限定时间内产生观念数量的多少。思维流畅性分为四种形式:用词的流畅性,是指一定的时间内能产生含有规定的字母或字母组合的词汇量的多少;联想的流畅性,是指在限制时间内能够从一个指定的词中产生同义词(或反义词)数量的多少;表达的流畅性,是指按照句子结构要求能够排列词汇的数量的多少;观念的流畅性,是指在限定时间内产生满足一定要求的观念的多少,也就是提出解决问题的答案的多少。

思维的变通性,也叫思维的灵活性,是指摒弃旧的习惯思维方法,开创不同方向的能力。与一般人相比,富有创造力的人的头脑中出现的想法涉及的方面更广、范围更大。

思维的独特性,是指产生不寻常的反应和不落常规的结论的能力,或按新的方式对我们的所见所闻加以组织的能力。

思维的敏感性,是指及时把握独特新颖观念的能力。创新性观念并不处于我们随心所欲的控制之中,它要求我们有敏锐的感受性,及时地发现并把握新鲜的事物。富有创新能力的人的思维具有高度的敏感性。

2. 提升创新思维水平的策略

采用适当的策略或方法,充分运用我们自身的知识与经验,可以增加思维的流畅性、变通性、灵活性与敏感性,提升创新思维水平,进而增强创新能力。这里介绍几种提升创新思维水平的方法。

(1)头脑风暴法

头脑风暴法(brain storming)是指人们运用创新思维进行发散性思考,在较短的时间内,对某个问题的解决提出大量的见解。可运用头脑风暴法解决的问题范围非常广,大至政治和社会问题的解决、尖端科技的创新,小至家庭或个人琐碎疑难问题的排除、物品改良等。

课堂团体辅导活动

头脑风暴

主持者先进行热身活动，如向参与者提出一个简单的问题："回形针有哪些用途?"形成轻松氛围后，把大家分为若干小组，每个小组4～6人，要求每个小组有一位记录员记录组内成员的各种见解，然后主持者提出头脑风暴的规则(如不允许有任何批评的意见，想法越离奇越好，要求的是数量而不是质量，数量最多的小组为胜等)并要求大家遵守，就可以就某个主题进行头脑风暴了。以"如何保护校园环境"为例，实施头脑风暴法，时间五分钟左右，对各组记录内容进行汇总并归类，结果有以下20种设想：

(1)树立环保标志；
(2)美化校园环境；
(3)进行环保宣传；
(4)节约用水；
(5)不使用一次性餐具；
(6)增加环保志愿者；
(7)选举环保之星；
(8)多种花草；
(9)增加保洁人员；
(10)回收废电池；
(11)增加绿色植物；
(12)划分责任区到每个学院；
(13)定期做卫生；
(14)进行环保教育；
(15)增设垃圾桶；
(16)回收废纸；
(17)自备购物袋；
(18)捐赠多余衣物；
(19)定期开展卫生检查；
(20)节约粮食。

产生大量的设想之后，对众多设想再进行分析和分类，筛选出可行设想，进一步完善后作为解决问题的方法、措施或方案。在本例中可以提出四种解决方案，见下表。

保护校园环境方案

A. 改善设施	B. 活动宣传	C. 加强管理	D. 环保行动
(1)树立环保标志 (2)美化校园环境 (8)多种花草 (11)增加绿色植物 (15)增设垃圾桶	(3)进行环保宣传 (6)增加环保志愿者 (14)进行环保教育	(9)增加保洁人员 (12)划分责任区到每个学院 (13)定期做卫生 (19)定期开展卫生检查	(4)节约用水 (5)不使用一次性餐具 (7)选举环保之星 (10)回收废电池 (16)回收废纸 (17)自备购物袋 (18)捐赠多余衣物 (20)节约粮食

(2)随机组合法

在解决问题时，我们可以用随机的方式把两个或两个以上看起来毫无关联的概念组合，以产生创新的灵感。这个技巧的重点在于"随机组合"，也就是随机地、任意地把毫无关联的概念加以组合，这种"张冠李戴"式的组合就往往产生意想不到的创意。下面这条"'眨眼睛'就能赚钱"的广告就巧妙地运用了随机组合来产生创意。

据英国《每日快报》报道，某网上商店打出了一个招聘模特的广告，不过他们想要用来做宣传的不是模特的容貌和身材,而是模特们的眼皮。他们将新设计的商店 Logo 打在模特的一只眼皮上,以"眨一次眼付一次费"的方法计算薪酬,每眨一次眼就可以得到 10 便士,最多不能超过 100 英镑。该商店的女发言人说:"首先这是一个真实的营销手段,让人们眨眼就能赚到外快;其次这是一种最酷的广告方式,花费少影响大,尤其在美女帅哥的眼皮上做广告效果更好,毕竟人们都爱看他们的眼睛。"

(3)主体附加法

主体附加法是指以某一特定的对象为主体,增添新的附件,从而达到思维创新的一种方法。以汽车为例,早期的汽车并没有保险杠、行李架、消音器、刹车灯、收音机、空调、雨刷等附加物。经过多年来许许多多汽车设计者的不断改进,这些附加物就逐渐增加到汽车的主体上。当我们试图产生大量创意时,也可以运用这样的技巧,针对某一个既有主体或主题,构想各种可能附加的想法。

实际学习中,大学生总想写点东西,但苦于找不到合适的主题,这时我们就可以运用主体附加法。例如,如果我们想写一篇探讨"公平"的文章,我们可以针对"公平"这个主题构想各种可能的附加概念:考试、教育、就业、文化、社会、种族、学术等。每一个附加概念都可以成为我们在探讨公平时的一个切入点,也可能增加了我们探讨"公平"这个主题的丰富性,有时甚至会产生意想不到的观点或创意。

(三)塑造创新人格

创新人格是创新性素质的重要组成部分,培养学生的创新人格是培养创新性的重要内容。为此,心理学家提出了种种建议,概括说来主要有以下几点。

一是增强好奇心。一切创新都源于个人好奇的本能。好奇心是一种生长性需要,它不是随着满足而减弱,而是随着满足而增强,它是创新活动延绵不断的推动力量。因此,在大学生日常生活中,增强自己的好奇心就显得尤为重要。例如,不要给任何事物都标上无聊的记号,沉入进去也许会很有趣;对事物抱以有趣的心态,也许就会发现它有趣的一面;变换角度看问题,或许会有新的发现;多把新旧知识联系起来,也许会产生新的观点;寻求问题产生的原因,或许会有新的感悟;等等。总之,让事事变得有趣是培养好奇心的好方法。

二是解除对错误的恐惧心理,培养冒险性和挑战性。怕犯错误的结果是放弃新的探索与尝试,而循规蹈矩就会泯灭创新活动所需要的"甘愿"冒险、敢于挑战的可贵精神。因此,大学生应参加诸如高台跳水、野外生存、攀岩等一些冒险性活动;对权威敢于质疑、敢于说"不",如:伽利略挑战亚里士多德,关于重物下降的"比萨斜塔实验";哥白尼挑战托勒密,提出日心说;爱因斯坦挑战牛顿的经典力学,提出相对论;等等。这些都有助于消除恐惧心理、培养敢为性。

三是鼓励独创性与多样性。创造就是要出新东西,它是独创性与多样性的表现。因此,应注意培养自己独立自主的能力,重视他人不同的见解、观点,支持以不同的方式理解事物,以多样的手法表现同一主题,发展大学生的个性和独创性。

此外,自信与乐观、忍耐与有恒、合作、严谨等也是创新性人格培养的重要方面。

案例分析与讨论

“一万小时定律”与“邓宁-克鲁格定律”

2008 年，加拿大记者马尔科姆·格拉德韦尔在他的畅销书《异类：不一样的成功启示录》中提出了“一万小时定律”。该定律认为，任何人坚持做一件事 10 年，每周 20 小时，就可以精通这件事，无论它是什么。格拉德韦尔相信，成功并非来自智商或者天赋，而是来自埃里克森所谓的“刻意练习”，即策略性学习。

“一万小时定律”流行后遭到了很多人的质疑。美国心理学家戴维·邓宁和贾斯廷·克鲁格通过实验研究提出了新的观点，即最有效的学习者是那些最能觉察到自己能力局限性的人。为了提升自己，他们不断自我评估、自我反思，同时也评估他人并向他人学习。这就是所谓的“邓宁-克鲁格定律”。

请思考“一万小时定律”与“邓宁-克鲁格定律”之间的关系，以及两个定律对你的启示。

江学勤. 看不见的力量：有关成功、学习和创造力的真相[M]. 北京：中国人民大学出版社，2021：93，95.

进一步阅读的文献

- 刘电芝，田良臣. 高效率学习策略指南[M]. 北京：科学出版社，2011.

本书从学习策略与高效率学习的关系入手，对学习活动中九种重要策略进行了深入的介绍，旨在教会学生学习，提高学习策略的掌握和运用能力。

- 阿代尔. 时间管理[M]. 邓敏强，柯祥河，译. 海口：海南出版社，2008.

对个人而言，时间是一种最重要、最宝贵的资源。时间管理的实质是面对时间而进行的自我管理。阅读本书后，将会使你学习到管理时间的各种技巧，更有效地安排和利用宝贵的时间资源。

- 戈尔曼. 每个人都有创造力[M]. 罗汉，等译. 上海：上海人民出版社，2004.

本书通过大量丰富生动的事例，具体地提供了培养、挖掘创造力的方法，并对成年人在工作中如何发挥创造力进行了非常深入的分析和探讨。

- 韦秀英. 哈佛高效学习法：如何利用好凌晨四点半的理念[M]. 青岛：青岛出版社，2021.

这本书传递了一种观点，要懂得努力的重要性，更要讲究学习的方法。找对适合自己的学习方法，每个人都可以突破学习瓶颈，实现自己设定的人生目标。

第三讲　大学生的情绪管理

【导语】

“人非草木，孰能无情。”每个人每时每刻都会产生情绪。情绪是生活的调味剂，让人尝遍生活的酸甜苦辣；情绪也是活动的催化剂，加快或减慢活动的进程；情绪还是每个人自己的晴雨表，让我们都体验到独一无二的彩虹天气。试想生活如果没有了情绪，那么会是多么平淡无味、枯燥无趣。

情绪是可以被认识、被感知、被表达、被接纳、被调节、被传递的。希望通过本讲的学习，你可以：

1. 知悉情绪的概念、功能及情绪与健康的关系；
2. 了解大学生情绪的发展特点及常见的情绪困扰；
3. 认识情商，并利用具体方法提高情商；
4. 成为自我情绪的主人，成为别人眼中的社交之星。

3.1　微课视频

第一节　擦亮心灵的窗户——认识情绪的基本原理

课前暖身活动

雨点变奏曲

在该活动中，成员闭上眼睛，感受雨点的瞬息变化。体验在生活中，我们的心情也会和雨点一样，有时是毛毛雨，犹如掠过心湖的微风，很快就没有了痕迹。有时会下点小雨，有些不愉快，有些伤心。也有特别郁闷的时候，心底里泛起的忧伤就像绵绵不断的秋雨。有时会遭遇一些刺激，心情骤然像暴雨，但很快就停了。也会有很多时候，看见雨后的彩虹很美丽。

具体操作：

（1）领导者向大家示范动作：当听到领导者在描述中包含“毛毛雨”的词汇时，所有成员一起用左右食指互相敲击；当听到“小雨”的词汇时，成员一起用两手手掌拍大腿；当听到“大雨”的词汇时，成员一起用两手鼓掌；当听到“暴雨”的词汇时，所有成员一起跺脚。在活动过程中，所有成员动作快慢的节奏要保持一致。

（2）领导者让所有成员闭上眼睛，然后根据领导者的指令行动，用心感受雨点的变化。

一、什么是情绪

情绪是指人对客观事物是否符合自身的需要而产生的主观体验和伴随着的身心与行为变化。情绪是每一个人都无法回避的心理现象，人们在生活中每时每刻都伴随着各式各样的情绪。即使是动物也具有喜、怒、哀、惧这四种基本情绪，它们与生俱来，不学自会。

小贴士

猴子有情绪吗？

几乎所有研究灵长类动物学的习性学家和动物心理学家，在观察猿猴群居的通信活动中，都注意到它们的面部表情和情绪反应。在猿猴群居中，它们的面部肌肉迅速地变化（经常伴随着声音和动作），似乎在相互输送视觉信息方面起着重要作用。恒河猴已经具有可区分的面部肌肉运动模式，它们在威胁、骚动、育幼的通信交往中起着特殊的作用。面部的不同运动模式提供性质不同的信息，例如，母猴在喂奶时，对趋近它们的对象表现出警觉和愤怒的表情；小猴子在呼唤母亲时，出现类似哭的表情；实验研究还表明，当向小猴呈现新异刺激时，小猴会出现害怕的表情。

每一种基本情绪都有其独立的神经生理机制、内部体验和外部表现。当我们想了解自己之所以产生某种特殊情绪的时候，我们可以从自己的需要、客观对象角度分析情绪产生的过程。情绪的本质是客观对象是否满足自己的需要。

情绪的产生往往伴随着一定的主观感受，包括快乐、悲伤、恐惧、厌恶、愤怒、惊奇等。一般情况下，当客观事物满足了人们的主观需要时，人会产生积极的情绪体验；反之，则会产生消极的情绪体验。当人们产生情绪体验的时候，身体内部必然伴随着相应的生理反应，比如紧张时心跳加快、愤怒时血压升高、激动时呼吸急促，这些变化受自主神经支配，较难受到意识控制。

情绪的外部表现形式是表情。人们可以从它们的外部表现中领略其内心的真实感受。“眉开眼笑”“眉飞色舞”的人是开心快乐的；“愁眉不展”“铁青着脸”的人是忧愁焦虑的；“一个用眼角看人并翘起嘴巴”的人是在蔑视对方……这些就是所谓的面部表情。姿态也是表情的一种，属于动作表情。例如，当人在面临重大决定时就会紧握双拳并且身体僵硬；当人在焦虑中等待别人时，往往会来回地徘徊并搓手；当人听到特大喜讯时，可能会振臂欢呼等。另外，表情还包括语调表情，即人们在讲话的速度、节奏、语气等方面表现出来的情绪特点。比如，开心、快乐的人的语调往往是上升的，而愤怒、急躁的人的语调常常是下降的；下级会用急速的语气表示对上级的顺从和尊敬；上级或许会用拖长的语气来应付下级。

课堂团体辅导活动

哑口无言

某成员在活动中对领导者提供的情绪词语进行表演,然后让其他成员猜所表演的情绪是什么。通过该活动,成员能更好地认识情绪的表现,提高成员对情绪的判断力和辨别力,同时该活动也能增加成员间的合作性。

具体操作如下:

(1)领导者事先准备若干个描述情绪的词语,如"生气的""狂喜的"等。所有成员分成若干组,然后确定每组参加表演的人员,领导者和成员一起确定各组参加活动的顺序。

(2)在正式活动中,领导者向一成员单独提供有情绪词汇的卡片,由其对该情绪词语进行表演,这位成员的队友轮流猜该情绪是什么,每人一次机会,直到猜对为止。(通过表情和动作表现,尽量避免用语言描述,如果确实必要,不能使用和该情绪词语相关的词汇,最多允许两次使用语言的机会。如果猜不出来,可以进入下一个情绪的表演。)

(3)看哪个组猜对的情绪个数最少,请最少组表演节目。

二、情绪的状态

情绪状态是指在特定的时间内,情绪活动在强度、紧张水平和持续时间上的综合表现。情绪状态可以分为心境、激情和应激。

(一)心境

心境是一种微弱、平静而持久的情绪状态。弥散性和持久性是它的两个主要特征。心境的弥散性是指某人具有某种心境时,这种心境表现出的态度体验会朝向周围的一切事物。比如一个有喜事的人,觉得心情愉悦,与周围人交谈时会谈笑风生;而一个受到重大挫折的人,则是情绪郁闷、低落,甚至对周遭的人和事视而不见,听而不闻。心境的持续性是指在心境产生后,会在相当长的时间内主导人的情绪表现,有时甚至成为人一生的主导情绪体验。

心境的持续时间可能是几小时、几周、几个月或更长的时间,这依赖于引发这种心境的客观环境和个体的性格特点。心境对一个人的生活、工作、学习和健康有着重大影响。积极、良好的心境可以促使人的主观能动性的发挥,提高工作效率。因此,学会调节心理,保持一个积极的心境,对我们的工作、学习和生活都十分有益。

(二)激情

激情是一种强烈的、暴风雨般的、激动而短促的情绪状态,如狂喜、狂悲、暴怒等。激情通常是由个体生活中具有重大意义的事件引起的,对立意向的冲突或过度的抑郁也很容易引发激情。激情产生时,人的外部表现会发生明显的变化,例如,暴怒时,吹胡子瞪眼睛、咬牙切齿、面红耳赤;狂喜时,手舞足蹈,有时甚至会发生痉挛性动作。此外,当人处于激情状态时,心脏器官和腺体也会发生剧烈的变化。当人处在激情状态下,其意识活动范围会缩小,将目标仅仅指向与体验有关的事物,自控能力减弱,不能约束自己的行为,判断能力降低,不能正确评价自己行为的意义及预见行为的后果,常常做出不顾后果的事情，例如在激情状态下伤人和自杀。但人们是可以对激情加以控制的，人在激情发生之前，要竭力把注意力转移到与此无关的事情上去，在激情状态中，在说或做某件事时要慢慢使自己的行为平缓，使情绪镇定下来。激情也有积极和消极之分。积极的激情是驱动人积极投入行动的巨大动力，能激发人的上进心与斗志，调动个人身心的潜在能力。

（三）应激

应激是因外界出乎意料的紧张刺激所形成的极度紧张的情绪状态。例如，突然出现车祸等重大危险事故、地震等巨大自然灾害时，个人的激素水平迅速被激发，心率、血压、肌肉紧张度等发生显著变化，情绪处于高度应激状态。在此状态下，人们可能做出平时不能做出的勇敢行为，发挥超强潜力；也可能心绪紊乱、视野缩小、惊慌失措，难以做出适当的行为。个体的应激状态的不同取决于个体的适应能力，尤其是个体意识水平。长时间处于应激状态，对健康是很不利的，将导致人体的能力资源枯竭甚至导致个体死亡。

中等强度的应激状态会对个体产生积极作用，发挥个体的积极性，增强思维清晰度、敏锐性。由于人们性格、能力以及过去经验的不同，人们适应应激状态的能力也有所差异。

小贴士

应激反应会致命吗？

在一项关于工蜂的实验中，把抓到的一只工蜂和它的蜂房隔开，它会在被监禁的地方嗡嗡叫，爬来爬去。无论给它多少蜜，它还是会在几个小时内死去。工蜂的死亡不是因为太累，而是离开同伴后的应激反应。蜜蜂被虏，它的血液里产生了激素，把体内的全部活动都引向一个目的——返回自己的蜂房。强烈的应激反应本来是防止死亡的，但是，如果不能很快得到自由，这种大自然赋予的应激反应又会成为致命的因素。

【讨论和思考】

假如有这样一个机会，你可以放弃自己的情绪换取更高的智商，你愿意吗？或者你可以只拥有积极情绪，不再拥有负面情绪，如厌恶、恐惧、焦虑等，你觉得能否接受？情绪的存在对我们的生活有什么用途？

三、情绪的功能

（一）情绪具有自我防御功能

人们总是认为，愤怒、厌恶、焦虑、恐惧等负性情绪都是不好的、不应该的。然而无论是正性情绪还是负性情绪，都是生活中不可或缺的一部分。每一种情绪都具有其自身的功能。例如，失去亲人的痛苦告诉我们人生的局限性，让我们充分地认识人生、人性和社会；内疚和羞耻可以帮助我们成长为自觉的、井然有序的人；当一个人处在危险境地时，恐惧的情绪反应能促使人更快地脱离险境；被人伤害时，愤怒情绪会促使人奋力反抗。这些情绪表现出明显的自我防御功能。

（二）情绪是激发心理活动和行为的动机

人的各种需要都是行为动机产生的基础和主要来源，而情绪是需求是否得到满足的主观体验，它能激励人的行为，改变行为效率。因此，情绪具有动机作用。

积极的情绪状态会成为行为的积极诱因；消极的情绪状态则起消极诱因作用，会使人们产生逃离这种状态的动机，促使人们追求导致积极情绪的目标而回避导致消极情绪的目标。积极的情绪可以提高行为效率，起正向推动作用；消极情绪则会干扰、阻碍人的行为，甚至引发不良行为，起反向作用。

研究发现，适度的情绪兴奋会使人的身心处于最佳的活动状态，促使人主动积极地行动，从而提高行为效率。适当的紧张有利于行为的维持，过于松弛或过于紧张对行为的进程和问题的解决不利。

（三）情绪是心理活动的组织者

情绪是一种特殊的心理活动，对其他心理活动而言是一种监测系统，是心理活动的组织者。积极的情绪具有协调和组织作用，消极的情绪和情感则有干扰、破坏、瓦解作用。例如，情绪对维持稳定的注意起着重要作用，人们对自己感兴趣、觉得好奇的信息监视准确，而往往忽视自己厌恶、不感兴趣的信息。情绪会影响记忆效率，人们容易记住自己喜欢的事物，对不喜欢的事物记忆起来十分困难；人们在愉快的心情下更容易回忆起快乐的往事，在悲伤的情绪下更容易回忆起难过的事情。情绪还会影响思维活动，过度兴奋的情绪状态也会影响思维的进度和方向。

（四）情绪是人际沟通交流的重要手段

情绪的外显形式就是表情。表情与言语一样是人际交往的主要工具。面部表情是重要的情绪信息媒介，情绪信息的传递则是对语言交流的重要补充。在很多情景中，表情能使言语交流造成的不确定性和模糊性变得明确起来。表情信号的传递不仅服务于人际交往，而且也往往成为人们认识事物的媒介。例如，语言尚未发展起来的婴儿能通过观察周围成人的表情来调节自己的行为。孩子看到陌生人时会有些惧怕，这时大人以微笑、点头等表情鼓励他，他就会与陌生人接近而消除畏惧感；如果大人持否定的表情，婴儿就会大哭、避开。

四、情绪的产生

或许很多人都认为，情绪是先于反应的。例如，你冲某人大叫（反应），是因为你感到愤怒（情绪）。美国心理学家威廉·詹姆斯却认为，“你感到难过是因为我们的哭泣，你气愤是因为我们斗争，你的害怕源于我们颤抖”。詹姆斯和生理学家兰格都认为情绪是因为我们对躯体反应和变化的感知。在他们的理论中，内脏是情绪反应中最重要的角色，而它受控于自主神经系统。

然而心理学家沃特·坎农认为，内脏反应与情绪无关，即使通过手术切断内脏同中枢神经系统的联系，实验中动物仍然会有情绪反应。坎农和另外一位生物学家巴德认为，在同一刺激下产生的两种反应——生理唤醒和情绪体验——没有因果关系。如果某事令你生气，你的心跳会加快，同时你会想“太可气了”。既不是你的躯体也不是你的精神导致了另外一种反应。

美国心理学家沙赫特和辛格在 1962 年共同设计了一个实验：把被试分成四组（三组实验组，一组控制组），在征得被试同意的前提下，给所有的被试进行药物注射，并告诉被试注射的是维生素，目的是考察维生素对视敏度的影响；但实际上给三组实验组注射的是肾上腺素(一种对情绪状态有广泛影响的激素),给控制组注射的是生理盐水。三个实验组的生理变化是相同的,但被告知的内容不同:对正确告知组按肾上腺素引发的反应告知;对错误告知组,说会有两手发抖,心率加速,脸上发热的反应;未告知组。三组被试对生理反应的认知是不同的。实验安排了两个环境:一个是"欣快"的环境,一个是"愤怒"的环境。

结果发现,控制组和正确告知组的被试,或无生理唤醒,或对生理唤醒有了正确的解释,他们不受不同情境的影响,因此在两种情境下没有任何的情绪反应;未告知组和错误告知组的被试对自身的生理唤醒没有现成的解释,容易受到不同情境情绪的影响,因而有明显的情绪反应。

该实验表明,生理唤醒是激活情绪的必要条件。但真正的情绪体验却是由对生理唤醒的认知过程决定的。被试利用过去的经验和当前的信息,对自身的生理唤醒作出了合理的解释,并决定产生何种情绪。

【讨论和思考】

有关情绪产生的这些理论对你的生活有什么启发?

五、情绪与健康

情绪、情感与身心健康的关系直接可感。古语道"笑一笑,十年少;愁一愁,白了头"、"喜伤心,怒伤肝,忧伤肺,思伤脾,恐伤肾",就是这个道理。现代医学研究发现,在人类疾病中,由心理因素导致身心失调引起的疾病占50%~80%。紧张、悲哀、抑郁等不良情绪,会激活人体内部的有害物质,击溃人类机体的保护机制,破坏人体免疫功能。巴甫洛夫说过,愉快可以使你对生命的每一跳动,对于生活的每一印象易于感受,不论躯体还是精神的愉快都是如此,可以使人身体健康。

(一)感冒

研究表明,长期处于紧张状态会削弱机体抵抗病菌侵袭的能力,使感冒病毒易于通过鼻腔的防御机制而导致感冒。

(二)胃病

有人采用纤维胃镜、X线透视或拍片、脑电图及生化检查方法对胃病的病理机制进行了研究,发现胃病的发生与大脑皮层的过度兴奋或抑制、自主神经系统功能紊乱密切相关。我们每个人都可能遇到过因心情不好影响食欲的情况。

(三)哮喘

研究表明,心理因素可诱发或加重哮喘。英国医学专家通过对480名不同年龄哮喘病人的统计分析发现,由心理因素引发哮喘发作的占30%。焦虑、抑郁和愤怒等消极情绪,可导致机体释放组胺及其他能引发变态反应的物质,从而引起或加剧支气管哮喘的发作。

(四)心脏病

科学家们发现承受压力、情绪剧烈起伏、激烈运动等行为可能是引起心脏病突发的原因之一。在这些情况下,人体会释放去甲肾上腺素,这种激素会促进动脉血管壁上的细菌生物膜裂解,导致动脉斑块进入血液。

(五)疲劳

适量的工作一般不会导致疲劳,更不会引起经过休息之后仍不能缓解的疲劳。疲劳与人的心理状态有关。不健康的心理情绪,尤其是忧虑、紧张、烦恼,都会导致疲劳。一项情绪与健康关系的追踪研究发现,年轻时常常具有焦虑、愤怒等情绪的人患肺结核、心脏病和癌症的比例是情绪稳定的人的4倍。喜悦、愉快等正性情绪可以使伤口等加快愈合、促进疾病痊愈。

第二节　人生何处不烦恼——分析情绪困扰的原因

课前暖身活动

情绪涂鸦

通过该活动,让成员了解生活中所经历的情绪。具体操作如下:

1. 让成员在黑板上写下自己或身边的同学所经历过的情绪。
2. 成员一起讨论大学生的情绪特点。

一、情绪的发展及大学生的情绪特点

人的情绪的发展经历着由简单到丰富、稚嫩到成熟的过程。大学生正处于从青春期向成年早期转变的阶段,处于生理和心理走向成熟的时期。因此,大学生既保留一份儿童期残留下来的天真幼稚,又有成年期的深思熟虑,他们在诸多矛盾冲突中成长。此外,由于独特的社会地位、知识水平、心理发展特点及生理状况使得大学生的情绪和情感具有鲜明的特点。

(一)丰富性与复杂性

大学是一个学生从校园向社会过渡的阶段,因此,大学生对人、事、社会等各种现象特别关注。随着自我意识的不断发展,对友谊与爱情的执着追求,各种需求强度的不断增加,其情绪亦丰富多彩。大学生会为学习进步、工作顺利、爱情甜蜜感到欢乐、自赏;也会因考试不及格、朋友误解、恋爱失败等挫折而苦恼。总之,自尊、自信、自负、自卑等丰富而复杂的情绪体验都会蜂拥而至,几乎人类所具有的各种情绪都可能在大学生身上体现出来,并且各种情绪的强度不一,在不同的个体身上也存在一定的差异性。

(二)强烈性与冲动性

心理学家霍尔认为,青年期处于“蒙昧时代”向“文明时代”演化的过渡期,其特点就是动摇的、起伏的,因此有人也把这一时期称为“狂风暴雨”时期。由于知识水平和认知能力的提高,大学生对自己的情绪能够有所控制。然而大学生兴趣广泛,对外界事物较为敏感,加之年轻气盛和从众心理,因而,在许多情况下,其情绪体验快而强烈,喜怒哀乐常常一触即发。

青年期性激素分泌旺盛,它们反馈到下丘脑并影响其兴奋性。而大脑皮层的调节作

用一时不能适应这种情况，因此在皮层和皮层之间出现了不平衡状态。加上大学生自制力较弱，心理调节机制尚不完善，缺乏对外界变化的应变能力以及对心理活动调节和支配的意志和能力，使得大学生生理和心理的发展出现了某种程度的不平衡。一旦遇到某种外部的强烈刺激，情绪便会突然爆发，受冲动性力量的驱使，在语言、神态、行为等方面失去理智的控制，便会产生破坏性的后果。

（三）摇摆性和弥散性

大学生的情绪容易从一个高峰跌至低谷，出现高度的兴奋、激动、热情，或是极端的愤怒、泄气和绝望。情绪跌宕起伏，表现出动荡不安的状况，他们的积极性往往随着情绪起伏而涨落。

大学生的情绪还有较强的弥散性。一种情绪产生后，就可能超出原先的对象而扩散开来。在不自觉中，他们把自己的情绪赋予外物，转移到其他事物中去，即具有较明显的情绪迁移性，从而陶醉于以前某种愉快的、肯定的情绪状态中，或者沉湎于某种负性情绪状态中。由此可见，大学生的情绪常常会有一种不理性的表现，由于对环境的不适应、学习上的落后或者恋爱上的挫折等各种因素的影响，他们常会陷入某种想象的忧虑中而难以被另一种愉快的情绪所取代。

情绪的跌宕起伏，是大学生在发展过程中走向成熟而又未完全成熟的表现。正是通过摇摆起伏，他们逐渐地认识自己、认识社会，从而逐渐走向成熟。

（四）外显性和内隐性并存

大学生对外界的刺激反应迅速、敏感，喜、怒、哀、乐常形之于色，比起成年人，大学生的情绪较直接和外露；但相比小学生，大学生则会掩饰、遮蔽甚至压抑自己的真实感受。

大学生的自制力逐渐增强，思维的独立性和自尊心逐步发展，使得大学生情绪的外在表现和内在体验并不总是一致。在某些场合和特定问题上，大学生会掩饰、隐藏或抑制自己的真实情感，不像少年时期那么坦率直露，而有时会表现出内隐、含蓄的特点。例如，在对待异性的态度上；明明乐意接近，却表现出无所谓的态度；在交友、学习的具体问题上往往深藏不露。这是大学生有意识控制、无意识防御的结果，与表里不一的虚伪是两回事。

（五）压抑性

大学生的情感丰富而又强烈，同时大学期间也是一个充满压力和冲突的时期，这往往会导致情绪的压抑性。研究表明，约70%的大学生“时时感到有一种压抑感”，这种感觉的来源有些是自己能意识到的，有些则是自己意识不到的，只觉得自己有一种不满、烦恼，有一种空虚、孤独。大学生网络成瘾也是情感饥饿的一种表现。大学生都有强烈的情感的需求，他们觉得自己充满了情感、充满了爱，但在现实中不能得到充分的满足和寄托，于是，他们就到网络中寻找某种程度的共鸣和满足。

二、大学生常见情绪困扰

每个人在生活中都会遇到情绪困扰，大学生也不例外。一般认为，适度的负性情绪，如考试中的紧张、焦虑，失恋后的悲伤等，都是正常的。异常的情绪或情绪障碍是指那些陷于某些不良情绪体验中不能自拔，或者体验的强度和持续的时间超过一般人，严重妨碍了学习和生活的情绪反应。由于大学生特殊的心理行为特征和情绪特点，他们会遇到各种各样的情绪困扰，大学生需要正确认识自己的情绪，才可以调整心态。

（一）焦虑

案例分析与讨论

小溪从小成绩优异，在学校是老师心中的宠儿，同学眼中的天才，在家是父母的骄傲。进了大学，小溪的学业成绩也很优秀，获得校级奖学金。可随着学习难度的增大，社团活动的增多，同学竞争的日益激烈，小溪的优势不再明显。越是临近期末考试，她越害怕自己考不好，害怕自己得不到奖学金，怕父母失望的眼神、同学轻视的目光。离考试时间越近，小溪的失眠状况越来越明显，有时想到考试就会浑身发冷，心跳加快，根本没法专心学习。

你经历过和小溪类似的情绪吗？你觉得这是一种怎样的情绪？它对我们的生活有什么影响？

焦虑（anxiety）是一种不知所以然的提心吊胆与紧张不安的情绪状态，并伴有焦虑、烦恼、害怕、紧张等情绪体验。焦虑会明显影响人的精神状态、认知、行为和身体状况。被焦虑所困扰的人常表现出烦躁不安、思维受阻、动作不灵敏、失眠、食欲缺乏等。严重焦虑能使人失去一切情趣和希望，甚至导致心理疾病。

当代大学生多为独生子女，在家受父母宠爱，进入大学后，由于生活环境和学习方式的转变，造成对新环境难以快速适应，因此出现各种焦虑反应。大学生的焦虑还表现在考试和人际交往上。考试焦虑是大学生中比较常见、比较突出的焦虑情绪表现。研究表明，一些能力不如他人或者对自己能力的主观评价不如别人的大学生，以及一些对获得好成绩有强烈愿望的大学生容易产生较强的考试焦虑。而通过提高自己专业学习能力或者提高对自己能力的评价，或者把对好成绩的期望降低到适当的水平，可以减轻考试焦虑。而人际交往的焦虑与缺乏自信心、交往技能差、自尊心过强等密切相关。

当然，并不是所有的焦虑都是坏事。焦虑也具有一定的适应性意义和积极成分。它能导致机体处于一定的警觉、唤醒状态，动员自身内在能量以应对外在危机。研究表明，中等焦虑最有利于考生自我能力的发挥，而无焦虑或高焦虑则不利于考生水平的发挥。因此，应增强自信以减轻忧虑，磨炼意志，开阔胸襟，使过度的焦虑转为适度的焦虑，这样既有助于成功，也有利于健康。

3.2　情景剧

（二）愤怒

案例分析与讨论

梁辉已经是大四的学生，一次在图书馆学习中看到一对情侣在大声讲话，就走过去要求其中的那位男生说话小声点。但这位男生在离开时就咕嘟了一句，嫌梁辉好管闲事，梁辉听后大怒，他认为本来就是这个同学做得不对，好意提醒，竟然不给面子。梁辉立刻和那个同学打了起来，但马上被同学劝开。不甘心的梁辉在离开前将手里的笔对着那个同学甩去，却刚好扎到旁边劝架的同学眼睛里，促成大错。

梁辉为什么会攻击同学而酿成大祸？如果你是梁辉会怎么做？在你的生活中是否经历过类似的情绪？

大学生处于热情高涨、激情澎湃的过渡时期，有时难以控制情绪。易激动、易发怒是大学生常见的消极情绪之一。有的大学生因一句不顺耳的话、一件不顺心的事就激动得暴跳如雷，或出口伤人，或拳脚相向，盛怒之后却后悔不已，正如古希腊学者毕达克拉斯所言："愤怒以愚蠢开始，以后悔告终。"

愤怒是客观事物与人的主观愿望相违背时产生的强烈情绪反应。愤怒对一个人的心理健康有明显的不良影响。当人发怒时，通常表现心跳加快，心律失常，严重时导致心脏停搏甚至猝死。发怒会阻碍思维，导致损人伤己，甚至犯罪等诸多丧失理智的行为。例如，三国时期，诸葛亮和王朗阵前相遇，诸葛亮历数王朗不是，王朗被气得浑身哆嗦，怒火冲天，结果摔死于马下。此外，动怒还容易让人习惯性地把自己想象成被亏待的人，这样势必导致自我怜悯。当这种习惯根深蒂固以后，会使自己觉得如果不被亏待反而会不安，并千方百计地寻求被亏待的证据，这使人永远得不到快乐。

有些大学生易怒，一方面有性格方面的原因，如性格焦躁、容易冲动、不善于控制情绪等；另一方面由一些错误观念导致，如发怒可以威慑他人，发怒可以抵消责任，发怒可以挽回面子等。但实际上，易怒者总是事与愿违，所得到的不是尊严、威信，而是他人的厌恶，以及自己更加不宁的心绪。

（三）冷漠和无聊

案例分析与讨论

陈铭曾经是个开朗热情的人，中学时他曾主动为班级同学订购特价书籍，结果被同学误认为是为自己谋福利。刚开始陈铭还主动与同学沟通，后来有一次他无意中听到两个同学在讨论他，认为他替大家买书一定别有用心。陈铭感到心灰意冷，再也不愿意关心班级和同学的事。上大学后，陈铭也是如此，他总是冷漠地看待周围的人和事，觉得一切都很虚伪，对什么事情都无所谓，从不参加班级活动。这样的行为使陈铭在大学中没有朋友，陈铭越来越觉得孤单，常常感到心情不好，心里很压抑，却不知道怎么办。

你认为陈铭应该怎么做呢？

大学生活本该多姿多彩，大学生本是富有热情的一个群体，然而，在大学生群体中存在一些对任何事情都不关心、对任何事都提不起兴趣的学生，他们不在乎成绩好坏，不关心集体或他人，对周围事物无动于衷。这就是冷漠的表现。

冷漠是对愤怒的压抑而导致的特殊反应。一旦我们不能或不愿意去处理真正的愤怒，就会产生冷漠的"面具"。当我们没有时间、能力恰当地处理引起我们愤怒的事情，当我们无法保护自己与他人的边界，当我们感到不能对所见到的不公正说出反对意见，当我们感到无力影响周围的人和事时，我们往往会落入冷漠的"面具"。在"面具"的状态下，愤怒以一种保护的态度掩盖内在真实，冷漠会压抑情绪，我们会装出一副"我不介意""我没被打扰""管他呢"的态度，来让自己变得"舒服"。

感觉到冷漠不是件坏事，重要的是，要在冷漠出现时知道，在你的情绪世界中正在发生着什么。你要学会除去冷漠的"面具"，学会如何解决"面具"下的愤怒。

（四）嫉妒

案例分析与讨论

田甜和吴丽是大三学生，同住在一个宿舍，入学不久，两个人成了形影不离的好朋友，田甜活泼开朗，吴丽内向稳重。随着时间的流逝，吴丽逐渐觉得自己是田甜的陪衬，觉得田甜处处比自己强，抢尽风头，心里很不是滋味。大三时，田甜参加学校的服装设计大赛，并得了一等奖。吴丽得知这个消息后不是替田甜感到高兴，反而感到心里不舒服，觉得妒火中烧，并趁田甜不在宿舍的时候，把田甜的参赛作品剪出了一个大洞。

你认为好朋友之间的相互嫉妒在你周围存在吗？你会嫉妒别人吗？当你嫉妒他人的时候，会有什么样的情绪体验和行为反应？

嫉妒是因为个体的社会需要没有得到满足而产生的一种错综复杂的情绪体验，是一种在人际交往中普遍存在的心理反应。有的人把嫉妒化为积极的行动动力，使之产生良性效益，而有的人不能把握这种情绪，使之成为自己人生道路上前进的绊脚石。

大学生的嫉妒主要表现在：当看到他人学识能力、品行荣誉甚至穿着打扮超过自己时，内心会产生不平、痛苦、愤怒等感觉；当别人深陷不幸或处于困境时，则会幸灾乐祸，甚至落井下石。不良的个性因素是产生嫉妒的重要原因。虚荣心过强、自私狭隘等不良的性格特征会使人的心理失去平衡，导致嫉妒的产生。另外，大学生在自我认识上的偏差也是产生嫉妒情绪的原因。

克服嫉妒，一要开阔视野，懂得“天外有天，人外有人”的客观规律；二要转移注意力，要积极进取，使生活充实起来；三要学习并欣赏他人优点，化嫉妒为动力；四要建立正确的自我意识，提高自我意识水平，正确地评价自己和他人。

（五）自卑

案例分析与讨论

黄晓是一名大一学生，家中有一个姐姐和一个弟弟。因家庭经济状况不好，父母脾气急躁，很强势，对子女要求严格。当地的女孩能上高中的非常少，在家乡的十里八村，黄晓是唯一拥有这么高学历的女孩子，是当地有名的才女，无论是在家里还是在村里都很受尊重。但是进入大学后却被同学看不起，产生了强烈的自卑心理，觉得在同学面前抬不起头，并且和同学之间也发生了较剧烈的矛盾冲突。

如果你是黄晓的好朋友，她向你倾吐心声时，你会如何帮她作出分析？

自卑感是一种因自我评价偏低，过多地否认自己而产生的负性情绪体验，也可以表述为自我效能感低。班杜拉认为，自我效能感低是个体在特定情境中对自己完成工作的能力预期比较低。自卑的人不敢奢望自己能做成什么大事，对行为结果的预期总是较低，成就体验也比较少。

自卑情绪容易导致压抑、孤独的情感，易使人遭受挫折，严重影响学习和生活。一般来说，大学生的自卑心理主要有以下几个表现：一是自我评价过低。这是自卑的实质，表现在对自己的身高、外貌、能力等方面的评价上，认为自己不如他人。二是过分的敏感性和掩饰性。有自卑心理的大学生往往对自己的不足和他人的评价很敏感,常把他人无关的言行看成是对自己的轻视。由于担心自己的不足被他人知道,因而常常加以掩饰和否认,有时表现出较强的虚荣心。三是回避性。有自卑心理的大学生常采取回避与他人交往的方法来避免他人看出自己的不足,他们常把自己禁锢起来,容易形成自闭的性格。

(六)抑郁

抑郁是比任何一种负性情绪体验都更为强烈和持久的情绪。抑郁比较复杂,主要包含痛苦,并且在不同情况下还含有愤怒、悲伤、忧愁、自罪感、羞愧等情绪。抑郁在全世界都是常见的问题。抑郁在大学生群体中也是普遍现象。不少大学生因为学业中的竞争压力或恋爱的失败而陷入抑郁状态。抑郁不只出现在我们感到沮丧和悲伤的时候,或由于特殊的原因才出现,任何事情都会令我们产生抑郁。

抑郁表现为情绪低落,郁郁寡欢;无精打采,缺乏活力,兴趣丧失;不愿参加社交,避免与人接触,常常拒绝别人;对生活缺乏信心,体验不到生活的快乐;食欲缺乏,甚至失眠。

心理测吧

贝克抑郁自评量表

指导语:本量表包含 21 组,每组有 4 句陈述,请认真阅读每一组陈述,你可根据一周来的感觉,选择最适合自己情况的那句话。

1	0. 我不感到难过。	
	1. 我感觉难过。	
	2. 我一直觉得难过且无法振作起来。	
	3. 我难过且不快乐,我不能忍受这种情形了。	
2	0. 对未来我并不感觉特别沮丧。	
	1. 对未来我感到沮丧。	
	2. 没有任何事可让我期盼。	
	3. 我觉得未来毫无希望,并且无法改善。	
3	0. 我不觉得自己是个失败者。	
	1. 我比一般人害怕失败。	
	2. 回想自己的生活,我所看到的都是一大堆失败。	
	3. 我觉得自己是个彻底的失败者。	
4	0. 我像过去一样从一些事中得到满足。	
	1. 我不像过去一样对一些事感到喜悦。	
	2. 我不再从任何事中感到真正的满足。	
	3. 我对任何事都感到烦躁和不满意。	
5	0. 我没有罪恶感。	
	1. 偶尔我会有罪恶感。	
	2. 我常常有罪恶感。	
	3. 我总是感到罪恶。	

续表

6	0. 我不觉得自己正在受罚。	
	1. 我觉得自己可能遭受报应。	
	2. 我希望受到报应。	
	3. 我觉得自己正在自食恶果。	
7	0. 我对自己并不感到失望。	
	1. 我对自己甚感失望。	
	2. 我讨厌自己。	
	3. 我恨自己。	
8	0. 我不觉得自己比别人差劲。	
	1. 我对自己的弱点或错误常常挑三拣四。	
	2. 我总是为了自己的缺失苛责自己。	
	3. 只要出事就会归咎于自己。	
9	0. 我没有任何想自杀的念头。	
	1. 我想自杀,但我不会真的那么做。	
	2. 我真想自杀。	
	3. 如果有机会,我要自杀。	
10	0. 和平时比较,我哭的次数并无增加。	
	1. 我现在比以前常哭。	
	2. 现在我经常哭泣。	
	3. 过去我还能,但现在想哭都哭不出来了。	
11	0. 我对任何事并不会比以前更易动怒。	
	1. 我比以前稍微有些脾气暴躁。	
	2. 很多时候我相当苦恼或脾气暴躁。	
	3. 目前我总是容易动怒。	
12	0. 我关心他人。	
	1. 和以前比较我有点不关心别人。	
	2. 我关心别人的程度已大不如昔。	
	3. 我已不再关心他人。	
13	0. 我做决定能像以前一样好。	
	1. 我比以前会延后做决定的时间。	
	2. 我做决定比以前更感困难。	
	3. 我不再能做决定了。	
14	0. 我不觉得自己比以前差劲。	
	1. 我担心自己变老或不吸引人。	
	2. 我觉得自己的外表变得不再吸引人。	
	3. 我认为自己长得很丑。	

续表

15	0. 我的工作情况跟以前一样好。	
	1. 我需要特别努力才能开始工作。	
	2. 我必须极力催促自己才能做一些事情。	
	3. 我无法做任何事。	
16	0. 我像往常一样睡得好。	
	1. 我不像往常一样睡得好。	
	2. 我比往常早醒 1 至 2 小时且难再入睡。	
	3. 我比往常早数小时醒来，且无法再入睡。	
17	0. 我并不比以往感到疲倦。	
	1. 我比以往容易感到疲倦。	
	2. 几乎做任何事都令我感到疲倦。	
	3. 我累得任何事都不想做。	
18	0. 我的食欲不比以前差。	
	1. 我的食欲不像以前那样好。	
	2. 目前我的食欲很差。	
	3. 我不再感到有任何的食欲。	
19	0. 我的体重并没有下降，若有，也只有一点。	
	1. 我的体重下降了 2.5 公斤以上。	
	2. 我的体重下降了 4.5 公斤以上。	
	3. 我的体重下降了 7 公斤以上。	
20	0. 我并未比以往更忧虑自己的健康状况。	
	1. 我被一些生理病痛困扰，譬如胃痛、便秘等。	
	2. 我很忧虑自己的健康问题，因此无法顾及许多事务。	
	3. 我太忧虑自己的健康问题，以至于无法思索任何事情。	
21	0. 最近我对性的兴趣并没有特殊改变。	
	1. 最近我对性的兴趣比以前稍减。	
	2. 目前我对性的兴趣降低很多。	
	3. 我对性已完全没有兴趣了。	

3.3　贝克抑郁自评量表及其计分和解释

第三节　我的情绪我做主——体验情绪管理的力量

课前暖身活动

情境与角色扮演

通过情境扮演和讨论，让成员初步体验情商在日常生活中的体现。

具体操作：

（1）由成员对下列情境进行表演。

* 你在公园里散步，注意到一位年轻女士独自坐在长椅上哭泣。你停下来看她。她快速抬头看了你一下，道一声“你好”，然后继续低头哭泣。这时，你应该走过去帮忙呢，还是应该让她自己待一会儿？

* 你正要赶赴约会，而室友答应开车送你，但室友动作很慢，让你开始着急，这时你是应该催促室友，还是应该平静下来呢？

* 有一位很吸引你的人冲你微笑，并愉快地与你打招呼。你认为这是潜在的浪漫爱情的开始，还是仅仅是个友情信号？

（2）让成员一起讨论，假如你处在上述的情境中，你认为正确的做法是什么，为什么？

一、何为情商

（一）情商的概念

情商，是“情绪智力商数”（emotional intelligence quotient，EQ）的简称，是相对于智商（intelligence quotient，IQ）而提出来的，用于衡量情绪智力水平高低的一项指标。情绪智力由美国心理学家萨洛维和梅耶尔最早提出，它是一种能识别情绪的意义、情绪间的关系以及懂得在推理和解决问题中有效使用情绪的能力。后来，心理学家戈尔曼把情绪智力的定义拓展为五个领域。

（1）认识自身情绪，是对内心的持续关注，是仿若自己是个旁观者一样地自我观察。这是情绪智力的基石。它要求我们不仅要知道自身的情绪，还要知道自己对该情绪的看法。例如，“我感觉我现在很烦躁，但我知道烦躁对我不好，对解决问题也于事无补”。

（2）妥善管理情绪，调控自我的情绪，使情绪适时、适地、适度地表达。恰当地处理情绪是一种建立在认识自身情绪基础上的能力。情绪调节能力差的人常常受到痛苦情绪的困扰，而善于调节情绪的人则可以更快地从挫折和痛苦中挣脱出来。

（3）自我激励，这是指将情绪专注于某个目标上，为实现目标进行自我激励和自我控制，包括延迟满足、控制冲动、统筹全局的能力。即使遭遇挫折与困难，仍能认定目标，坚韧不拔。一个人如果能够进入全神贯注的境界，那无论从事什么工作，都会有出色的表现。

（4）认知他人情绪。同理心是了解他人感受的能力，它是与他人正常交往，实现顺利沟通的基础。有同理心的人，能够理解他人、包容他人，站在对方立场上思考，这样的人通常被认为是容易相处、乐于与之相处的人，他人也更愿意与之交流合作、共同发展进步。

(5)处理人际关系。拥有良好的处理人际关系的能力往往意味着有良好的情绪表达、情绪协调与情绪感染力，以及较强的领导和管理能力。善于处理人际关系的人在任何需要良好的人际互动的领域都会有非凡表现，也会成为众人眼中的社交之星。

(二)情商与智商

情商是相对于智商被提出来的，因而常常将两者进行比较。心理学家戈尔曼认为，人生的成就最多只有20%归功于智商，而其他的80%是由其他因素，尤其是情商所决定的。但并非在所有领域中，情商都比智商更重要。情商比智商重要的领域主要是智力与成功关联程度相对较低的“软领域”，比如健康、情感、人际交往、领导力。这些领域对处在大学校园生活中的我们是非常重要的，并且它们之间会相互影响。

拥有高智商不代表一定能拥有良好的情绪调节能力、自我控制能力、社会交往能力，但情绪智力出色的人在这些能力上的表现比多数智力超群者要优秀得多。具有较高情绪智力的人，也就是能很好地了解并控制自身感受的人，以及那些懂得并能有效处理他人感受的人，在人生的任何领域都具有优势，不管是在校园的学习生活中，还是将来工作中。因此，作为新时代的大学生，不仅要注意加强学业方面的能力，更要注重培养情绪智力，获得理性上和感性上的双丰收。

小贴士

纯粹高智商与纯粹高情商的差异在哪里？

美国加州大学心理学家杰克·布莱克对两种理论上的纯粹类型——高智商者(不考虑情商)和高情商者(不考虑智商)——进行了对比研究。结果发现：

* 高智商男性非常理性，做事能力强，做人能力弱，在知识王国里如鱼得水，而在人际社会中则四处碰壁；高情商男性则是感性的，做人能力强，做事能力弱，往往热爱社交，乐观外向，富有同情心。

* 高智商女性内向沉稳，能够流畅表达自己的思想，但不愿意公开表达自己的情感；高情商女性则是外向活泼，喜欢直接表达情感，喜爱社交，感觉生活充满情趣与意义。

心理测吧

与智商一样，我们很想了解自身情商的高低。目前，虽然情商水平不像智商水平那样能够较准确地测量，但仍然有一些测量情绪智力的测验可以让我们大致了解自己的情商水平。

(一)哈佛情商测验

指导语：阅读每个题目和选项，选出最符合你自身情况的选项。

1. 坐飞机时，突然受到很大的震动，你开始随着机身左右摇摆。这时候，您会怎样做呢？（　　）

A. 继续读书或看杂志，或继续看电影，不太注意正在发生的骚乱

B. 注意事态的变化，仔细听播音员的播音，并翻看紧急情况应付手册，以备万一

C. A和B都有一点

D. 不能确定——根本没注意到

2. 带一群 4 岁的孩子去公园玩,其中一个孩子由于别人都不和她玩而大哭起来。这个时候,您该怎么办呢? ( )

A. 置身事外——让孩子们自己处理

B. 和这个孩子交谈,并帮助她想办法

C. 轻轻地告诉她不要哭

D. 想办法转移这个孩子的注意力,给她一些其他的东西让她玩

3. 假设您是一个大学生,想在某门课程上得优秀,但是在期中考试时却只得了及格。这时候,您该怎么办呢? ( )

A. 制订一个详细的学习计划,并决心按计划进行

B. 决心以后好好学

C. 告诉自己在这门课上考不好没什么,把精力集中在其他可能考得好的课程上

D. 去拜访任课教师,试图让他给您高一点的分数

4. 假设您是一个保险推销员,去访问一些有希望成为您的顾客的人,可是一连 15 个人都只是对您敷衍,并不明确表态,您变得很失望。这时候,您会怎么做呢? ( )

A. 认为这只不过是一天的遭遇而已,希望明天会有好运气

B. 考虑一下自己是否适合做推销员

C. 在下一次拜访时再做努力,保持勤勤恳恳工作的状态

D. 考虑去争取其他的顾客

5. 您是一个经理,提倡在公司中不要搞种族歧视。一天您偶然听到有人正在开有关种族歧视的玩笑。您会怎么办呢? ( )

A. 不理它——这只是一个玩笑而已

B. 把那人叫到办公室去,严厉斥责他一顿

C. 当场大声告诉他,这种玩笑是不恰当的,在您这里是不能容忍的

D. 建议开玩笑的人去参加一个有关反对种族歧视的培训班

6. 您的朋友开车时别人的车突然危险地抢到你们前面,您的朋友勃然大怒,而您试图让他平静下来。您会怎么做呢? ( )

A. 告诉他忘掉它吧——现在没事了,这不是什么大不了的事

B. 放一盘他喜欢听的磁带,转移他的注意力

C. 一起责骂那个司机,表示自己站在他那一边

D. 告诉他,您也曾有同样的经历,当时您也一样气得发疯,可是后来您看到那个司机出了车祸,被送到医院急救室

7. 您和伴侣发生了争论,两人激烈地争吵,盛怒之下,互相进行人身攻击,虽然你们并不是真的想这样做。这时候,最好怎么办呢? ( )

A. 停止 20 分钟,然后继续争论

B. 停止争吵……保持沉默,不管对方说什么

C. 向对方说抱歉,并要求他(她)也向您道歉

D. 先停一会儿,整理一下自己的想法,然后尽可能清楚地阐明自己的立场

8. 您被分到一个单位当领导,想提出一些解决工作中繁难问题的好方法。这时候,您第一件要做的是什么呢? ( )

A. 起草一个议事日程,以便充分利用和大家在一起讨论的时间
B. 给人们一定的时间相互了解
C. 让每一个人说出如何解决问题的想法
D. 采用一种创造性地发表意见的形式,鼓励每一个人说出此时进入他脑子里的任何想法,而不管该想法有多疯狂

9. 您3岁的儿子非常胆小,实际上,从他出生起就对陌生地方和陌生人有些神经过敏或者说有些恐惧。您该怎么办呢? ( )
A. 接受他具有害羞气质的事实,想办法让他避开他感到不安的环境
B. 带他去看儿童精神科医生,寻求帮助
C. 有目的地让他一下子接触许多人,带他到各种陌生的地方,克服他的恐惧心理
D. 设计渐进的系列挑战性计划,每一个相对来说都是容易对付的,从而让他渐渐懂得他能够应付陌生的人和陌生的地方

10. 多年以来,您一直想重学一种您在儿时学过的乐器,现在为了娱乐,您又开始学了。想最有效地利用时间,您该怎么做呢? ( )
A. 每天坚持严格的练习
B. 选择能稍微扩展能力的有针对性的曲子去练习
C. 只有当自己有情绪的时候才去练习
D. 选择远远超出您的能力但通过勤奋能掌握的乐曲去练习

3.4 答案及解释

(二)国际标准情商测试题

这是一组欧洲流行的测试题。可口可乐公司、麦当劳公司、诺基亚公司等世界500强企业曾以此为测试员工EQ的模板,帮助员工了解自己的EQ状况。共33题,测试时间25分钟,最大EQ为174分。如果你已经准备就绪,请开始计时。

第1~25题:请从下面的问题中,选择一个和自己最切合的答案。

1. 我有能力克服各种困难 ( )
A. 是的　B. 不一定　C. 不是的

2. 如果我能到一个新的环境,我要把生活安排得 ( )
A. 和从前相仿　B. 不一定　C. 和从前不一样

3. 一生中,我觉得自己能达到我所预想的目标 ( )
A. 是的　B. 不一定　C. 不是的

4. 不知为什么,有些人总是回避或冷淡我 ( )
A. 不是的　B. 不一定　C. 是的

5. 在大街上,我常常避开我不愿打招呼的人 ( )
A. 从未如此　B. 偶尔如此　C. 有时如此

6. 当我集中精力工作时,假使有人在旁边高谈阔论 ( )
A. 我仍能专心工作　B. 介于A、C之间　C. 我不能专心且感到愤怒

7. 我不论到什么地方,都能清楚地辨别方向 ( )
A. 是的　B. 不一定　C. 不是的

8. 我热爱所学的专业和所从事的工作 ( )
A. 是的　B. 不一定　C. 不是的

9. 气候的变化不会影响我的情绪 ( )

A. 是的 B. 介于 A、C 之间 C. 不是的

10. 我从不因流言蜚语而生气 ( )

A. 是的 B. 介于 A、C 之间 C. 不是的

11. 我善于控制自己的面部表情 ( )

A. 是的 B. 不太确定 C. 不是的

12. 在就寝时,我常常 ( )

A. 极易入睡 B. 介于 A、C 之间 C. 不易入睡

13. 有人侵扰我时,我 ( )

A. 不露声色 B. 介于 A、C 之间 C. 大声抗议,以泄己愤

14. 在和人争辩或工作出现失误后,我常常感到震颤、精疲力竭而不能继续安心工作 ( )

A. 不是的 B. 介于 A、C 之间 C. 是的

15. 我常常被一些无谓的小事困扰 ( )

A. 不是的 B. 介于 A、C 之间 C. 是的

16. 我宁愿住在僻静的郊区,也不愿住在嘈杂的市区 ( )

A. 不是的 B. 不太确定 C. 是的

17. 我被朋友、同事起过绰号、挖苦过 ( )

A. 从来没有 B. 偶尔有过 C. 这是常有的事

18. 有一种食物使我吃后呕吐 ( )

A. 没有 B. 记不清 C. 有

19. 除了看见的世界外,我的心中没有另外的世界 ( )

A. 没有 B. 记不清 C. 有

20. 我会想到若干年后有什么使自己极为不安的事 ( )

A. 从来没有想过 B. 偶尔想到过 C. 经常想到

21. 我常常觉得自己的家庭对自己不好,但是我又确切地知道他们的确对我好 ( )

A. 否 B. 说不清楚 C. 是

22. 每天我一到家就立刻把门关上 ( )

A. 否 B. 不清楚 C. 是

23. 我坐在小房间里把门关上,但我仍觉得心里不安 ( )

A. 否 B. 偶尔是 C. 是

24. 当一件事需要我作决定时,我常觉得很难 ( )

A. 否 B. 偶尔是 C. 是

25. 我常常用抛硬币、翻纸、抽签之类的游戏来预测凶吉 ( )

A. 否 B. 偶尔是 C. 是

第 26 ~ 29 题:下面各题,请按实际情况如实回答,仅需回答“是”或“否”即可,在你选择的答案后打“√”

26. 为了工作我早出晚归,早晨起床我常常感到疲惫不堪 是______ 否______

27. 在某种心境下,我会因为困惑陷入空想,将工作搁置下来 是______ 否______

28. 我的神经脆弱,稍有刺激就会使我战栗 是______ 否______

29. 睡梦中，我常常被噩梦惊醒　　　　　　　　　　是______　否______

第 30～33 题：本组测试共 4 题，每题有 5 种答案，请选择与自己最切合的答案，在你选择的答案下打“√”。

1. 从不　　2. 几乎不　　3. 一半时间是　　4. 大多数时间是　　5. 总是

30. 工作中我愿意挑战艰巨的任务。（1　2　3　4　5）

31. 我常发现别人好的意愿。（1　2　3　4　5）

32. 能听取不同的意见，包括对自己的批评。（1　2　3　4　5）

33. 我时常勉励自己，对未来充满希望。（1　2　3　4　5）

3.5　答案及计分评估

经过以上的情商测验，你应该大致知道自己的情商水平了吧。如果你的情商足够高了，那么你可以直接跳过下一部分内容的学习。当然，你也可继续阅读，以便帮助你的朋友、同学甚至家人提高他们在情绪认知与调节方面的能力。如果你的情绪智力还不足，别担心，接下来就会告诉你如何提升自己的情商，让自己的成功道路变得平坦些。

三、提升你的情商

（一）学会认识情绪

情绪有三个组成部分：主观体验、外部表现和生理唤醒。利用它们，我们可以觉察自己的情绪以及识别他人的情绪。

感知自己的情绪，主要是通过自我情绪的主观体验来达到的。当我们遇到某件会诱发情绪的事情时，我们可能会立刻体验到某种情绪，但这时并没有发生“自我意识”，仅仅只是一种体验、一种感觉。为了了解体验到的感受是什么，我们需要暂时跳出来，以旁观者的身份问自己：我现在有什么情绪？是高兴还是生气，或是悲伤？另外，为了能及时地觉察情绪，我们还需要时刻提醒自己当前的感受。当然，感受不能只是粗略、笼统的，比如“我感到不舒服”“我感觉不愉快”，我们必须将感受分化辨识成为明确、具体的情绪，例如不愉快具体是愤怒、悲伤、厌恶还是恐惧？如果是悲伤，那么是忧伤、歉疚、寂寞还是绝望？明确情绪之后还要了解自己对于这种情绪的看法，比如“我现在感到幸福，幸福对于我很重要，我希望幸福的感觉能持续长久些”，或者“我现在很气愤，但气愤会让我失去理智，我要冷静下来”。只有对情绪产生自我意识之后，才能对情绪做有效处理。

而对于识别他人情绪，常常利用情绪的外部表现，因为我们无法真实体验他人的情绪。情绪的外部表现包括面部表情、肢体语言、声调表情等。例如，快乐的面部表情一般是额头平展、眼睛闪光而微眯，面颊上提，嘴角后拉、上翘如新月；当人在焦虑地等人时，常常来回徘徊或双手相搓；恐怖情绪常常使人的声音颤抖。另外，我们还可以通过他人的话语和性格、当时的情境来推测他人的情绪。

（二）管理自我情绪

健康的情绪是健全人格的标志之一。每个人都希望活得轻松快乐，有个如阳光般灿烂的人生。但每个人都会遇到焦虑、痛苦、不安等情绪“阴雨天”。如果想风雨过后重见阳光，情绪管理就是非常有效的扫除心理阴霾的方法。

情绪管理不是一味地压制或逃避情绪，而是在遇到与个体发展不利的情绪时，积极寻找情绪管理策略，以有效的方式解决情绪不适的能力。情绪管理的目的在于实现平衡、节制，其关键是减少负面情绪，增加积极情绪，而不是只维持一种情绪。

有效管理自己的情绪，成为掌控自己情绪的主人，对于身心健康、人际交往和获得真正的成功和快乐是非常重要且有意义的。因此，如何有效地管理自己的情绪就成为一门能指引获得快乐与取得成功的必修课。情绪管理一般可分为三步，也就是"情绪管理三部曲"。(1) What：了解当前是什么感受；(2) Why：分析自己为什么会有这种感受；(3) How：找出有效处理这种感受的方法。

情绪管理的第一步就是要先觉察、认识自己的情绪，这在前一部分中已经介绍，在此不再赘述。那么有什么方法可以用来调节情绪，什么方法对你比较有效呢？

1. 适度宣泄法

心理学研究发现，如果长期压抑不良情绪，就会导致各种心理疾病或精神障碍。而遇到消极的情绪时，最简单的方法就是宣泄，将体内过高的负性情绪能量发泄出来。常用的情绪宣泄方式有许多：找个朋友倾诉，说出心里的苦闷烦恼；抱头痛哭一场，哭累了也就觉得心情舒畅多了；出去运动锻炼或者做做体力活；到山上、树林里或某个不会打扰到他人的地方呐喊；也可以写心情日记，自己与自己对话，然后卸下包袱，进入梦乡。另外，有的企业专门设置了宣泄室，提供橡皮人和暴力工具让员工进行发泄。

小贴士

感到孤独该怎么办？

安徒生童话里有这么一个故事：有个小女孩，无父无母，只有又聋又哑的奶奶与她相依为命。她的身边也没有什么朋友，因此感到非常孤独，心里有很多话却没地方可说。有一天，她带着小铁锹到树林里挖了个坑，并对着坑说出自己的心里话。她说完后用土把坑埋上，顿时觉得人变轻松许多。第二天，小土坑上长出了一株绿绿的小树苗。

但采用宣泄法必须注意的是，不能随意发泄，要采取正确的措施，选择恰当的场合和对象，像乱发脾气、耍酒疯、乱砸东西等都是不可取的。切不可因为发泄不良情绪而造成不良后果。

2. 积极暗示法

积极的暗示对情绪调节有极佳的作用。心理学实验发现，当人默念"我很愤怒""暴跳如雷""气死我了"等语句时，心跳、呼吸会加快，好像真的生气了；当默念"开心极了""真是太好了""我好高兴"等语句时，人心里也会产生一种乐滋滋的体验。这种暗示对人的不良情绪和行为有着奇妙的影响和调控作用，既能放松过分紧张的情绪，又可以作为自我激励的一种方式。

自我辅导小技术——试试看

心理学研究发现，经常写日记的人的压力水平和情绪状态都要优于不写日记的人，而且那些能够发现正性资源并坚持写积极日记的人其心理状态最佳。所以，从今天起，你也试着写积极日记吧！

3. 思维转换法

美国心理学家艾尔伯特·艾利斯提出情绪 ABC 理论。A(activating events)代表诱发事件，B（beliefs）代表个体在遇到诱发事件A后产生的信念，即对该事件的看法、解释和评价，C（consequences）代表个体的情绪和行为结果。通常，人们认为是A直接引起C，但根据ABC理论，A只是间接影响C，而直接作用于C的是B，也就是说导致我们产生何种情绪的并非事件本身，而是我们对事件的看法。

当我们积极看待一件事情时，产生的情绪也是积极乐观的，而当我们消极看待一件事情时，悲观消极的情绪感受也会随之而来。所以，如果某件事已经让你产生不愉快的情绪了，那么请尝试转换思维，换个角度看问题，此时心情也许会随之转换了。

课堂团体辅导活动

情绪遥控器

目的：让成员觉察自己常见的负性情绪，帮助成员进行理性情绪自助训练，认识自己和他人的非理性信念，并寻找替代性的合理认知。

* 给成员发“情绪遥控器”练习表，让成员填写三件最近比较困扰自己的事情。在“情绪脸谱”上画出相应的表情，在“我思我想”部分针对每件事，挖掘情绪背后的认知，写出引起这种情绪的想法和观点。

* 每个成员将自己完成的练习表向左传，同时会接到右边传来的练习表，每个成员帮助其他成员完成“他山之石”部分，针对他人所写的“烦恼的事”和“我思我想”，在“他山之石”部分，作为旁观者写出自己的看法。

* 每个成员再次拿到自己的表格，阅读“他山之石”部分，寻找自身非理性认知，在“情绪遥控器”部分尝试用理性和积极的认知方式进行替代。

* 大家都写好后，在小组内交流。每组找出一个志愿者分享1～2个困扰情绪，重点讨论该困扰情绪背后的不合理认知；然后提出挑战，纠正不合理信念，尝试用理性和积极认知进行替代；最后成员分享体会和感受。

“情绪遥控器”练习表

烦恼的事	情绪脸谱	我思我想	他山之石	情绪遥控器（替代的合理信念）

4. 注意力转移法

当我们遇到情绪不佳或办事不顺时，如果只沉浸于其中，那么消极的情绪就会蔓延，既影响健康又影响工作与学习，也会给他人带来不良影响。这时，转移当前的注意力到能令自己愉快或自己感兴趣的事情上是非常有效的办法，一方面可以中止不良刺激的作用，另一方面参加新的活动尤其是能让你愉快的事，可以促进积极情绪的产生。

所以，如果你是个运动达人，那么心情不佳时就去锻炼身体吧；如果你是个电影爱好者，那么感觉烦躁时就去看场轻松愉快的电影吧；如果你会弹奏乐器，那么遇到不畅快的事时就弹奏一曲吧；还有，你可以散散步、读读书、下下棋、聊聊天、跳跳舞……总而言之，暂时放下那件让你不快活的事，享受一下自己的兴趣，消极情绪很快就会烟消云散。

5. 感觉反馈法

美国心理学家詹姆斯认为，个体受到刺激产生情绪时会引起自主神经系统的活动，并由此产生机体生理上的变化。也就是说,我们是由于认识到自己的生理变化,进而产生了相应的情绪,比如说,“我们因为哭,所以愁;因为动手打,所以生气;因为发抖,所以怕。”

情绪主观体验的产生与身体生理和行为表现的变化是密切联系且相互影响的。我们可以通过改变情绪的生理和行为表现来调节情绪的主观体验。

小贴士

表情改变对情绪生理反应有影响吗?

20世纪80年代,艾克曼等研究人员让被测试者用面部肌肉来表达愉快、发怒、惊奇、恐惧、悲伤或厌恶等情绪,同时给他们一面镜子以辅助他们确定自己面部表情的模式,要求他们把每一种表情保持10秒钟,并对他们的生理反应情况进行测量。结果表明,各种面部表情的生理反应存在明显差异。保持发怒和恐惧的表情时,被测试者心率会加快;保持发怒的表情时,被测试者的皮肤温度会上升;保持恐惧的表情时,被测试者的皮肤温度则会下降。

自我辅导小技术——试试看

请将一支笔用嘴唇或牙齿衔住,保持3分钟,然后自己感受一下5分钟前后的心情变化。比较一下用嘴唇衔住笔时的感受和用牙齿咬住笔时的感受有什么不同。

6. 升华法

这里的升华不同于物理学上的升华,它是指改变社会不能接受的动机和欲望,使之符合社会规范和时代要求,将情绪能量投射到对个人、社会有利的活动中去。所谓“化悲痛为力量”指的就是升华。比如,小华与女友分手而失恋了,但他没有因此而消沉,而是将伤心转化为学习的动力,立志做名生活的强者。

升华是一种高水平的宣泄方式,也是最为积极向上的自我调节方式,它与个人的修养、觉悟相关,而且需要一颗不怕困难、奋发向上的心。

小贴士

什么是健康的情绪?

心理学家索尔指出了健康情绪的8个特点:独立,不依赖父母;增强责任感及工作能力,减少被外界接纳的渴望;消除自卑情结、个人主义及竞争心理;适度的社会化与教化,能与人合作,并符合个人良心;成熟的性态度,能组织幸福家庭;培养适应,避免敌意与攻击;对现实有正确的了解;具有弹性和适应能力。

7. 改变现状法

产生负面情绪后,我们不能被动地任由情绪肆虐,要化被动为主动,通过改变现状,主动调节自己的情绪。

(1)改变环境。环境对人的情绪有一定的调节作用。心情不佳时,出去走走,看看树,赏赏花,感受一下来自大自然的活力。或者重新布置、整理一下自己的房间,变换床单、栽种花草、增添墙画,都是不错的选择。

(2)改变行为习惯。有的不良情绪与自身的不良行为习惯有着密切的联系,比如一个有拖延症的人,常常会感到焦虑、不安、愧疚等。但习惯是可以改变的。心理学行为主义学派认为,形成一个习惯或者改变一个习惯大约21天就可以实现。因此,如果你发现你的负面情绪是由你的不良行为习惯造成的,那么就努力改变一下自己吧。

(3)改变着装。美国心理学家杰克·布朗根据实验和跟踪调查,提出了在情绪不佳时的着装建议:第一,不穿易皱的衣服,因为穿易皱的衣服会使人看起来一团糟,从而产生不舒服之感;第二,穿质地柔软的衣服,如用羊毛、针织、棉布等材料制成的衣服,因为硬质衣料会带来僵硬和不快的感觉;第三,不系领带,这样能减轻束缚之感;第四,尽量穿宽松的服装,因为这会令你呼吸轻松、血液流畅,不良情绪也会得到缓解,避免紧身衣服造成的压迫感。

8. 身心放松法

当身体处于完全放松状态时,心理或精神也能相应地达到自然的放松状态;反之,心理放松时,身体也会产生松弛的表现。利用生理与心理的相互影响来达到生理与心理同时放松的目的。

最简单有效的生理放松法就是深呼吸,它可以降低人的焦虑和愤怒情绪,避免冲动行为。肌肉放松训练也是生理放松法之一,它是一种通过循序交替地收缩或放松自己的骨骼肌群,通过夸大肌肉紧张到放松的过程,让人体验肌肉的松紧程度,最终达到缓解紧张焦虑状态的方法。而心理放松法主要有想象放松法和音乐放松法。前者主要让人轻闭双眼,想象一些广阔、宁静、舒缓的画面或场景,例如广阔的海面上太阳冉冉升起,小鸟在天空自由飞翔等;后者是通过聆听美妙舒缓的音乐,让人在欣赏音乐之美的同时放松心情。

9. 食物调节法

很多食物有影响情绪的作用,利用食物来改变情绪也有一定的辅助作用。比如菠菜富含一种降压物质:维生素C;鸡蛋富含能提高注意力和记忆力的胆碱;香蕉含有一种能帮助人脑产生羟色氨的物质,减少不良激素的分泌,使人安宁、快活;燕麦、蔬菜、牛奶和瘦肉等富含维生素 B_1 的食物,以及洋葱、大蒜、海鲜等含硒较多的食物,可以提高抗压能力。所以,选择一些健康食品,调整饮食习惯,有助于我们调节情绪。

3.6　情景剧

(三)自我激励与控制

高情商的人往往能为实现目标进行自我激励和自我控制。那么如何做到呢?可以参考以下几条建议。

1. 懂得控制情绪,抑制冲动

能够延迟满足、自我控制的人通常能够获得更大的成就。有的人常常把这种能力称为意志力。坚强的意志力会让人能抵制住诱惑,抑制住冲动。神经学家发现,冥想是个训练脑力、增强意志力的好方法。你需要做的就是:原地不动,安静坐好,专注于呼吸,如果走神想到别的事情,就重新将注意力集中于呼吸,反复走神就反复集中,每天练习5或10分钟。如果觉得自己冥想时经常走神,也不要放弃,因为这样才会有助于培养自控。冥想不是什么都不想,而是帮助你收回注意力,专注于最初的目标上。

拓展阅读

软糖实验

心理学家把一些4岁左右的孩子带到一间陈设简陋的房间内，然后给他们每人一颗非常好吃的软糖，同时告诉他们，如果马上吃软糖只能吃一颗，如果20分钟后再吃，将奖励一颗软糖，也就是说，总共可以吃到两颗软糖。有些孩子急不可待，马上把软糖吃掉；有些孩子则能耐心等待，暂时不吃软糖，20分钟后就得到了两颗软糖。

心理学家继续跟踪研究参加这个实验的孩子们，直到他们高中毕业。结果显示：那些能等待并最后吃到两颗软糖的孩子，在青少年时期，仍能等待机遇而不急于求成，他们具有一种为了更大更远的目标而暂时牺牲眼前利益的能力，即自控能力；而那些急不可待只吃一颗软糖的孩子，在青少年时期，则表现得比较固执、虚荣或优柔寡断，当欲望产生的时候，无法控制自己，一定要马上满足欲望。

2. 保持乐观

思想作用于人的最基本的原则是：你想得越多的事，对你的吸引力越大。这就是心理暗示的作用。自我暗示可以诱导一个人促成某件事。然而暗示有两种，即积极暗示与消极暗示。保持乐观心态，形成自信主动的意识，常常是通过积极的心理暗示达到的。例如经常对自己说“我可以的”“我能行”“放松些，高兴点”等积极话语，就会发现自己正在慢慢向积极方向转变；相反，如果总对自己说“我办不到”“我不要生病”“我不能搞砸这件事”，那么事情常常会陷入窘境。

3. 拥有梦想，并设定目标

梦想对于一个人来说是十分重要的，它是让人奋进的动力。飞机的创造就是源于人类的飞天梦想。但梦想不能是虚无缥缈的，它必须转化为具体明确的目标，因为达到目标是实现梦想的重要步骤。目标必须是切合实际的，能通过脚踏实地的努力可以达到的，也是让人能逐渐接近梦想的动力。因此，怀抱一个梦想，并将其分割为若干个具体的目标，分步达成目标，最后将实现梦想。

4. 克服自卑，建立自信。

人人都会有自卑情结。自卑在人生道路上是难以避免的，因为人不可能处处比别人强，总有不如别人的一面。可是即使某方面比不上他人，只要坦然承认，虚心接受，便不会觉得低人一等，就像画家没必要因为不会弹钢琴而感到自卑。可以利用一些练习来帮助自己建立自信，比如，勇于表达自己的意见，敢于与别人眼神接触，上课或听讲座时大胆坐在前排，抬头挺胸、加快步伐，绽放笑容，回忆成功等。

3.7　情景剧

（四）培养同理心

同理心是指能够感知他人的感受并能感同身受。同理心不同于同情心。同情心是指对别人的遭遇感到同情，但没有体会到与别人一样的感受。同理心起源于对他人困扰的身体模仿，个体通过模仿引发相同的感受。同理心要求我们不仅能识别他人的情绪感受，更要懂得将心比心，站在他人角度去理解对方、体会对方的心情。

要培养同理心，可以训练自己的换位思考能力，即假设自己是对方，想想如果是自己处于当前的情境下，会体验到什么情绪、为什么会感受到这种情绪以及接下来该怎么做。

只有这样,我们才知道如何调节他人的情绪。

学会倾听也是训练同理心的一种方式。懂得倾听的人通常是富有同理心的人,喜欢进入他人的心灵,同时也是值得信赖、极度忠诚的人。而能设身处地为倾诉者着想,尝试以他人眼光来探究世界的倾听被称为"同理心式倾听"。在倾听时,应注意:自始至终要注视着说话者(不一定是眼睛);显出你的兴趣;投入你的全部时间,不要让他人分散你的注意力;不要随意打断别人说话;通过你的身体语言如点头等,向对方传递信号;适当地分析、评价对方的心理状态等。这些都是值得重视和参考的。

(五)有效处理人际关系

人际关系可以看作是一门管理他人情绪的艺术。调节他人情绪的能力是处理人际关系艺术的核心,它以自我管理和同理心的成熟为前提。在此基础上,有效处理人际关系的社交技巧,或者说社交竞争力,才会臻于成熟。

社交竞争力的一个关键要素是自我情绪表达的能力,也就是向别人展示自己的情绪的能力。一般展示情绪的规则有三种:情绪表达最小化,即掩饰自身感受;情绪表达最大化,即夸大自身感受;情绪替换,即以另一种情绪代替当前情绪。因为情绪的表达会直接影响情绪的接收方,所以如果表达真实感受会伤害对方,那么就隐藏真实情绪,以"虚情假意"代之来减小对对方的伤害是社交礼仪的表现。比如,朋友送的礼物并非自己喜欢的,但我们通常不会表现出失望,取而代之的是微笑着表示感谢。

情绪感染是指情绪在人与人之间的传递,比如,看到别人笑,我们会不由自主地扬起嘴角。这也是社交竞争力的重要方面。情绪感染通常是无声无息的,人们会无意识地模仿他人表现出的情绪。出色的演讲家、成功的领导人等都是善于情绪感染、调动公众情绪的人。

另外,表现幽默、赞美他人、熟记他人名字等也是常用的社交技巧。幽默是人际交往的润滑剂,是能够机智地处理复杂问题的应变能力,能够制造轻松愉快的气氛,令他人摆脱尴尬和紧张。平时多积累一些像笑话一类的幽默素材,看看漫画可以逐渐提升自己的幽默感。还可以模仿他人的幽默,或者适当自嘲一番,可能会达到意想不到的幽默效果。

真诚地赞美他人是情商高的一种表现。每个人都希望得到别人的认同和赞扬。一句赞美之辞就像阳光一般照耀他人,可以起到激励和调节情绪的作用。但必须注意的是,赞美要发自内心,并且恰如其分,这样才能让你在人际交往中受到欢迎。

人们总是对自己的名字特别敏感,有时能准确叫出他人名字就像对他人的赞美一般,使他人感受到尊重。熟记他人名字,可以增加彼此之间的亲近感,减少疏远感和陌生感,而且这又是个多么简单的事,我们何乐而不为呢?

拓展阅读

美国心理卫生协会11条心理平衡要诀

不过分苛求自己;不强求他人;疏导自己的愤怒情绪;偶尔也可以屈服;暂时逃避;找人倾诉烦恼;为他人做些事;在一段时间内只做一件事;不要处处与人竞争;对人表示善意;懂得娱乐。

【讨论和思考】

小西的情绪困扰

大学生小西在日记中写道:

好容易盼到放假,想着可以回家了,心中满是期待。又正好查到计算机考试成绩,虽然成绩只是超过了及格线而已,但对我来讲已经是非常好了,于是满心喜悦,听到消息的那一刻甚至有些手舞足蹈。

小璇兴高采烈地来跟我说她计算机考试得了80多分。不知道为什么,本来还喜悦无比的心情一下子低落了不少,有些小烦躁,甚至本来想要叫她一起去听讲座的,这个时候也一点不愿意把讲座的消息告诉她了。有些奇怪……本来小璇跟我感情是很好的呀,怎么小璇考得好,我自己心情却这么低落了呢?

刚才又接到通知,要为二年级的一个活动帮忙。心情郁闷,跌至谷底……不能回家了……

爸爸打电话过来说大狗"球球"生病死掉了,爸爸话音刚落,我的眼泪就流出来了。球球一直陪伴着我度过了10年的时光,它已经像我的家人一样重要。感觉自己心里好像被抽掉了一块,很痛,很难过……

你认为小西现在是什么感受?她为什么会遇到情绪困扰?她该怎么办?日后要如何避免再次走进情绪困扰中?

请你利用本讲所学习的内容帮助小西走出情绪困扰吧!

进一步阅读的文献

● 戈尔曼.情商:为什么情商比智商更重要[M].杨春晓,译.北京:中信出版社,2018.

作者利用大脑与行为科学的突破性研究,说明了高智商的人表现不佳、普通智商的人表现出色的影响因素。该书的10周年纪念版反映了最新的研究进展,以及作者最新的思考与认识,同时作者还在书中对他在世界各地演讲期间遇到的重点问题进行了解答。

● 辛德勒.破解情绪密码[M].刘杰,译.北京:中国长安出版社,2009.

该书作者是美国著名的心理咨询大师,是"情绪健康"的倡导者。此书是辛德勒博士临床咨询与研究的结晶,包含大量现实生活中的真实案例,并告诉我们情绪控制方法在改变我们生活上的神奇作用。

● 埃克曼.说谎:揭穿商业、政治与婚姻中的骗局[M].2版.邓伯宸,译.北京:生活·读书·新知三联书店,2016.

该书作者是享有盛名的面部表情研究专家。推荐该书的理由主要是,该书能够帮助我们快速识别他人面部表情,察觉他人的情绪。当然,喜欢测谎的同学也可以研读此书。

第四讲　大学生的人际交往

【导语】

人一出生就在不断与人交往，最开始通过与照顾者互动，形成最初的交往模式，随着年龄的增长，交往对象不断增加，交流的内容也在不断深化，与他人的交往模式也在逐步发展。大学新生进入新的学习环境，往往会习惯性地采用最初形成的交往模式以及学习得来的各种人际交往模式，面对和处理大学生活中遇到的各种人际关系。在这个过程中，我们可能会感受到温暖，也可能会面对矛盾和冲突。大学生在这样的交往过程中逐渐提升自己的人际交往能力。希望通过本讲的学习，你能够：

1. 知悉什么是人际交往及其有趣的现象；
2. 了解大学生人际交往中存在的普遍现象；
3. 掌握影响人际吸引的主要因素；
4. 学习人际交往的技巧，提高自身的人际交往能力。

4.1　微课视频

第一节　互相连接的纽带——认识人际交往

课前暖身活动

我的一天

具体操作：

请每位同学拿出一张白纸和一支笔，回忆一天 24 小时的活动安排，要求这一天是最能代表自己当前的日常生活。请将这一天的活动安排全部写在白纸上（包括吃饭、睡觉等），写完后请同学们将自己跟别人一起做的活动全都划掉（比如中午与同学一起去食堂吃饭，这项就该划掉），然后观察一下还剩下多少项。

请思考：通过这个活动你发现了什么？

人是社会性动物,我们每个人大部分的时间都是与他人在一起的,一起吃饭、一起学习、一起工作、一起逛街、一起游戏等,与他人在一起,自然而然就需要交往。一位阿拉伯的哲人曾说过,一个没有交际能力的人,犹如陆地上的船,是永远不会漂泊到壮阔的大海中去的。

在日常生活中,我们总会发现有些人愉悦地享受着自己良好的人际关系,同时也让交往的对方乐在其中;有些人心甘情愿地追随着别人的脚步,却在不断追逐中丢失了自己;有些人看似朋友遍天下,却不能得到真正的友谊;有些人渴望与人交往,却不知如何跨出第一步,在孤独中度日如年。

为什么人与人之间在建立人际关系时有如此大的差异?

为什么有些人很快就能跟陌生人打成一片,而有些人却一直独来独往?

要想在人际交往中变得受欢迎,该怎么做?

带着这样的疑问,我们开始进一步的探索。

一、什么是人际交往

(一)人际交往的含义

在现实生活中,每个人都不可避免地与他人交往。据估计,除了睡觉时间外,一天中大约70%的时间都是在和别人进行交往互动。马克思曾指出:“人的本质不是单个人所固有的抽象物,在其现实性上,它是一切社会关系的总和。”①人际交往是人们交流思想、建立感情的基础,是一种无处不在、时刻发生的社会现象。

所谓人际交往,是指人们运用语言和非语言系统进行的彼此之间的信息沟通、思想交流和情感表达的互动过程。大学生的人际交往主要包括同学交往、师生交往、朋友交往、亲子交往等。

(二)人际交往的意义

个人的成长、发展、成功和幸福都与人际关系密切相关。没有了人与人之间的交往,也就没有了生活的基础。大学生人际交往的愿望非常强烈,渴望与他人建立良好关系。正常的人际交往和良好的人际关系都是大学生心理正常发展、个性保持完整和具有幸福感的必要前提。因此,人际交往对他们而言具有特殊而重要的意义。

1. 良好的人际关系是大学生心理健康的重要保证

研究表明,长期缺乏与别人的积极交往、缺少稳定的良好的人际关系,会影响一个人人格的健康发展。人本主义心理学家马斯洛提出的需要层次理论将人的需要从低到高分为生理需要、安全需要、归属与爱的需要、尊重的需要与自我实现的需要。其中,归属与爱的需要就是指个体希望归属于某个团体,从家庭、社会团体、朋友、同事中获得关怀、温暖、理解和信任的需要;这种需要是个体发展中必不可少的精神需求之一,而要满足这种归属与爱的需要的基本途径就是交往。除此之外,即使是生理需要和安全需要也蕴含着人际关系,尤其是人的安全需要更多指的是在人际交往中获得安全感。因此,对于刚进入大学的新生而言,建立良好的人际关系,克服孤独感,在人际交往中获得亲密感是其心理健康的重要保证,也是其走向恋爱、婚姻的重要途径。

①马克思恩格斯选集:第1卷[M].北京:人民出版社,1995:60.

拓展阅读

交往剥夺实验①

美国心理学家曾做过一个交往剥夺实验：把被试关在隔离室里，不让任何人接触，结果仅几天被试就忍受不了，甚至出现精神不正常的迹象。也有心理学家做过类似的实验，结果发现被试在百米深的洞穴中单独生活了156天以后，精神面临崩溃状态，神情呆滞、冷漠无情、举止失常。

动物心理学家也曾针对恒河猴做过一个著名的“社交剥夺”实验，将猴子的喂养工作全部自动化，隔绝猴子与其他猴子或人的沟通。结果发现，与有正常沟通机会的猴子相比，缺乏沟通的猴子明显缺乏安全感，不能与同类进行正常的交往，甚至本能行为的表现也受到严重影响。

2. 人际交往是大学生进行信息沟通的重要渠道

英国作家萧伯纳曾说：“如果你有一个苹果，我有一个苹果，彼此交换，我们每个人仍只有一个苹果；如果你有一种思想，我有一种思想，彼此交换，我们每个人就有了两种思想。”由此可见，通过交往，我们可以获得更多的信息和思想。尤其是在现代社会，以互联网技术为核心的高新技术日新月异，信息量增长极为迅速，社会中的每个个体只能掌握众多信息的一小部分，而我们的生活、工作、学习则需要大量的信息，才能适应这个瞬息万变的信息时代，只有通过交往才能最快速地获取我们需要的信息。对于大学生来说，通过交往获取大量的信息，为激发灵感、拓宽知识面、开阔视野、提升素养奠定坚实的基础。

3. 人际交往是大学生顺利完成社会化的重要手段

社会化是指自然人向社会人的角色转变过程，通过社会化，个体把社会公认的行为规范内化为自身的行为标准，从而逐步适应社会。个体从出生时起就在不断社会化，而大学阶段则是个体完成社会化的重要时期。大学生的社会化就是要掌握作为社会成员应该具备的基本生活知识和技能，掌握并内化社会公认的行为规范和准则，确立生活目标，培养社会角色，明确社会责任。而大学生在大学期间通过人际交往学习各种社会知识和技能，在与他人交往过程中逐步确立自己的生活目标，明确自己的社会角色和责任。如果离开了社会交往环境，不与他人合作，个体就无法完成社会化，容易产生社会适应不良现象，也不利于大学生人格的健全发展。而且通过人际交往，大学生的交往范围逐渐扩大，交往内容不断深化，交往的形式也日益丰富，其社会化水平也会不断提高，为进入社会做好充分的准备。

4. 人际交往是大学生通往成功的重要途径

现代社会，交往能力已经成为衡量一个人是否具有良好适应能力的标准之一。大量研究资料表明，人际交往对人生事业成功与否有着重大的影响。大学时期是个体走向成人的关键时期，大学生也会面临各种复杂的人际关系，大学生在这个阶段的交往经历、积累的交往经验将会对他以后的成长产生重要影响。

21世纪是人才竞争的时代，一个雄心勃勃的大学生将来想在人才竞争中脱颖而出，除了必备的专业知识和技能外，良好的社会生活适应能力、良好的人际协调能力也极为

①李梅，黄丽. 大学生心理健康十二讲[M]. 北京：北京师范大学出版社，2012：116.

重要。美国著名成功学家卡耐基先生就曾说过:“一个人的成功只有15%是靠他的专业能力,而85%要靠人际关系和他为人处世的能力。”现代社会提倡和鼓励团队合作,对大学生来说,学会与不同学科的人才交流,与具备不同专业技能的各种人才进行合作是成才的必备素质。

小贴士

如何扩展人脉链条?

美国人力资源管理协会与《华尔街日报》共同针对人力资源主管与求职者所进行的一项调查显示,95%的人力资源主管或求职者通过人脉关系找到了适合的人才或工作,而且61%的人力资源主管及78%的求职者认为,这是最有效的方式。前程无忧网也曾经做过“最有效的求职途径”的调查,其中“熟人介绍”被列为第二大有效方法。

所以,根据自己的人脉发展规划,可以列出需要开发的人脉对象所在的领域,然后就可以要求你现在的人脉支持者帮助寻找或介绍你所希望认识的人脉目标,创造机会采取行动。

二、人际交往的模式

每个人在人际交往中的表现各不相同,也就形成了各自不同的沟通模式,而不同的沟通模式往往会产生不同的沟通效果,进而影响人际关系的建立与发展。人在交往中会有哪些沟通的模式呢?

(一)萨提亚的沟通模式

萨提亚认为人与人在沟通中常见的模式有5种。

1. 指责型

一位女大学生约了男朋友一起逛街,可是到了约定的时间,男朋友还没有出现,发微信没回,打电话也没接,直到1个小时以后,男朋友才匆忙赶来。

女大学生见到自己的男朋友终于出现,非常生气:“你到底怎么回事,我都等了1个多小时了,发了那么多微信都不回,打了你那么多次电话都不接。”尽管男朋友极力解释说路上太堵,自己挤在公交车上手机也被人偷走了,但这位女大学生仍然很烦躁:“明知道周末外面比较堵,你就不能早点出门吗?害我在冷风中等了这么长时间。这么大个人了,连个手机都保管不好。”

这样的沟通模式往往是指责的一方把所有过错都怪罪到另一方头上,丝毫不接受对方给出的理由,认为要不是对方的错误,自己可以过得更好。

2. 讨好型

女大学生等了1个多小时,尽管已经非常生气,但见到自己的男朋友出现了,马上笑脸相迎:“是不是路上太堵了,走吧,我们去买点东西吃吃。”见男朋友仍然不说话。

女大学生:“对不起,不该周末约你逛街的,外面太堵了。”

男朋友:“不是的,跟你没关系。”

女大学生:“那是怎么啦?”

男朋友:“我的手机在公交车上被人偷了,眼看着要追到小偷了,最后还是被他跑掉了。”

女大学生：“算了，人没事就好。手机丢了，我们去买一个吧。”

这种沟通模式的个体总是想要取悦他人，当看到别人略显愁容时，就会主动承担错误，哪怕跟他毫无关系。努力牺牲自己的时间、金钱来讨好对方，希望让所有人都开心和喜欢自己。

3. 超理智型

女大学生见到自己的男朋友垂头丧气地走过来。

女大学生：“怎么啦，发生什么事了？”

男朋友：“我的手机被人偷了。”

女大学生“哦。”

男朋友：“本来我已经发现小偷了，而且还追了上去，但是车上人太多了，一转眼，那个小偷就跑掉了，想想就窝火。”

女大学生：“哎，没办法，已经被偷走了，就算了吧，就算报警也找不回来。”

超理智型的个体最突出的特点就是客观，毫无感情，不关注自己或别人的感受。对别人的反应往往是长篇大论的说教，看起来充满智慧和权威，却给人刻板、沉闷的印象。

4. 打岔型

女大学生见到自己的男朋友垂头丧气地走过来。

女大学生：“怎么啦，苦瓜脸，想吓死我啊！”

男朋友：“哎……”

女大学生：“我刚才在等你的时候，看到我同学发了朋友圈，说最近有一部电影很好看，一会儿我们去看吧？”

男朋友：“我的手机被偷了。”

女大学生：“算了，偷了就偷了吧。一会我想去商场看看，我上次在那里看到一件风衣很不错，就是太贵了。已经隔了一个月，可能会降价。”

打岔型的个体总是不断换话题，在讨论问题时企图分散他人的注意力，不能把注意力放在一个主题上，而是经常找一些无关的话题来逃避正在讨论的主题。

5. 表里一致型

女大学生见到自己的男朋友垂头丧气地走过来。

女大学生：“怎么啦，发生什么事了？看你好像心情很不好的样子。”

男朋友：“我的手机刚刚在车上被偷了。”

女大学生：“啊？这样啊，你现在一定很难过。”

男朋友：“我现在很生气，明明已经快要追到小偷了，结果还是让他跑掉了。”

女大学生：“小偷太可恶了，要是我，也会很窝火。”

表里一致型的沟通模式建立在高自我价值的基础上，能达到自我、他人和情境三者的和谐互动。这种沟通模式的人言语中表现出一种内在的觉察，表情流露和言语一致，内心和谐平衡，自我价值感高。

萨提亚最为推崇的是表里一致型的沟通模式，但并不完全否定前四种沟通模式。其实，每种模式都有各自有利的一面，比如：指责型的个体往往很自信；讨好型的个体则比较善良；超理智型的个体理性强；打岔型的个体比较灵活。但这四种沟通模式仍有一些地方需要改进，如指责型的个体需要学会替别人考虑，宽容体谅；讨好型的个体则需要在交往中保持自我，考虑自己的利益；超理智型的个体则需要学习体察自己和他人的感受；打岔型的个体需要增加对他人、自己和情境的觉察，在合适的情境下释放自己的创造力。

（二）人际相互作用分析的沟通模式①

美国精神分析学家柏恩于1959年创立了人际相互作用分析理论，他认为人际互动过程中通常有四种互动模式。

1. 我不好——你好

在人际互动中持这种交往态度的人往往依赖他人的帮助，需要抚爱或认可。这种态度源于幼年时的认知。因为年幼的个体身体弱小，不能完全自立，所以不可避免地需要依赖周围的成人，也不得不承认自己不如周围的成人，产生自卑感。因此持这种态度的人在人际交往中容易放弃自我，顺从他人。

2. 我不好——你也不好

在人际互动中这种态度源于孩子开始走路时，以为“被人照看”的生活宣告结束，抚爱就到此为止；或是他想探究一切而不愿老实待着，可能滚下楼梯，受到惩罚，造成伤痛。持这种态度的个体在人际交往中常常会放弃自我，陷入困境。

3. 我好——你不好

在人际互动中持这种态度的个体往往拒绝认识自己的内心，无法客观地对待发生的一切与自己的关系，却一口咬定总是“他们的错”。他们确信，自己所做的一切都是无可指责的，不管做什么都是好的。持这种态度的人在极端情况下会伤害他人，表现比较孤傲、仇视而使自己极端孤立。

4. 我好——你也好

这是人际互动中最为健康的态度，认可自己也认可他人。持这种态度的个体依赖于思考、信仰和行动的保证，产生好的情感，同时给生活带来新的收获、新的幸福。

拓展阅读

幸福的来源是关系②

心理咨询师兼作家的毕淑敏于2009年5月在杭州图书馆新馆主持了一场由《都市快报》主办的小型读者见面会，与读者一起做了一个心理小游戏。

在见面会之前，她给读者出的题目是——谁是世界上最幸福的人？

很多读者纷纷回应，毕淑敏请在场的读者选出了大家公认的最幸福的三条。

“我是一名在校大学生，我认为当一个常年在外的儿子回家时，喊着‘妈，我回来了’，妈妈总是轻轻地‘哎’一声，我感到这个时候她是世界上最幸福的人。”

“年老的时候，能和所爱的人一起背靠背地赏星看月，同读一首诗，同听一首歌是最幸福的人。”

“在晚霞下，执子之手。”

①樊富珉，何瑾. 团体心理辅导［M］. 2版. 上海：华东师范大学出版社，2022：78.

②黄丽. 校园成长列车：献给大学新生的心灵礼物［M］. 杭州：浙江科学技术出版社，2009：103-104.

毕淑敏动情地说："这些胜出的答案，甚至包括所有的答案，都无关金钱。没有人说，中了500万元最幸福；也没有人说，住进了200平方米的房子最幸福，因为没有一件事情直接等于幸福。"

其实，我们不难看出，幸福就在人际关系中。

三、"良好的关系"让人生更快乐、更健康

罗伯特·瓦尔丁格曾在一次演讲中说："在这项漫长的研究中，我们得到最清晰的信息是：良好的人际关系能让我们更快乐和健康！"

而对于关系，一项跨世纪的研究得出了三项重要结论。

1. 社会联结对我们有益，孤独则有害

也就是说，与家人、朋友和身边人联结更紧密的人，相对更幸福、身体更健康，比那些孤独的人活得更长。而孤独的体验对于人们来说是有害的。与拥有良好关系网的人相比，孤独的人到了中年时，健康状况退化更快，大脑功能衰退更早，且寿命更短。

2. 起决定作用的，是亲密关系的质量

处于冲突中，对健康也是有害的。例如，充满争吵的低质量婚姻，对健康非常不利，甚至可能比离婚还糟。而生活在良好、温暖的亲密关系中，对人是有保护作用的。

研究者们追踪研究对象到80岁之后，让他们回顾自己的中年生活，发现50岁时对自己亲密关系满意的人，80岁时最健康。良好的亲密关系，似乎能缓冲人们在衰老过程中遇到的坎坷。

3. 良好的关系不仅保护身体，也能保护大脑

研究表明，80岁之后依然处在对另一个人的安全依恋关系中，是有保护性的。在关系中，坚信自己在有需要的时候能依赖另一个人的人能保持清晰记忆力的时间更长，而感到在关系中无法依赖他者的人，更早出现记忆力衰退。

四、人际交往中的心理效应

心理学研究表明，人们在人际交往中会出现一些非常有意思的现象。

（一）首因效应

首因效应又被称为第一印象，指的是人们在初次接触时给对方留下的印象较深刻，这种深刻的印象会影响以后的人际交往。这种"先入为主"的现象在人际交往中普遍存在。初次与人相遇，我们总会根据对方的穿着、相貌、言谈举止对其进行初步评价和推断，并快速形成对他人的印象。这种第一印象往往深刻而鲜明，但是却不一定准确。研究发现，在初次见面的前4分钟是第一印象形成的关键时期。如果我们能给对方留下良好的第一印象，就会使接下来的交往变得更为顺畅和融洽；反之，如果第一印象比较糟糕，就会阻碍双方后续的交往。

在人际交往中，我们要重视第一印象的重要作用。在面试或约会等重要场合，尽可能给人留下良好的第一印象。如何才能留下良好的第一印象呢？一般来说，得体的穿着打扮、良好的精神状态、恰当的言行举止、诚恳从容的态度往往能给人留下良好的第一印象。

当然,我们也应该认识到,第一印象的形成是建立在初步的、片面的,甚至是不准确的信息基础之上的,因此有可能存在偏见。正确认识第一印象的形成过程和特点,在人际交往中既要注重其重要作用,又要避免自己与人交往过程中,仅凭第一印象就做出错误的评价,从而失去与他人建立良好关系的机会。在日常生活中,我们有时也会遇到这样的情况,某位同学一开始给人的感觉是非常冷漠、孤傲的,但是接触时间长了,会发现这位同学并不像一开始我们认为的那样,而是一位乐于助人的人,只是他说话没注意方式而已。所谓"路遥知马力,日久见人心",要真正认识了解一个人,还需不断深入交往。

自我辅导小技术——试试看

建立良好的第一印象

1. 真诚地对别人感兴趣;
2. 微笑;
3. 多提别人的名字;
4. 做一个耐心的听者,鼓励别人谈他们自己;
5. 谈符合别人兴趣的话题;
6. 以真诚的方式让别人感到他很重要。

(二)近因效应

近因效应是指个体在对他人总体印象形成过程中,新近获得的信息更为清晰、深刻,从而对印象的形成产生强烈的影响。陆钦斯通过研究发现,同一个人的两种信息被连续知觉,人们总是倾向于相信第一种信息,而且会留下深刻的印象,这便是首因效应;但如果这个人的信息是分两次被感知的,中间隔了一定的时间,那么最后获得的信息作用更大,这便是近因效应。比如某位同学在高中时期给你留下的印象是不善言辞,内向木讷,大学 2 年后再次遇到该同学,发现他变得风趣健谈,此时获得的信息往往会更新你头脑中关于该同学的印象,从而成为你对该同学的最新评价。所谓"士别三日,当刮目相看",对于长时间没有接触的人,新近获得的信息往往印象更为深刻。

你可能会有这样的疑问,到底在认识他人时,首因效应更重要,还是近因效应更重要呢?一般来说,对于初次接触的陌生人,首因效应更重要;对于熟悉的人,近因效应更重要。所以我们在与人交往时,不仅要给他人留下良好的第一印象,同时还要注意保持这种良好的形象。

(三)晕轮效应

在日常生活中,处于热恋期的男女,往往觉得对方是最完美的,没有任何缺点,这便是晕轮效应。所谓晕轮效应,是指人们在与他人交往的过程中,常常从对方所具有的某个或某些特征出发,推论到其他方面的特征的现象。例如,某位老师因为某同学学习成绩好,特别喜欢该同学,在该老师眼里,这位同学的所有方面都是好的,就像被一种好的光环所笼罩。同样地,如果不喜欢某个人或非常厌恶某个人,那么这个人就会被评价为一无是处,毫无优点可言。所谓"一俊遮百丑""情人眼里出西施",就是典型的晕轮效应。这种现象在追星族身上表现得最为明显,他们极为推崇自己的偶像,忽视偶像身上的缺点，同时还不允许他人批评他们的偶像。许多研究表明，人们会将许多与外貌无关的正性特征与那些漂亮的人联系在一起，比如具有外表吸引力的人更好社交、更有人缘、更自信、更乐观、更友善、适应性更强。①

很明显，晕轮效应是一种“以偏概全”的评价，在人际交往中不能对他人做出全面、客观的评价，因此我们在与他人交往时，要经常提醒自己，从较为客观的角度去评价他人，避免受到晕轮效应的影响。

（四）刻板效应

刻板效应又称定型效应，是指人们用刻印在自己头脑中的关于某人、某一类人的固定印象，以此固定印象作为判断和评价人的依据的心理现象。比如一提起英国人，我们头脑中马上出现的是“绅士”这个词，一提起德国人，马上想到的是“严谨”。知识分子通常被评价为文质彬彬，商人被评价为精明，这些都是类化的看法，都是人脑中形成的刻板、固定的印象，都是刻板效应的表现。

刻板效应往往导致个体在仅获得优先材料的基础上做出带有普遍性的结论，容易使人在认知别人时忽视个体差异，从而导致知觉上的错误，妨碍对他人做出正确的评价。但刻板效应也有积极的一面，在对那些有许多共同之处的一类人在一定范围内进行判断，不用探索信息，直接按照已经形成的固定看法就可以得出结论，这可以简化认知的过程，从而节省大量的时间和精力。

小贴士

如何打破刻板效应呢？

最好的方法就是摆脱旧有的思维习惯，但这个过程并不容易。人类要摒弃旧的思维习惯需要勇气和决心。换个角度思考问题，也是打破刻板效应的好方法。当然，能够勇于用新的眼光看待问题，也是打破思维的框框、解决问题的途径。

（五）投射效应

投射效应是指以己度人的效应，人们在日常生活中常常不自觉地把自己具有的观点、态度和欲望投射在别人身上，以为其他人也具有相同的特征。比如我们常说的“以小人之心度君子之腹”就是典型的投射效应。平时自己很斤斤计较的人，会认为其他人也很爱计较；自己经常说谎的人，就会担心别人时常会来骗自己；自己喜欢在背后议论他人的人，看到其他人在一起热烈地说着什么，就会下意识地认为他们在议论自己。

投射效应在交往中容易产生误会，对他人产生误解，有时还会伤害他人，影响彼此的关系。

五、影响人际吸引的因素

在人际交往中，有些人会相互吸引，而有些人却相互排斥。人际吸引是指人与人之

---

①阿伦森，威尔逊，萨默斯．社会心理学：第 10 版［M］．侯玉波，曹毅，等译．北京：人民邮电出版社，2023：309.

间在感情上相互喜欢、亲近的态度,是人际关系中的一种肯定形式。而某些因素则会影响个体与个体之间的相互吸引。

(一)邻近性

美国心理学家费斯廷格等人在1950年曾对住在同一幢楼的学生进行调查。这些学生在住进这幢楼前都彼此不认识。几个月后,研究者发现,成为亲密朋友概率最高的是住在隔壁的同学,其次是住在同一层楼的同学,最后才是住在不同楼层的同学。这个实验表明,人们交往的次数与距离的远近呈正比,两人住得越近,越容易成为朋友。而不住在同一层、同一楼的就减少了彼此成为朋友的可能性。因而,空间距离是影响人际吸引的一个重要因素,一般来说,在其他条件不变的情况下,空间位置越接近,人们之间的交往就越频繁,也就越容易成为好朋友。

因此,提高邻近性往往就能提高喜欢的程度,容易建立和发展亲密的友谊关系。所谓“近水楼台先得月”,说的就是这个道理。在大学期间,大学生往往会与室友、同班同学、隔壁的同学建立良好的人际关系。这是因为空间距离的接近,往往就会增加交往的频率,而交往频率的增加,则会增加彼此的熟悉程度,熟悉程度的增加就会提高彼此的安全感,因而也就表现为相互的好感和吸引。社会心理学家扎咏茨曾做过一个非常有趣的实验,他要求被试看一些人的面部照片,有些照片看25次,有些照片只看1~2次,然后问被试对照片的喜欢程度,结果发现,看的次数越多越喜欢。

当然,有时因为空间距离太近,比如同寝室的同学,大家朝夕相处,彼此了解,在对方面前暴露自己最真实的一面,也容易导致各种人际冲突。

(二)相似性

俗话说“物以类聚,人以群分”,指的是人们愿意与自己相似的人交往。交往的双方因为性格、态度、信仰、喜好、价值观等方面相似,就会引起彼此的好感,进而表现为相互喜欢。许多研究表明,相似性与喜欢之间存在着直接的正相关。他人越与自己相似,就越喜欢这个人。

大学生的人际交往中,因为相似性而变成好朋友的案例比比皆是。比如很多同学与老乡交往频繁,关系密切,是因为双方有着相似的风俗习惯、相似的方言,这很容易拉近彼此的心理距离,容易产生情感的互动,进而形成亲密的人际关系。也有一些同学玩相同的游戏、喜欢同一个偶像,频繁的互动会增进彼此之间的相互了解,就有更多机会成为好朋友。有着共同的兴趣爱好、相似的价值观成为大学生彼此喜欢的重要原因。

个体在与人交往中总是喜欢被证明自己的各个方面是有价值的,被认可的,而与自己相似的个体往往在这个方面能极大地满足自己的这种需求,因而表现得更为亲近。此外,各方面相似的个体之间也会有更多共同话题,开展讨论和交流,随着交流的增加,彼此的情感也会变得更为亲密。

4.2 情景剧

(三)互补性

值得注意的是,相似性会增进彼此的吸引,互补性也同样会增进彼此的吸引。

心理学家克克霍夫对已建立恋爱关系的人群的研究表明,对长期伴侣来说,吸引的动力主要是相似的价值观念,而维持婚姻长久的基础则是夫妻之间需求的互补。当交往双方各自具有对方没有而又极力渴望具备的品质时，双方就会产生强烈的人际吸引。互补性在异性相处和夫妻相处时作用更为明显。

在大学校园里，我们经常能看到一位外向活泼的同学跟一位沉默寡言的同学是最好的朋友；一位强势能干的女生与一位安静随和的男生会成为恋人。互补性意味着只有当交往的双方在某些方面形成互补时才有可能增加人际吸引。如果仅仅是某方面有所不同，并不必然导致彼此的相互吸引。比如性格迥异的两位同学可能彼此对事物的看法不同、处理方式不同而无法融洽相处。因此在人际交往中，相似性往往是彼此相互喜欢的基础，而互补性则会加以补充。

（四）外在形象

人们常说“爱美之心人皆有之”。一般情况下，外在形象较好的个体在同等条件下容易给人留下好印象，让人产生好感。曾有心理学家做过这样一个实验：将外在形象不同的女生照片分为两组，一组为有魅力组，另一组为无魅力组。两组照片分别贴在简历上，简历放在一个写好地址、贴好邮票的信封上面。然后将简历与信封放在飞机场电话亭旁边，如果有人看到简历和信封，就会注意到简历上面的照片。结果发现，相对于无魅力组，有魅力组的简历被寄回来的更多。这说明外在良好的形象更容易得到陌生人的好感，也更容易得到陌生人的帮助。难怪亚里士多德曾说：“美丽比一封介绍信更具有推荐力。”这也能解释，为什么大学校园里，美女帅哥常常会吸引众多的追求者。所以，良好的外在形象在初次交往中会成为一个重要的吸引因素，尤其在异性交往中更为突出。

当然，值得注意的是，随着交往的深入，外貌的吸引力会逐渐减弱，取而代之的是个体的能力、才华和良好的个性品质。因此大学生在人际交往中，一方面要注重自己的外在形象，更为重要的是不断提高自己的内在品质。

（五）个性品质

个性也叫人格，包括气质、性格、能力、需要、兴趣、价值观、人生观、理想、信念等。在人际交往中，个性品质是最为关键的因素，具有持久、稳定的作用。一个有人格魅力的人往往更受人欢迎。

已有的调查发现，受人欢迎的大学生通常具有以下一些个性特征①：性格开朗、为人忠诚正直、心胸开阔坦然、做事稳重可靠、待人热情大方、尊重理解他人、热爱关心集体、工作认真负责等。而那些受人嫌弃的大学生则往往有为人自私、心胸狭窄、做事毛糙、敷衍了事、待人冷漠、虚情假意、苛求他人、固执己见、自我中心、不尊重他人、自卑或自负等共同特点。一些大学生之所以不能与同学建立良好的人际关系，均与其不良的个性特征有关。因此想要拥有良好的人际关系，增加自己在人际交往中的吸引力，可以从优化完善自己的个性品质入手。

大学生在人际交往中，一方面可以不断努力提升自己各方面的才能，另一方面也需注意避免成为“完人”，否则容易使人感觉到遥不可及，产生疏离感。

①马建青. 大学生心理健康教程[M]. 4 版. 杭州：浙江大学出版社，2022：135.

第二节　突破障碍的关键——分析人际交往

案例导入

小晴为什么痛苦不堪

4.3　情景剧

小晴是一名来自农村的大一女生,家境贫困。她是村里唯一考上重点大学的学生,父母省吃俭用供她上学,在贫困中读完了三年高中,接到大学录取通知书的时候,她和父母兴奋得整夜都睡不着。可随之而来的烦恼是,学费对他们家来说是一笔数字巨大的开支,最后通过东挪西借终于凑齐了。小晴带着父母的希望和嘱托开始了新的人生旅程。与其他同学相比,小晴格外珍惜这来之不易的求学机会,她学习非常刻苦,生活勤俭节约。一段时间之后,她发现自己似乎成了寝室里的另类。室友们在谈论某某明星、学校里的某某帅哥时,她一概插不上嘴。同学们经常会时不时地出去逛街、吃饭,但小晴考虑到自己的经济状况,一开始同学邀请她时,她都会婉言谢绝,大部分的课外时间都泡在图书馆。慢慢地,同学们有什么聚会就不再邀请她。小晴与同学的关系日渐疏远,独在异乡的她变得非常孤独和寂寞。当时来到大学时的意气风发也逐渐被孤独寂寞所代替,同时她还变得非常敏感,总觉得同学看她的眼光都带着一种同情和怜悯。

更让小晴难过的是,寝室同学都能歌善舞,爱唱爱跳,追求时尚,一进大学,就加入各种各样的社团,平时的生活非常忙碌,经常要参加社团活动,在活动中展现自己的特长。而从小在偏远农村长大的小晴没有任何的特长,就会被各种社团拒之门外,这对本就自卑的小晴来说更是一个沉重的打击。为此,小晴变得更为封闭,不愿与同学交往,每次班里的活动她都游离在外,就像个局外人。很想找个人倾诉,但高中同学都不在一个地方,新环境中又没有建立新的友谊,小晴向往的多姿多彩的大学生活在哪里呢?

调查研究显示,人际交往困扰是大学生日常心理咨询中最为常见的问题之一,也是引起大学生心理困扰的主要因素之一。大学新生进入新的环境,在这个特殊时期,会碰到哪些人际交往困扰呢?

一、大学生人际交往中常见的消极心态

大学生从走进大学校园的那天起,就面临着新的环境和群体,但由于大学生对人际关系的理解不全面,从而导致有很多大学生在人际交往中存在各种各样的消极心态。

(一)自我中心

有些大学生在任何时候都希望是人际交往的中心,周围的人能围着自己转,自己的想法能得到认可,听不得他人的反对意见,希望周围的人能迁就自己的生活习惯。只要别人没有认真听他们说话,就会表现出非常生气,认为他人迁就自己是理所当然的事情。凡事从个人的需求和利益出发,不能设身处地地考虑他人的感受。因此,自我中心的人在人际交往中往往不易得到他人的信任和好感,人际关系大多不和谐。

自我中心的人往往有以下不合理的信念：

(1)我想干什么就干什么,这是我的权利,与别人无关；

(2)别人应该对我好；

(3)我的能力最强,其他人就应该听我的；

(4)任何事情我都没做错,所有的错误都是别人造成的；

(5)我在这个群体中是最重要的,其他人应该先满足我的需求。

案例分析与讨论

小A是一名大一新生,刚进入大学的她,没有了高考的压力,没有父母整天在耳边唠叨,这一切让她感到异常的兴奋。可是没过多久,小A就变得很苦恼,主要是因为跟寝室同学的关系比较糟糕。原来小A一直没住过校,上大学后是第一次过集体生活,四个女孩子在经过了最初的相互熟悉之后,便逐渐表现出各自的个性和生活作息规律。小A与室友的冲突主要来自作息时间,因为小A对睡眠环境的要求比较高,上大学之前,小A在家睡觉时,父母不能弄出一点声音,看电视这种活动是绝对杜绝的。但住进大学寝室后,小A的床挨着盥洗室,每天晚上,她上床睡觉的时间比较早,而室友们则晚上经常追剧、打游戏,睡得比较晚,其中一位女生习惯在洗完澡后睡觉前洗衣服,小A每天晚上听着水流的声音,怎么也无法入睡。几天后,小A就要求室友不要睡前洗衣服,因为这打扰了她睡觉;但室友不同意,因为这打乱了她的习惯。时间一长,两人的关系就比较糟糕,连带着其他两人也对小A有意见。小A觉得很委屈,为什么别人都不能理解她,好像还故意跟她对着干似的。她很想跟寝室同学相处融洽,但事实却完全相反,这让她苦恼不已。

小A要与寝室同学相处融洽该怎么办呢?

大学校园里,独生子女的比例较高,他们的成长环境和经历决定了他们很多时候习惯于主张自己的权利和自己的意愿,习惯于自我中心,忽视他人与自己有着相同的权利,这是导致目前大学生人际冲突的重要原因之一。

在人际交往中,每个人都具有不同的社会角色,我们总习惯于从自己的角度出发思考和看待他人的行为,这必然会带来各种各样的分歧和冲突。学会换位思考,设身处地地从对方的角度看问题,往往就能通情达理地谅解对方的行为和态度;此外,自己在人际交往中还需采用恰当的交往行为,所谓“己所不欲,勿施于人”。自己不希望他人打扰自己,首先就要做到自己不打扰他人。换位思考能使人体验到他人在此情此景中的感受,适时调整自己的行为,这必然能减少很多不必要的误会和不愉快的冲突。

(二)自卑

对自我的评价过低,总觉得自己的缺点太多,优势太少。认为自己是不讨人喜欢的人,没有人愿意跟他交朋友。在人际交往中没有存在感,认为自己不会提出什么好的建议,不敢提出自己的建议,成就感体验弱。心理承受能力低下,经不起较强的刺激;谨小慎微,多愁善感,常产生疑忌心理,行为畏缩,瞻前顾后。因此自卑的人在人际交往中常常会被他人忽略,也不能赢得他人的尊重。

本节案例导入中的小晴就有典型的自卑心理,由于家庭经济困难,与同寝室其他同学的家庭背景差异较大,容易在认识上产生偏差,过分贬低自己,认为自己一无是处。同时,原本在高中时成绩优异,且周围的同学家庭背景都与自己类似,小晴的自我评价较高,一旦踏入人才济济的大学,以往的各种优势不复存在。这种落差大大刺激了小晴的自尊心,并逐渐产生自卑的心理。尤其是小晴在进入大学之前对自己充满信心,认为自己可以改变家庭的贫困,但现实中与其他同学相比,自己并无优势,甚至处于劣势,理想自我与现实自我产生矛盾,陷入对自己的不满之中。这是导致其与同学关系不佳的主要原因之一。

阿德勒曾提出,每个人天生都是自卑的,自卑是一个人前进的动力。因此对于在人际交往中抱有自卑心理的同学来说,如何调整自己的自卑心理显得尤为重要。小晴同学需正确认识自己,既要正视自己在某些方面确实不如寝室的其他同学,但同时也要看到自身的优势,比如学习勤奋,成绩优秀,有良好的坚持性和吃苦耐劳的精神;此外,还可以通过不断努力提升自己的优势,发扬自己的优点,不拿自己暂时无法改变的不足去与他人的长处相比;积极参与集体活动,在活动中提升自身的能力,展示自己的优势,从而获得成就感,重拾信心。

(三)嫉妒

嫉妒是在与他人的比较中,发现自己的能力、名誉、地位或境遇等方面不如别人时产生的一种由不服、愤怒、失落、怨恨等组成的复杂的情绪状态。爱嫉妒的学生在看到他人超过自己时会愤恨和不满;看到他人遇到困难或陷入困境时会表现出幸灾乐祸。当发现自己无法在某方面超越他人时,就怨天尤人,诋毁、中伤他人,甚至采用极端的方式来发泄自己的不满和怨恨。三国时期的周瑜就是因为在同诸葛亮的较量中,争强好胜,总想置诸葛亮于死地,却每每功败垂成,最后发出“既生瑜,何生亮”的叹息而气绝身亡。这是周瑜嫉妒心理的真实写照。爱嫉妒的人在人际交往中往往遭到他人的排斥,不会有真正的真心朋友,人际关系往往比较糟糕。

嫉妒是心胸狭隘的表现,也表露了其缺乏自信的特点。一般真正自信自爱的人不会因为别人超越自己而感到懊恼,也不会因为别人陷入困难而幸灾乐祸。

案例分析与讨论

小A和小B是某大学三年级学生,同住一个宿舍。入学不久,两个人成了形影不离的好朋友。每天都有说不完的话,经常一起上课,一起逛街,一起追剧,一起去图书馆看书。小A性格活泼开朗,小B比较内向,平时沉默寡言。平时两人外出,与同学在一起,小A就是一个中心,而小B经常作为陪衬。慢慢地,小B逐渐觉得自己像一个跟班,而小A却像一位美丽骄傲的公主。小B每每想到这里,就心里很不是滋味,她认为小A处处都比自己强,占尽风头,时常以冷眼对小A。

小A参加了一个省级的设计大赛,并得了一等奖。小B得知这一消息时,并不为自己的好友感到高兴,而是显得痛不欲生。之后因为嫉妒而心生怨恨,趁小A不在宿舍时,将小A的参赛作品撕成碎片,扔在小A的床上。开开心心的小A正想与自己的好友分享成功的喜悦,但发现小B的作为后百思不得其解,好朋友为什么会这样对待自己,以后该如何与小B相处呢?寝室同学知道这件事后,也都对小B的行为嗤之以鼻,认为小B的心胸过于狭窄,不是一个可以交往的朋友,纷纷敬而远之。

你认为小B该如何克服其嫉妒心理?

上述案例中的小 B 就有典型的嫉妒心理，认为小 A 的成绩好于自己，而自己又无法超越对方，就采用极端的行为破坏了两人三年的友情，也让同学们对她的行为感到愤慨，从而远离她。在大学生的人际交往过程中，由于嫉妒心理导致的交往冲突也较为常见。

其实在人际交往中，嫉妒心理人人有之，关键在于自己如何处理。首先我们必须承认有时对他人的负面评价可能来源于自己的嫉妒心理，此时需主动调整自己的情绪和行为，冷静分析自己与他人的差距，将这种嫉妒心理转化为激励自己奋进的动力；此外，还需提高自己的耐挫能力，能坦然接受自己的不足；培养开阔的胸襟和积极的心态，树立积极的人生观和价值观。

（四）猜疑

猜疑是指个体在交往中凭主观臆测对他人持不信任的、怀疑的态度。爱猜疑的人往往很难相信他人，与人交往常抱有很强的戒备心理，喜欢发挥自己的主观想象，经常会对他人产生误解。疑心重的人思虑过度，凡事都往坏处想，说者无心，听者有意，捕风捉影，无中生有。正如培根所说："猜疑之心犹如蝙蝠，它总是在黄昏中起飞。这种心情是迷陷人的，又是乱人心智的，它能使你陷入迷惘，混淆敌友，从而破坏人的事业。"猜疑心理表现在交往过程中，往往觉得其他什么事情都会与自己有关，对他人的言行过分敏感、多疑。

猜疑者一般以某一假设目标为出发点进行封闭性思考。就像一个圆圈，越画线条越粗，越画越圆。同时也经常戴上"有色眼镜"去观察人，用别人的举动来验证而不是修正自己的想法，因而常常歪曲事实，对别人产生怀疑。猜疑者容易听信流言，既要以别人的评价作为衡量自己言行的是非标准，又很在乎别人的说长道短。当别人的态度不明朗时，往往从不利于自己的方面去猜疑、怀疑，自寻烦恼。爱猜疑的学生在人际交往中，由于有很强的戒备心理，无法信任他人，因此很难与人建立亲密、信任的关系。

交往中对陌生人保持必要的戒备和防范心理是可以理解且非常有必要的，尤其是当前各种诈骗手段层出不穷，一不留神就容易陷入骗局。很多骗子会利用大学生涉世未深、缺乏生活经验的弱点，采用各种手段方法不断诱导大学生，使其不知不觉步入陷阱而无法自拔，更有甚者背上巨额债务，走上极端道路。所以，对于陌生人突如其来的"好意"保持警惕是必要的。但如果不分对象，对任何人都采用怀疑的目光，不愿相信人，就有点走极端。因此，当发现自己有猜疑心理时需冷静思考，提高自己的理性思维能力；同时，多参加社交活动提高自己的交往能力，以提升自己的自信心；一旦与周围的同学产生了矛盾，应及时沟通，心平气和地讨论，消除误会。

（五）自负

自负的学生不能客观地认识自己和他人，过高地评价自我，自以为是。很多高考失利、不能考上理想大学的学生常常有这样的心态，认为自己周围的同学都不如自己，自我感觉很好，与人相处时往往表现得目中无人，居高临下，傲气轻狂。自负的学生在人际交往中通常也不受欢迎，容易被排斥和孤立。

案例分析与讨论

王某是一名大二女生,身高1.68米,长相甜美,而且她各方面能力也比较突出,兴趣广泛,是学校舞蹈队的队员,经常代表学校外出演出和比赛。平时积极参加活动,爱表现自己,认为自己各方面都比同学优秀。平时穿着打扮时尚、前卫,常常对同学品头论足,看不起周围的同学,认为班里的女生穿着很土,男生又很幼稚,只知道献殷勤。平时走在校园里就像一只骄傲的孔雀。她在班里担任文艺委员,但喜欢什么工作都插一手,经常指使别人做事。而对同学提的意见则不能接受,一意孤行,认为自己的想法和做法都是对的,同学没资格评论。

你认为王某该如何克服自负心理呢?

案例中的王某就是典型的自负心理,自高自大,过分炫耀自己的才能,对批评的反应是愤怒和感到耻辱,不能容忍有不同的意见,过分自信、高傲。因此王某在班里的人缘较差,没有人愿意跟她交朋友,导致王某在班里感到非常孤独,被同学排挤。

类似王某这样的同学应学会正确评价自己,没有一个人是完美的,也没有一个人各方面都会优于他人,需多听听同学的评价和反馈,避免过高地评价自我;同时还需学会从积极的角度看待同学,发现同学的长处,并不断提醒自己,任何人都有自己的优势,任何人都有展示自我的权利;此外,还需认识到,在人际交往中,要想得到他人的尊重,自己首先要学会尊重他人。

(六)封闭

封闭的学生不愿与他人亲密接触,天天宅在寝室,自己玩手机、上网;喜欢独来独往,看到其他同学都是成群结队,也会感到孤独和寂寞。但他们在与人相处时,常常隐藏自己真实的想法、情感、态度和愿望,不能敞开心扉,对人比较冷漠,戒备心强。封闭的学生在人际交往中常常被他人忽视,不受欢迎。

本节案例导入中的小晴就有典型的封闭心理,由于不能及时适应大学生活,又不愿在同学面前暴露自己的不足,逃避正常的班级活动,避免与人交往,不愿在他人面前表达自我,于是采用自我封闭的方式保护自己。久而久之,小晴在班里变得没有存在感,也不太受同学的欢迎,给她的人际交往带来很大的困扰。

亚里士多德曾说过:“从本质上讲,人是一种社会性动物;那些生来离群索居的个体,要么不值得我们关注,要么不是人类。”因此,在人际交往中,我们需充分认识到自我封闭的危害,积极融入社会交往中去。可以在交往中适当地自我表露,这有利于增进交往时彼此的信任,有助于建立亲密关系;同时积极参与到社会交往中,通过共同的活动增加交往的机会,进而在交往中感受到友谊的温暖,逐渐扩大自己的交往圈。

二、大学生在人际交往中面临的困扰

每位学生在进入大学时,都憧憬着大学生活的多姿多彩,希望自己的生活中充满阳光,与同学和睦相处,友谊天长地久,每天都生活在美好与幸福之中。但这些只是日常生活的一部分,我们在与他人交往中,有时不可避免地会产生各种误解、冲突,面临各种人际交往的困扰。

(一)缺乏人际交往的技巧

人是社会性动物,都希望归属于某个群体,寻求认同和接纳。大学生进入新的环境,同样会积极地与他人交往,但有些同学很快就能与周围的人打成一片,在寝室有亲密的朋友;但有些同学却总是无法融入新的环境中,常常被人忽视。除了个体本身在人际交往中存在的消极心态外,还可能缺乏人际交往的技巧,使得他们在交往过程中无法得心应手、如鱼得水。

案例分析与讨论

谢欣通过自身的努力如愿以偿地考上了一所重点大学,妈妈在谢欣上大学之前,就告诉她,在大学里要跟同学好好相处,建立自己良好的人际关系。离开家,没有父母在身边,朋友往往显得很重要。谢欣上大学后,就很积极地跟同学交往,但是一段时间之后,她觉得很苦恼,明明自己已经很积极了,但同学们似乎都不太愿意跟她交流,有时出于礼貌跟她聊几句,也就很快离开,这让谢欣百思不得其解。谢欣之所以不得同学们"待见"的主要原因在于,她跟同学交往时,有时为了凸显自己,显示自己的积极,故意夸夸其谈,无视同学们是否对她表达的内容感兴趣;而且还经常显示自己的"幽默",非常的"毒舌",比如寝室同学丢失寝室钥匙,很着急,谢欣却说"你现在知道热锅上的蚂蚁是什么样了吧",尽管她的本意是想让同学以后多加小心,而这样的表达却让同学无法接受,愤怒地离开。

你认为谢欣该如何与同学们相处呢?

本案例中的谢欣有强烈的人际交往的意愿,平时积极地参与到人际交往中,但却缺乏人际交往的技巧,无法获得同学们的认同,也无法与同学们建立良好的人际关系,自然也就无法融入班集体中。

(二)社会支持系统不够完善

所谓社会支持系统,是指个人在自己的社会关系网络中所能获得的来自他人的物质和精神上的帮助和支援。一个完备的社会支持系统包括亲人、朋友、同学、同事、邻里、老师、上下级、合作伙伴等,还包括由陌生人组成的各种社会服务机构。

社会支持系统是我们健康生活的重要保障。社会支持系统首先能缓减每个人内心深处的孤独感。当我们身处逆境时,良好的社会支持系统可以给予我们信心和力量;当我们处于顺境时,社会支持系统可以带给我们快乐和充实,也能分享我们的成功和喜悦。

很多大学新生入学后需要一个适应期,在这段时间内,新生们不仅要独自面对生活上的各种事物,比如需适应饮食、气候等的变化,更为重要的是,他们还需在新的人际环境中建立新的社会支持系统。进入大学,很多同学都是第一次远离父母,远离高中时期的好朋友,尽管现在网络发达,大学生们随时能通过网络与朋友、亲人交流,但依然无法弥补没有现实陪伴而缺乏的亲密和温暖。刚进入大学,新的友谊关系还没有建立,无法达到相互信任和支持。因此很多大学新生入学后都会体验到孤独感。

大学生表面上都有很完备的社会关系网,如父母、朋友、同学、老师等,但仔细观察后发现,每位同学能从中获得的支持有很大的差异,有的同学遇到困难,总能及时获得精神上的支持和帮助,经常能与他人分享心事和成功,生活幸福而美好;但有的同学却在陷入困难时,很难得到他人的援助,陷入孤立无援的境地。因此个体的社会关系网并不等同于社会支持系统,只有相互信任,彼此支持的双方才能成为各自社会支持系统的一员。

心理测吧

测测你的社会支持系统①

1. 学校的老师和领导,你最喜欢谁?
2. 商讨一个新观念,你找谁?
3. 交友消遣,谁可与你为伴?
4. 经济拮据时,你向谁开口?
5. 被困孤岛,你渴望谁在你身边?
6. 病倒在床,你喜欢谁照顾你?
7. 恋爱失败,你向谁倾诉?
8. 获得某种成功,你会与谁分享?
9. 考试成绩不理想,你会向谁请教?
10. 在功课上有问题时,你会向谁请教?
11. 面临选择,去向谁征求意见?
12. 如果长期外出,你的用品托谁照管?
13. 搬家时,你找谁帮忙?
14. 为完成一个重要使命,你找谁?

4.4 结果解释

(三)情绪管理能力低

一些大学新生,进入新环境,面对新的人际交往环境,容易情绪不稳定,自我管理情绪能力差。面对生活中的新事物、新刺激或是需要解决的新问题,常常表现出情绪的起伏不定。在与人交往中时而欢欣鼓舞,时而又因为一些小挫折而无比的焦虑和紧张。与同学相处时,遇到一些小矛盾,就立刻气愤异常,甚至恶语伤人,情绪失控,无法考虑到对方的感受和需要,有时甚至鲁莽行事。尽管事后会为自己的冲动道歉,但每每如此,就会让同学无法与之友好相处。

还有一些同学经常因为一些小事就悲春伤秋,经常处于消极的情绪状态,林黛玉式的多愁善感也许能一时得到他人的关注,但人的情绪会相互感染,这样的消极情绪很容易影响周围人的好心情。人在人际交往中总喜欢与一些情绪稳定又积极乐观的人相处,因为这样自己也会变得心情舒畅。没有人会拒绝让自己过得开心快乐,因此多愁善感的同学也可能因为容易传递不良情绪而无法建立良好的人际关系。

(四)缺乏社会交往的信心

当前,在大学校园里也有不少同学经常以"社恐"自居,不愿也不敢与人交往,在需要表达自我、与人分享时常常感到很不自在,表现为羞怯、焦虑、面红耳赤、手足无措,本能地想要逃离。在人际交往中过于在意对方的评价而显得小心翼翼,人际交往的边界过宽,不愿展露真实的自我,与同学关系疏远,他人无法真正了解自己,导致同学间信任程度较低,当然也无法建立亲密的友谊关系,自然体验不到来自同学的关心。

①李梅,黄丽. 大学生心理健康十二讲[M]. 北京:北京师范大学出版社,2012:119-120.

第三节　合作沟通的艺术——提升人际交往能力

大学生携带着从亲密关系中形成和学习得来的各种人际交往模式，处理大学生活中可能遇到的各种人际关系。在这个过程中难免会遇到困扰与烦恼，很多同学在应对和解决这些烦恼的同时也逐渐掌握了人际交往的原则，学习了人际交往的技巧，提升了自己的人际交往能力。

一、人际交往的原则①

人是社会性动物，人类所处的环境处处存在着规则，人与人的交往更需要遵循一定的规则，才能和平共处，相处融洽。

（一）真诚原则

在人际交往中，人们都喜欢与真诚的人交往。因此，真诚是人际交往的基本要求，也是人与人之间建立信任的基础。真诚能给人安全感，与真诚的人交往，可以对很多事情有明确的预见性，不用担心会遭到他人的蒙骗和伤害。在人际交往中如何做到真诚呢？首先应以真心待人，在与同伴交往时，不管说话还是做事，都应发自内心。对他人的优点，应真诚赞美；对他人的缺点，也需真诚地提出批评和建议。此外，要赢得他人的信任，遵守承诺也是必需的。答应他人的事，应尽可能做到，这就要求自己在许诺时，应慎重考虑自己做到的可能性，一旦真的无法兑现承诺，也应及时解释，寻求对方的谅解。

（二）平等原则

在人际交往中，尽管交往双方在家庭背景、能力高低、外貌美丑上有差异，但每个人在人格上都是平等的。当然，不同的个体在人格上存在很大的差异，但任何的交往都是以个体独立的人格为出发点的，尊重他人，尊重自己。大学生在人际交往中尤其要注意，不能因为自己的家庭条件比较优越、自己的能力比较强，或是自己的成绩比较好，就无视他人的观点和感受，居高临下，目中无人。同样地，也不需要因为自己贫穷或能力低下，或外表不佳而自卑。只有尊重自己的人才能赢得他人的尊重。任何良好的人际关系都是建立在彼此尊重的基础之上的。

（三）互惠原则

从人际交往的社会交换理论出发，从本质上讲，人际交往就是一个社会交换的过程，人们都希望在人际交往中获得精神上或是物质上的满足。大学生在人际交往中也是如此，如果一方一味只知索取，总是等待他人给予关心和爱护，而从不考虑自己的付出，这样的关系往往就很难维持。不管是恋爱还是朋友相处，想要保持长久良好的关系，交往双方都必须付出努力，都能够在人际交往中获得各自需要的满足，保持良好的互动。

（四）宽容原则

宽容是维系人际关系的纽带，也是增强人际吸引的要素。一个胸怀宽广的人往往能

①赵丽琴. 大学生心理健康指南[M]. 北京：高等教育出版社，2010：100-102.

得到他人的友谊和尊重。大学生在人际交往中的很多冲突往往就是因为不能以宽容的心态理解和接纳他人造成的。因此在平时的交往中,大学生需接纳他人与自己观点的差异,认识到周围环境中的人、事和物并不能完全按照自己的意愿发生和发展。任何人在交往中都希望得到肯定和赞许,即使自己有错,也希望得到宽容和谅解。因而,即使与同学朋友发生争执,也可以本着求同存异的心态,允许他人与自己有不同的立场和态度。值得注意的是,宽容也是有限度的,大学生在与人交往时需要有宽容之心,但不能无底线地宽容,既不可得理不饶人,也不可无原则地退让。

(五)适度原则

冬天在一起取暖的刺猬因为靠得太近,反而使双方都受伤。人与人之间的交往也是如此,如果没有把握好与他人交往的尺度,就容易让对方感觉不舒服。一般来说,人与人之间从陌生到熟悉,再发展到亲密的朋友关系,往往需要一个循序渐进的过程。如果一方急于建立亲密关系而过度自我表露,反而会让对方远离。交往是相互的,分享也是由浅入深的,当对方没有准备好深入地自我表露时,你却过度倾诉自己的秘密,这会让对方产生负担,为了回报你的信任,他也必须向你袒露自己的秘密,但他却没准备好。此时,你的过度表露就会导致对方的远离。相反,如果一个人过分保护自己,不愿与人分享,一味隐藏自己,当然也就没人愿意与之深交。此外,即使最为亲密的朋友和恋人,也希望拥有自己的个人空间,如果对他人的隐私空间过分感兴趣,这不是对他人的关心,而是一种侵犯,这样的人在人际交往中也会引起对方的反感。因此,大学生应学会有选择地保留自己的隐私空间,学会向不同的人进行不同程度的自我表露。

拓展阅读

人际交往的四种心理距离

爱德华·霍尔博士在《无声的语言》一书中,将人际距离分为亲密距离、私人距离、社交距离和公共距离四类。每一类人际距离都有自己特定的间距要求并适用于不同的交往情境,人们在日常交往中不可越位。

1. 亲密距离

亲密距离在0~5厘米,属于私下情境。多用于情侣,也可以用于父母与子女之间或知心朋友间。两位成年男子一般不采用此距离,但两位女性知己间往往喜欢以这种距离交往。亲密距离属于敏感的领域,交往时需特别注意,不能轻易采用这种距离。

2. 私人距离

私人距离一般在45~120厘米,表现为伸手可以握到对方的手,但不易接触到对方身体,这一距离对讨论个人问题很合适,一般的朋友交谈多采用这一距离。

3. 社交距离

社交距离在120~360厘米,属于礼节上较为正式的交往关系。一般工作场合人们多采用这种距离交谈,在小型招待会上,与没有过多交往的人打招呼可采用此距离。

4. 公共距离

公共距离指大于360厘米的空间距离,一般适用于演讲者与听众、彼此极为生硬的交谈以及非正式的场合。

二、提升大学生人际交往的技巧

课堂团体辅导活动

我说你画

材料：印有图案的纸、笔、白纸。

步骤：(1)将所有学生两两分组，其中一半人为1号，另一半人为2号，并背对背坐好。

(2)给1号发印有图案的纸，2号发白纸。要求1号将看到的图案描述给2号听，2号按听到的内容将图案画出来，其间2号不能提问，也不能看到图案。1号只需按自己的理解描述，无须关注2号画得如何。

(3)2号画完后与1号的图案对照，是否相同？

问题思考：

(1)为何1号纸上的图案与2号画的截然不同？

(2)怎么做才能确保1号与2号手里的图案保持一致？

(3)这对我们的人际交往有何启发？

沟通是指双方通过一定的信息交流而达到相互了解的过程，但日常生活中的沟通有时并未达到自己想要的效果。大学生在人际交往过程中经常会遇到这样的情况，沟通双方都很有诚意，都在认真地表达自己的想法，却很难理解对方真正想表达的含义，甚至在网络交流中对表情包的理解不同，产生“沟而不通”的现象。这可能是因为一方做了表达，但词不达意，另一方就显得非常生气，进而影响沟通效果；也可能是一方认真表达，也表达得非常清楚，但另一方却毫无反应，导致误解产生。因此并不是沟通就一定能建立良好的人际关系，也并不是沟通就一定能化解彼此之间的矛盾和误会。

只有有效的沟通才是我们获取财富、快乐、幸福和健康的重要手段和策略。善于沟通的人能够赢得别人的友谊，能够为自己的事业成功、生活幸福添砖加瓦。所以，学会有效的沟通，将能大大提高你的人际交往能力。如何才能做到有效沟通呢？

(一)学会倾听

在人际交往中，我们需要多听少说。很多人认为，沟通就是不断地表达自己的想法、观点，这样才能达到沟通的目的，而事实上有效的倾听往往是良好沟通的开始。潘石屹说过这样一段话：“大多数情况下，当一个好的听众，欣赏别人的表现，就是建立人际关系的第一个好办法。有些人担心，别人说话自己不说话，表现的机会就给了别人，别人对自己就不会留下印象了。正是这种想法，导致人人都争当发言者，这个世界就变得吵吵闹闹了。倾听者稀少了反而更显珍贵了，我还是觉得当一个令人愉快的听众比较好。”

小贴士

倾听者在哪里？

那是一个圣诞节，一个美国男人为了和家人团聚，兴冲冲地从异地乘飞机往家赶。一路上幻想着团聚的喜悦情景。不幸的是，老天突然变脸，这架飞机在空中遭遇猛烈的暴风雨,飞机脱离航线,上下左右颠簸,随时都有坠毁的可能。空姐脸色煞白,惊恐万状地吩咐乘客写好遗嘱放进一个特制的口袋。这时,飞机上所有人都在祈祷,就在这万分危急的时刻,飞机在驾驶员的冷静驾驶下终于平安着陆,于是大家都松了口气。

这个美国男人回到家后异常兴奋,不停地向妻子描述飞机上遇到的险情,并且满屋子转着、叫着、喊着……然而,他的妻子正和孩子们兴致勃勃地分享着节日的愉悦,对他经历的惊险没有丝毫兴趣而敷衍了事。男人叫喊了一阵,却发现没有人听他倾诉,他死里逃生的巨大喜悦与被冷落的心情形成强烈的反差,在妻子去准备蛋糕的时候,这个美国男人却爬到阁楼上,用上吊这种古老的方式结束了从险情中捡回的宝贵生命。

一个在飞机上遭遇惊险却大难不死的美国人回家后反而自杀了,原因何在?

夫妻之间、朋友之间、亲子之间需要沟通,更需要倾听!当你在倾诉时,却发现无人倾听,这种痛苦,无疑是很大的打击!懂得倾听,不仅是关爱、理解,更是调节双方关系的润滑剂,每个人在经历烦恼或喜悦后都有一种渴望,那就是向人倾诉,他希望倾听者能给予理解与赞同,然而那位美国男人的妻子没有做到,所以导致了悲剧的发生。

倾听是这个世界上最美的动作。我们是怎样的倾听者?看看下面的特征,你经常会出现哪些情况?

(1)不全神贯注,心不在焉。例如,每次有其他的声音就转头去看。

(2)在与他人交谈时会想别的事情,因此常错过对方的谈话内容。

(3)试着去简化一些听到的细节。

(4)专注在谈话内容的某一细节上,而不是在对方所要表达的整体意义上。

(5)同意自己对话题或是对对方主题的看法,去影响对信息的评估。

(6)听到我所期望听到的东西,而不是对方实际谈话的内容。

(7)只被动地听对方讲述内容,而不积极响应。

(8)只听对方讲,但不了解对方的感受。

(9)在未了解事情的全貌前,我已对内容作出了判断。

(10)只注意表面的意义,而不去了解隐藏的意义。

看了上面的表现,你可以看出自己是否一个有效的倾听者了。实际上,有效的倾听是可以通过学习而获得的技巧。认识自己的倾听行为将有助于你成为一名高效率的倾听者。按照影响倾听效率的行为特征,倾听可以分为四种层次。

一个人从层次一成为层次四的倾听者的过程,就是其倾听能力、交流效率不断提高的过程。下面是对倾听四种层次的描述。

第一层次——心不在焉地听。倾听者心不在焉,几乎没有注意说话人所说的话,心里考虑着其他毫无关联的事情,或内心只是一味地想着辩驳。这种倾听者感兴趣的不是听,而是说,他们正迫不及待地想要说话。这种层次上的倾听,往往导致人际关系的破裂,是一种极其危险的倾听方式。

第二层次——被动消极地听。倾听者被动消极地听所说的字词和内容,常常错过了讲话者通过表情、眼神等体态语言所表达的意思。这种层次上的倾听,常常导致误解、错误的举动，失去真正交流的机会。另外，倾听者经常通过点头示意来表示正在倾听，讲话者会误以为所说的话被完全听懂了。

第三层次——主动积极地听。倾听者主动积极地听对方所说的话，能够专心地注意对方，能够聆听对方的话语内容。这种层次的倾听，常常能够激发对方的注意，但是很难引起对方的共鸣。

第四层次——同理心地听。有同理心积极主动地倾听，这不是一般的“听”，而是用心去“听”，这是一个优秀倾听者的典型特征。这种倾听者在讲话者的信息中寻找感兴趣的部分，他们认为这是获取有用信息的契机。这种倾听者不急于作出判断，而是感同身受对方的情感。他们能够设身处地地看待事物，总结已经传递的信息，质疑或是权衡所听到的话，有意识地注意非语言线索，询问而不是辩解质疑讲话者。他们的宗旨是带着理解和尊重积极主动地倾听。这种感情注入的倾听方式在形成良好人际关系方面起着极其重要的作用。

事实上，大概50%的人只能做到第一层次的倾听，30%的人能够做到第二层次的倾听，15%的人能够做到第三层次的倾听，达到第四层次水平上的倾听仅仅只有至多5%的人能做到。家庭心理治疗大师萨提亚在《连》中充分说明了倾听的重要性。

连

萨提亚

在我心底里，我相信
任何人所给我的最佳礼物
是
他们能看着我
听着我
了解我
同时
感动着我
我也相信
我所拥有的最佳献礼
是
去看、去听、去了解
去感动他
当这些都完成了
我可以感觉到
有形的你我
已无形地连在一起。

所以我们每个人都应该重视倾听，提高自身的倾听技巧，学会做一名优秀的倾听者。如何才能成为一名优秀的倾听者呢？有时倾听的态度远比倾听的技巧重要。

拓展阅读

主持人林克莱特的故事

美国著名主持人林克莱特在一期节目上访问了一位小朋友,问他:“你长大了想当什么呀?”小朋友天真地回答:“我要当飞机驾驶员!”林克莱特接着说:“如果有一天你的飞机飞到太平洋上空时,飞机所有的引擎都熄火了,你会怎么办?”小朋友想了想:“我先告诉飞机上所有的人绑好安全带,然后我系上降落伞,先跳下去。”

当现场观众笑得东倒西歪时,林克莱特继续注视着孩子。没想到,接着孩子的两行热泪夺眶而出,于是林克莱特问他:“为什么要这么做?”他的回答透露出一个孩子真挚的想法:“我要去拿燃料,我还要回来!还要回来!”

看到这里也许你会从心底油然产生对主持人林克莱特的敬佩之情,佩服他与众不同之处,他能够让孩子把话说完,并且在“现场观众笑得东倒西歪时”仍保持着倾听者应具备的一份亲切、一份平和、一份耐心。

这个故事给了我们什么样的启发?

1. 倾听的态度

(1)耐心。只有耐心地倾听,才能让对方完整地表达他的想法、观点和情感。唯有如此,我们才能更好地了解他人真正想表达的意思,减少误会的产生,同时也表达了对对方的尊重。正如上述小故事中的林克莱特,如果没有他耐心的倾听,那么小男孩就没有机会说出他的真正想法,所有的观众都会误会小男孩是想自己逃命。误解的产生不仅严重地伤害了小男孩,也让倾听者无法了解真相。同时,耐心的倾听也会为有效沟通奠定良好的基础,只有感受到彼此尊重,双方才会真诚地深入沟通。

拓展阅读

一位优秀推销员的故事

林林是一位优秀的保险业务员,她的业绩一直在公司业务员中遥遥领先,这让她非常自豪。有一次,林林在接待一位大客户,这位大客户有着不错的身家,但仅有一个儿子。于是这位客户决定给自己的全家人都购买一份昂贵的保险。林林非常开心,想着如果谈成这一单,自己的业绩又可以达到一个新的台阶,于是她卖力地向这位客户介绍保险的各项条款。进展非常顺利,客户也对林林的介绍和解释非常满意,可是就在成交的节骨眼上,这位客户突然决定不买了,无论林林怎么挽回,客户态度坚决地拒绝了林林。这让林林非常地有挫败感,也百思不得其解,不知道自己哪里说错了,或做错了,惹得客户不满意。

于是,林林在辗转反侧了一夜之后,第二天一大早就忍不住给客户打电话:“您好,先生,昨天我们在谈保险时,一直都相谈甚欢,为何在最后签字时,您却突然走掉了呢?”

客户:“很好,现在你可以用心听我说话了吗?”

林林:“是的,我非常用心。”

客户:“可是,昨天下午,你并没有认真听我说话。就在我签字之前,我很高兴地跟你分享我的喜悦。我的儿子刚刚考上了一所我们全家人都非常满意的大学,儿子辛苦这么多年,终于上大学了,我们全家人都非常开心。我还跟你说,儿子上大学后的规划和理想，可是你却一点都不在意，只是礼貌性地敷衍，你在乎的只是让我尽快签字。”

问题思考：

* 这位客户为何最后没有购买林林的保单？
* 客户介意的是什么？
* 倾听时，除了耐心之外还需要什么？

(2)专心。专心地倾听不仅能很好地了解对方传递给你的信息，同时也表现出了对对方的尊重。真诚是人际交往中的重要原则之一，也是建立良好人际关系的基础。但真诚的态度并不仅仅通过言语传递，更多的是通过非言语的方式传递。在倾听时，往往通过非言语行为，如眼神接触、放松的姿势、友好的脸部表情和宜人的语调，建立一种积极的氛围，这传递着倾听者的真诚。如果你表现得留意、专心和放松，对方就会感到被重视，也会感觉到更安全。上述小故事中，林林在专业上的能力毋庸置疑，但她太急于求成，所有的注意力都集中在保单上，集中在客户是否签订保单这件事情上，而没有认真倾听客户分享的保单以外的事情。这传递给客户的信息就会变成，你只想利用我签订保单，通过这张保单来获取自己的利益，我是被利用的，你并不关心我，以至于对其之后的服务质量也会产生怀疑。

因此，在人际沟通中，专心地倾听往往是一位优秀的倾听者必备的能力之一，因为沟通并不仅仅是信息的交换，很多时候，沟通双方更为注重的是彼此情感的联结。专心地倾听使倾听者表达对对方的关注，增强对方的存在感，有助于建立彼此亲密的人际关系。

(3)关心。很多同学面对好朋友哭诉自己刚刚失恋的事情，通常会说：“别哭了，为那样的一个渣男哭不值得，以后肯定能找到一个更好的。”失恋的同学听到这样的劝慰并不会觉得有多舒服，因为失恋的是自己，自己的伤心难过似乎朋友并不能体会，而且还“站着说话不腰疼”。这样的道理自己也懂，但目前更想得到情感上的支持。很明显，朋友并不理解这些，也没有给予她想要的关心，因此这样的劝慰也显得苍白无力，毫无意义。如果这样说：“听起来，跟他分手让你特别不舍得，一时也很难接受”，类似这样的语言会让失恋的同学感觉更为贴心，有被理解的感觉，也能从中得到情感的支持，但想要准确地捕捉倾诉者的内心感受，关心地倾听就显得更为重要。

如何能做到关心地倾听呢？同理心是关键。所谓同理心，就是善解人意，善于理解他人并体贴他人，能设身处地从别人的角度去体会并理解别人的感觉、需要、情绪和想法。

如果我们看到一位看起来心情不佳的刚进入大学的新生，一位有同理心的同学可能会想：“他是不是不适应新环境，或是生活上遇到了比较不顺心的事？”出于这样的想法，我们就能在倾听时更关注对方的情绪，更能听出其隐含在言语背后的不安。

如果我们面对一位成绩不好，即使加倍努力依然毫无进步的同学，有同理心的同学可能会想：“他是否发生了什么事情，以至于他的学习效率下降？是否压力太大，无法集中注意力？”这样的关注会让倾听者更关心这位同学成绩不佳的原因，更能体会由于成绩不佳而带来的糟糕情绪。

设想你是那位心情不佳的新生或是成绩不好的同学，如果有人能如此关心自己，愿意认真倾听自己，往往就能产生被看到、被理解、被认同的感觉，当然彼此之间就能建立良好的人际关系。

关心像是一块共鸣板,让说话者能够试探你的意见和情感,同时觉得你是以一种非裁决的、非评判的姿态出现的。不要马上就问许多问题,不停地提问给人的印象往往是听者在受“炙烤”。关心的倾听往往能了解对方话语之外的情绪和感受,也能告诉对方,你对他的关注。

(4)适时插话回应,保持中性的态度。当一位倾诉者在滔滔不绝地讲述自己的遭遇或表达自己的想法时,倾听者适时的插话和回应往往能使沟通不断深入,这传递给对方的信息是:我正在认真地倾听,对你的表达非常感兴趣,并且我非常愿意继续倾听你的表达。沟通的不断深入往往就能拉近彼此的心理距离,建立彼此亲密的情感联结,为建立良好的人际关系打下坚实的基础。

同时,用中性的态度表明你很重视对方表达的观点,不轻易给出评价,可以让倾听者掌握对方表达的完整的信息。如果倾听者采用赞同或反对的态度倾听,势必会根据自己的态度选择性地倾听对方表达的信息,从而产生断章取义、信息不全的现象。此外,中性的态度也能让对方认识到你对他的认同和尊重。

2. 倾听的技巧

沟通中保持良好的倾听态度为我们进行有效深入的沟通奠定基础,学会倾听的技巧则能促使我们成为有效的倾听者。

沟通中有哪些倾听的技巧呢?

(1)说话时注视对方,保持目光接触,不要东张西望。

(2)倾听的最佳时候是你和朋友独处时,这样更容易让对方敞开心扉。

(3)面部保持自然放松的微笑,表情随对方谈话内容有相应的变化,恰如其分地点头。

(4)不要中途打断对方的话,否则会让他觉得你不够尊重他,从而影响信任。

(5)适时而恰当地提出问题,可以通过表述自己的意见加深谈话。

(二)善用语言艺术

同样的意思,用不同的语言表达,可能会产生不同的效果。所谓“良言一句三冬暖,恶语伤人六月寒。”在日常生活中,我们会发现一些人很会运用语言艺术,跟这样的人交谈,让人如沐春风,愿意靠近。相反,如一人总是在无意间出口伤人,用词不当,就会导致人际关系的恶化,从而引起不必要的冲突和矛盾。因此在沟通中要学会正确运用语言,根据不同的对象、不同的场合,选择合适的表达方式。

1. 学会赞美

拓展阅读

高帽子

一位研究生即将毕业,在毕业前夕,他去看望自己德高望重的导师。他跟导师说,自己即将步入社会,为了自己有个好人缘,他准备了100顶高帽子。导师一听就非常生气,就立刻滔滔不绝地开始教育这位学生,做人应该如何如何……该学生在耐心听完导师的教诲后,诚恳地说:“老师说得很对,我不能随便给人戴高帽子,应该向老师学习,做人应该……”导师听到学生的回答,非常开心,觉得孺子可教,对他的喜欢又增加了一分,两人相谈甚欢。这位学生告辞回家,出了导师家门口时,他自言自语道“现在,我就剩下99顶高帽子了”。

赞美之语，人人爱听。心理学家威廉·詹姆斯说过“人类本质中最殷切的需求是渴望得到他人的肯定”。在日常的人际交往中学会赞美他人，是赢得好人缘的重要法宝。回想一下，当我们听到他人给予我们赞美之词时，心情如何？推己及人，人际交往中，学会赞美，能让对方心情愉悦，也能赢得对方的好感。

当然，赞美不等同于溜须拍马，阿谀奉承。真诚的赞美是对对方的认可、肯定，是发自内心的欣赏和接纳。赞美他人时需注意以下几点：

(1)赞美他人真正在意之处。比如前面的小故事中，那位导师非常在意自己的为人，因此学生的赞美就能说到导师的心坎，是对导师最看重之处的认可，当然就能赢得导师的喜爱。因此在日常生活中，我们在赞美他人时，也应细心观察他人真正在意之处，从而使得赞美取得最好的效果。

(2)赞美他人真正可赞美之处。赞美与溜须拍马最大的区别在于，赞美说的是对方真正美好的一面，而溜须拍马则是为了某种目的的言不由衷。前者让人感受到你的真诚，而后者则会让人感受到你的虚伪。要做到赞美他人真正可赞美之处，首先要有能发现对方值得赞美之处，因此学会从积极的角度看人，往往就能发现任何人的可赞美之处。

(3)赞美必须明确具体。当我们听到“你很棒!”“你很好!”“你很漂亮!”这样的赞美之词时，下意识地就会渴望听到“我哪里很棒”“我哪里好”“我哪里漂亮”的描述。因此赞美他人时需明确具体说出他人真正值得赞美的地方。比如“你今天的发型很配你的气质！这让你看起来很漂亮!”

(4)赞美时不应夸大其词。一般人都希望听到赞美之词，但这样的赞美之词必须符合其自身的水平。赞美他人时需注意把握分寸，切忌言过其实。比如有人夸别人聪明，脱口就说：“你真聪明，简直胜过爱因斯坦。”这样的夸张往往给人不真实的感觉，也会让被赞美之人觉得虚伪，甚至还让他觉得你有讽刺之意。

(5)赞美时不应先扬后抑。赞美就是表达对对方的肯定，如果先说赞美之词，紧接着就开始批评，指出对方的不足和缺陷，这样往往让对方感觉你的本意不在赞美，先前的赞美就是为了提出批评，因而也很难起到赞美的作用。

课堂团体辅导活动

戴高帽

目的：学习发现他人的优点并学会欣赏，促进彼此之间的肯定和接纳。

操作：

(1)将同学们分为8人小组，小组成员围圈而坐。

(2)一位同学坐在中间，戴上高帽，其他人轮流说出他的优点或他令你欣赏的地方。

(3)其他7位成员都赞美完，被赞美者谈谈哪些优点是自己原来就知道的，哪些是自己原来并未觉察到的。

(4)每位成员都须轮流坐在中间，戴上高帽，其他同学说出其优点和值得欣赏的地方。

注意事项：给予他人赞美时态度必须真诚，努力从积极的角度发现他人的长处，不做毫无根据的吹捧。

问题思考:

* 当我们听到他人给予我们赞美时,心情如何?

* 当我们给予他人赞美,看到他人的反应时,自己的心情如何?

2. 及时表达感激

人际交往中总会相互帮助,虽然说“施恩莫忘报”,但对于他人的帮助,哪怕微不足道的帮助,也要学会心存感激,并及时向对方表达出来,不一味心安理得地享受他人的付出。表达感激是对他人付出的肯定,有时也是对对方价值的认可。懂得感激的人不仅能赢得别人的好感,还能增强自己的吸引力。

表达感激可以通过语言直接表达,也可以通过非言语的方式,比如一个拥抱,一个真诚的微笑。

3. 幽默

幽默是人际交往中的又一个法宝,在交往中恰当地运用幽默,不仅能提升个人的魅力,也能有效化解矛盾和尴尬。据说苏格拉底就是一位善于运用幽默的人。有一次,苏格拉底的朋友和他在家聊天,他的妻子开始对他辱骂,并且用水泼湿了他的全身。面对如此窘境,苏格拉底笑着对朋友说:我常说,打雷过后一定会下雨。他用幽默巧妙地避免了一场冲突,同时也让自己脱离了尴尬的境地。

自我辅导小技术——试试看

1. 学习社交礼仪,提升自我形象。

站有站姿、坐有坐姿。站时应挺直,弯腰驼背会给人缺乏自信之感。坐时应安静,腿不要翘起、抖动,以免显得缺乏修养。待人接物应面带微笑,注意分寸与距离。

2. 培养良好的表达能力。

学会说普通话,语言表达精练、口齿清楚;态度中肯、热情、真诚。

善于倾听,鼓励对方开口,注意力集中。

抓住重点,避免无所谓的争论。

3. 把握好人际交往距离。

(三)有效解决矛盾和冲突①

在交往中,人与人往往会因为思维方式、行为习惯、个人喜好等方面的不同,出现矛盾和冲突,即使再要好的朋友和恋人也不例外。而有效解决矛盾和冲突则能减少由此产生的负面影响,有时还能增进彼此之间的情谊。如何有效解决矛盾和冲突呢?

1. 积极面对

与朋友、同学、家人发生冲突,总会让人感觉不舒服,但冲突并不可怕,如果能处理得当,还能增进彼此之间的了解与认识。一般来说,冲突能使我们更清醒地认识自己,认识他人,找到问题的症结所在,还能在冲突中澄清彼此的看法。因此,冲突发生后,应冷静

①赵丽琴.大学生心理健康指南[M].北京:高等教育出版社,2010:111-112.

下来，思考冲突的根源所在，了解自己的真实需要、态度和想法，有无需要改进的地方等。

2. 对事不对人

在发生冲突或争执时，应该把关注的焦点投向所发生的事情本身，客观地分析发生冲突的原因和双方的对错，不将事情扩大化。大学校园里，大多数的人际冲突都是因为一些生活琐事，比如作息习惯不同、观念不同等。因此在冲突中，双方都有一定的责任，无所谓谁对谁错。将注意力集中在如何解决冲突的事情上，切忌将冲突上升至人格的否定，不能用侮辱性的语言攻击对方。

3. 管理情绪，做合理让步

发生冲突时，双方都会处于一种应激状态，导致许多负面情绪的产生。人一旦处于应激状态，很容易说出伤害他人的话或做出伤害他人的事，从而造成无法挽回的局面。这时首先管理好自己的情绪，让自己恢复到平和的心态，再来处理矛盾和冲突。同时冲突的发生有时并不全是一方的原因，可能双方都存在过错，或是沟通不善造成的。这时适时的让步往往就能“大事化小，小事化无”，所谓退一步海阔天空，懂得在冲突中让步的人，往往更为宽容，更能得到他人的认可。

4. 及时解决冲突

冲突发生后，需及时处理。校园里的冲突多数是由小事引起的，如果双方能积极面对，说出自己的真实感受，一般都能顺利解决。而如果选择逃避，则小问题有可能留在心里，从而发展成大问题。

课后讨论与探究

敏是家中的老大，因为是女孩，父母决定再生一个男孩，但那时国家已经开始实行独生子女生育政策，在敏 3 岁时，父母就将她托付给亲戚，两人远走他乡。可是，第二个孩子还是女孩，父母带着第二个女孩在外地生活，几年以后，父母终于如愿以偿，得到了一个儿子。那时，敏已经 8 岁了，但父母并没有回家，为了躲避罚款和赚钱，父母带着两个孩子一直生活在外地，没把敏接到身边，于是敏一直寄养在亲戚家，等敏上高中后，开始住校，父母就给敏在外面租了房子，周末就自己回租住的房子。一直以来，敏都没有特别要好的朋友，经常一个人独来独往。高中三年很快就过去了，敏考上了大学。上了大学的敏开始谈恋爱，但是令她困扰的是，谈了几次恋爱，男孩们都选择离开，且分手的理由惊人的一致，都是受不了敏的缠人。敏是如何缠人的？据她自己说，第一个男朋友跟她不在一个地方上大学，两人每天发微信、打微信语音电话，如果敏发了一条微信，男朋友因为打篮球没有及时回，她就会不断地发微信，得知男友没及时回微信的原因后，她就会责怪男友，有时间打篮球，却没时间回微信，难道女朋友没有篮球重要？每次谈恋爱，敏都希望知道每时每刻男友的动向，甚至偷偷给男朋友的手机共享位置。她特别渴望男友能关心、爱护自己，能把自己放在第一位。一开始，男孩们都觉得敏很看重自己，但时间一长，就都受不了。因为敏会要求男友不管在何时何地，都要以她为先，只要没达到她的要求，就会吵架、冷战，于是，尽管敏平时对男友都还不错，但这些男友都义无反顾地选择离开。每次失恋，敏都极为伤心。

敏的男友为何都选择离她而去？敏该做一些怎样的改变？

请利用本讲所学的内容，帮助敏走出困扰。

进一步阅读的文献

● 赖特. 倾听和让人倾听:人际交往中的有效沟通心理学[M]. 周智文,译. 北京:新世界出版社,2009.

本书通过分析众多人际交往高手的成功经验,并探究这些成功沟通背后的心理学依据,提出种种切实改善你谈话能力的技巧,从而提高你与人交往的能力。本书说理透彻,事例直观,让你迅速成为让人喜欢、容易被人接受的"万人迷"。

● 罗森伯格,西尔弗特. 最靠谱的行为观察术:人际交往中的识人相处之道[M]. 段鑫星,吴国莎,译. 北京:人民邮电出版社,2013.

本书以一则有趣的寓言故事为开端,细致刻画了各种鸟儿在面对森林危机时的表现,并由此引出了 DISC 行为观察术,以物喻人,每个人都能从中找到自己与身边人的影子。

● 弗洛伊德. 沟通的力量:成功人际交往 12 法[M]. 李育辉,译. 北京:机械工业出版社,2011.

本书从 12 个部分帮助读者全面了解沟通、了解自己,找到适合自己的沟通方法,从测试到实践再到体验,全方位提升人际沟通能力,获得成功的职业人生!

● 卢森堡. 非暴力沟通[M]. 修订版. 刘轶,译. 北京:华夏出版社,2021.

本书阐述了非暴力沟通宝贵的精髓,就是将我们的注意力聚焦于观察、感受、需要、请求这四要素,从而使我们与生命源泉紧紧相连。

第五讲　大学生的人格培养

【导语】

在日常生活中，我们经常能看到人们各具特色：有的人热情奔放，有的人沉着冷静，有的人顽强果断，有的人多愁善感……这些不同的特征，反映的就是个体之间人格的差异。众所周知，自尊、自信、坚韧等积极人格特征是立身之本，是应对激烈社会竞争的心理资本，是体验幸福生活的源头活水。一个勤奋好学、刻苦钻研、勇于探索的人，会在学习和工作中取得成就；一个乐观向上、正直公道、乐于助人、富有责任心的人会受到他人的尊重；一个有远大理想、敢于拼搏、锲而不舍的人，会实现自己的人生梦想。概言之，健全的人格是大学生身心顺利发展的重要保证，它不仅为大学生掌握前沿知识和精湛技能创造良好的心理条件，而且为毕业后适应社会、发挥自身潜能、创造美好未来提供丰富的心理资源和支撑力量。希望通过本讲的学习，你能够：

1. 了解人格的概念及其结构和特征；
2. 知悉大学生气质、性格的特点和典型人格问题；
3. 领悟积极人格品质的特点与意义；
4. 掌握培养积极人格品质和塑造健全人格的方法与措施。

5.1　微课视频

第一节　人格的万花筒——认识人格

课前暖身活动

我是一个可以解决问题的人

具体步骤：班级成员以5至8人为一组分组。每一组挑选以下选题之一：

①学习组，面对学习困难，你用什么优势和性格品质克服困难？

②人际组，面对人际冲突，你用什么优势和性格品质解决冲突？

③情绪组，体验到消沉时，你用什么优势和性格品质走出阴霾？

④恋爱组，喜欢上一位同学时，你用什么优势和性格品质表白成功？

⑤实习组，应聘实习岗时，你用什么优势和性格品质应聘成功？

依据选题，每人拿出一张白纸，在纸张的左边列出你的优势、优点，能保证自己完成任务；右边列出自己的劣势、弱点，可能会妨碍自己完成任务。尽可能列出你所想到的。写完后，仔细思考你自己的人格优势和劣势，与同学们交流分享。

一、人格的含义

人格，又称个性，是一个人思想、情感和行为的特有模式，这个独特模式包含了一个人区别于他人的稳定而统一的心理品质。人格是一个复杂的、多侧面的、多层次的统一整体，而且具有相当的稳定性，人格一旦形成，则不易改变。在不同的社会生活背景下，个体会表现出人格的不同侧面。具体而言，人格包含的成分主要有气质、性格、自我调控系统等。

二、人格的特征

（一）人格的整体性

人格的整体性是指人格虽然包括多种成分和特质，如气质、性格、能力、需要、动机、兴趣、理想、人生观等，但在真实的人身上它们并不是孤立存在的，而是错综复杂地相互联系、相互制约而组成一个有机的整体。人格的整体性在于人格的内在统一性。一个活生生的正常人总是能够正确地认识和评价自己，能及时地调整在人格上出现的矛盾特征，因此他的内心世界、动机、行为之间是和谐一致的。

（二）人格的稳定性和可变性

人格是指一个人经常表现出来的稳定的心理特征，那些暂时的、偶尔表现出来的心理上的特点不属于人格特征。如一个向来学习认真的学生，偶尔在作业中表现出来的马虎，不是该学生的人格特征。

人格的稳定性并不排斥人格的可变性。现实生活是十分复杂的，人格会随着生理的成熟和社会环境的变化而变化。特别是大学生，正处在人格不断形成和变化的过程中，其人格特征存在着一定的可塑性。

（三）人格的独特性和共同性

人格的独特性是指人与人之间的心理面貌是不相同的。西方有句格言“世界上没有两片完全相同的树叶”，同样正如中国的一句俗语所言“人心不同，各如其面”。由于人格结构组合的多样性，世界上没有完全相同的两个人。不仅一般人之间存在着心理面貌上的差异，即便是同卵双生子，他们的心理面貌也不完全相同。

人格的独特性并不排斥人与人之间在心理上的共同性。共同性是指某一个地区群体或某一个民族有共同的、典型的人格特征，表现为同一群体的人们对事物的一致态度或行为倾向。例如，勤劳、聪慧、尊老爱幼历来都被认为是我们中国人的优秀品格，这便是人格共同性的体现。

（四）人格的社会性和生物性

人格的社会性是指个体的人格是对各种社会关系的反映。一个人在成长过程中，社会化过程把个体从自然的人变成社会的人，即个体在与他人交往中，逐渐掌握社会经验和行为规范，获得自我意识的过程。个体所处的文化传统、社会制度、民风民俗、家庭气氛、教育内容与方法都会对人格的发展产生重要的影响。通过社会化，个体获得了价值观、自我观念等人格特征。因此我们说，人格是社会化的结果。

人格的社会性并不排斥人格的自然性。人格是在个体的遗传和生物性基础上形成的，受到个体生物特性的制约。

综上所述，人格是稳定性和可变性的统一，独特性和共同性的统一，社会性和生物性的统一，人格反映了一个人的整体精神面貌。

三、气质

（一）气质的含义

气质是典型的、稳定的心理活动的外部动力特征，该特征不以活动目的和活动内容为转移，主要表现为心理活动的速度、强度、灵活性和指向性等方面。我们平时所说的脾气、秉性，都是气质特征。气质具有明显的“天赋性”，反映的是个体神经系统的最基本的特征。即便是在婴儿期，有的婴儿表现为爱哭好动，有的婴儿表现为平稳安静，这正是个体早期表现出来的气质差异。

气质没有好坏之分，它只是给个体的言行涂上某种色彩。有的人沉着冷静，遇事总是三思而后行；有的人却性情急躁，爱发脾气，遇事鲁莽冲动。这些气质差异不能决定人的社会价值，也不具有社会道德评价含义。任何气质类型的人经过努力都有可能在不同的领域取得成就，但是也有可能成为平庸之人。

（二）气质类型

气质类型学说起源于古希腊医生希波克拉底（Hippocrates，公元前460—前377）的体液说，他认为人体内有四种液体：黏液、黄胆汁、黑胆汁、血液，这四种体液的配合比例不同，形成了四种不同类型的人。约500年后，罗马医生盖伦（Galen，约130—200）进一步确定了气质类型，提出人的四种气质类型是胆汁质、多血质、黏液质、抑郁质。

巴甫洛夫用高级神经活动类型解释气质的生理基础。人的高级神经活动有三种基本特性，即兴奋和抑制过程的强度、平衡性与灵活性。强度是指大脑皮层神经细胞的工作能力，强的神经系统能够承受强烈而持久的刺激。平衡性是指兴奋过程和抑制过程的力量对比，两者力量相当则是平衡的，否则是不平衡的。灵活性是指兴奋过程和抑制过程相互转换的速度，兴奋与抑制过程能迅速转换的是灵活的，否则是不灵活的。巴甫洛夫依据神经活动过程的这三种特性，划分了四种不同的神经活动类型，见表5-1。

表5-1　神经活动类型与气质类型

高级神经活动过程	高级神经活动类型	气质类型
强、不平衡	兴奋型	胆汁质
强、平衡、灵活	活泼型	多血质
强、平衡、不灵活	安静型	黏液质
弱	抑制型	抑郁质

不同的气质类型,在心理活动发生的速度、强度、灵活性、持久性与指向性等方面表现出不同的特点。

胆汁质:这种人情绪体验强烈而迅速,思维灵活、行动敏捷,刚毅顽强、勇敢果断,精力旺盛、争强好斗,为人热情直率,表里如一;但性情急躁,遇事容易鲁莽冲动,感情用事,刚愎自用。

多血质:这种人情感丰富、外显但不稳定,思维敏捷、活泼好动,热情大方、善于交往,适应能力强;但缺乏耐心和毅力,稳定性差,注意易转移,办事重兴趣,不愿做深入细致的工作。

黏液质:这种人情绪平稳、不外露、不易激动,考虑问题周密,办事沉着谨慎,自制力强,耐受性高;但行动迟缓、主动性较差。

抑郁质:这种人情绪体验深刻、细腻、持久,易多愁善感,思维敏锐、想象力丰富;但不善交际、孤僻离群,对人对事易多虑多疑,反应缓慢。

以上四种气质类型并没好坏之分,不同的气质类型只影响人的活动方式,不能决定一个人行动的社会价值和成就的高低。例如,俄国的四位著名文学家赫尔岑(多血质)、普希金(胆汁质)、克雷洛夫(黏液质)和果戈理(抑郁质),就是四种气质类型的代表人物。因此,各种气质类型的大学生都可培养成德才兼备的人才。

大学生应充分了解自己的气质特点,有意识地发展自己气质中积极的方面,克服消极的方面,不断提高自我修养。胆汁质的大学生应努力培养自己的自制力,克服易冲动的特点;多血质的大学生应努力培养自己的毅力,养成专一、扎实的态度,克服见异思迁的特点;黏液质的大学生应努力克服动作迟缓、拖拉的习惯;抑郁质的大学生应多参加集体活动,开阔心胸,克服自己多疑、脆弱的特点。

在实际生活中,单一气质类型的大学生并不多,大多数人是两种或多种气质类型兼而有之,或以其中一种类型为主兼有其他类型的混合型。

自我辅导小技术——试试看

克服急躁

1. 与他人发生冲突时:

①如你很想开口,在心里先默数 3 个数,再开口说话;

②如他人先说话,等他人话语结束后,你依旧在心里默数 3 个数后再发言。

2. 当意识到自己马上就要发火时:

①悄悄地自我暗示:“不要急”,“有事慢慢来”;

②深呼吸或数 10 个数字,等一会儿再开口;

③临时将注意力转移到其他事情上,如看会儿书,或先走开一下,过后再处理。

3. 当再一次发现实验(调研、访谈)无法成功(没有达到预期目标)时:

①关闭仪器,站起身来,走出实验室;

②把实验失败的记录发给导师、同学,等候他们的帮助;

③立即开始体育活动。

四、性格

(一)性格的含义

性格是指人对现实的态度和与之相适应的、习惯化了的行为方式，是一种与社会关系最密切的人格特征。性格主要体现在对自己、对社会、对事物的态度和所采取的言行上，比如，对待课程作业，有的同学认真仔细，有的同学敷衍了事，有的同学甚至故意逃避，这就是人们对同一件事情的不同态度以及表现出来的不同行为方式。

性格是在社会实践活动中，在社会环境熏陶、家庭教育和学校教育的影响下逐渐形成的。性格具有道德评价含义，有好、坏之分，最直接地反映出一个人的道德风貌，如有的人大公无私，有的人自私自利。

(二)性格特征

性格主要有四方面的特征：态度特征、认知特征、情绪特征和意志特征。这四方面的特征在个体身上的独特组合，形成了人千差万别的性格。

性格的态度特征是指人对特定对象的较为持久的反映倾向，是性格最重要的组成成分。例如，有的人公而忘私，有的人自私自利，有的人正直诚实，有的人虚伪狡诈，这些特征都是个体对社会、集体和他人的态度特征；有的人勤劳，有的人懒惰，有的人认真，有的人敷衍，有的人敢于创新，有的人墨守成规，这些是个体对工作和学习的态度特征；有的人严于律己，有的人任性放纵，有的人自信自强，有的人自卑、自甘堕落，这是对自己的态度；有的人节俭爱惜，有的人奢侈浪费，这是对财物的态度。

性格的认知特征是指人在感知、记忆、想象、思维等认知过程中表现出来的性格特征。在感知方面的性格特征有被动感知型和主动感知型，在记忆方面的性格特征有形象记忆型和逻辑记忆型，在思维方面的性格特征有独立型和依赖型、分析型和综合型、冲动型和沉思型等。

性格的情绪特征是指人在情绪活动的强度、稳定性、持续性和主导心境等方面表现出来的性格特征。有人情绪体验强烈，有人情绪体验微弱；有人情绪平稳，有人情绪忽冷忽热，波动较大；有的人主导心境是愉快的，而有的人主导心境是抑郁的，这些都是性格的情绪特征。

性格的意志特征表现为个体为了达到一定的目的而对自己的行为进行自觉调节的特征，具体可分为以下四个方面：行动目的性方面的意志特征包括自觉性或盲目性、独立性或依赖性、纪律性或散漫性；行为自觉控制方面的意志特征包括自制或任性、主动或被动；行动坚持性方面的意志特征包括持之以恒或见异思迁、坚忍不拔或半途而废；在紧急或困难情况下的意志特征包括沉着冷静或惊慌失措、勇敢或怯懦、当机立断或优柔寡断。

在性格的四种特征中，性格的态度特征和意志特征占据主导地位，因为它们与个体的生活目的、理想信念和价值观紧密联系着，突出反映了一个人的本质。

一个人的性格并不是各种性格特征的机械拼凑和简单堆积，性格的各种特征是密切联系、相互制约的。各种性格特征以不同的方式结合构成了人与人之间千姿百态的性格差异。文学家抓住现实生活中人物的鲜明性格特征，塑造出典型的、生动的小说人物，一部《红楼梦》竟把上百个人物角色刻画得活灵活现、栩栩如生。

小贴士

你认同以下观点吗?

20世纪30年代苏联生理学家巴甫洛夫认为人的高级神经活动类型与气质关系密切,并将气质分为四类:

多血质——活泼型,胆汁质——兴奋型

黏液质——安静型,抑郁质——抑制型

血型与性格也关系密切,血型与性格对应如下:

A型——好胜,中国人占28%;

B型——平静,中国人占24%;

O型——稳重,中国人占41%;

AB型——兼有A型和B型的气质特征,中国人占7%。

五、自我调控系统

人格调控系统维持着人格发展的稳定性和连续性,由自我意识构成。自我意识是人对自身的觉知与体察,包括自我认识、自我体验、自我监控三个子系统,是意识的最高层次,它保证人格的完整、统一与和谐。自我意识的形成是大学生面对的重要人生发展课题。

自我认识是指主观自我对客观自我的认识与评价。自我认识是自己对自己身心特征的认识,自我评价是在这个基础上对自己作出的某种判断。正确的自我评价,对个人的心理活动及其行为表现有较大的影响。如果大学生对自身的评价与他人对自己的评价之间的差距过于悬殊,就会使个体与他人之间的关系失去平衡,产生矛盾,这种矛盾日积月累,将会形成稳定的自负或自卑,实质上不利于大学生的健康成长。

自我体验是指主体对自身的认识而引发的内心情感体验,是主观的我对客观的我所持有的一种态度,如自信、自卑、自尊、自满、内疚、羞耻等都是自我体验。有的大学生对自己是满意的,能够很好地接纳自己,于是他们可以坦然地面对成功与失败;但是,有的大学生总是对自己的某些方面不满意,总是想着"为什么只有我是这样的人",自我感伤与日俱增,特别是在面对失败情境时,自卑感和羞耻感会加剧。

自我监控是指个体对自身行为与思想、言语活动的控制,具体表现为两个方面:一是发动作用,二是制止作用,前者是指激活某一行为,后者是指抑制无关行为或有碍于活动进行的行为。大学生步入高等学府,绝大部分行为需要依赖自我监控,要不断将学习环境与个人目标作对比,激励自己开展有助于目标实现的行动,约束不利于身心健康、不利于成长发展的行为。

大学生需要在各种形式的学习与实践活动中,有意识地进行自我认识、自我体验的训练,客观地认知自己的思想、情感和能力,适当地接纳自我,形成积极乐观的自我态度,在此基础上,进行自我监控,调节自己的行为,使行为符合群体规范,符合社会道德要求,通过自我监控调节自己的认识活动,提高学习效率,早日成才,实现自己的梦想。

六、人格理论

（一）16 因素特质理论

卡特尔认为人格是由人格特质构成的，他将特质区分为表面特质和根源特质。表面特质是指能从外部行为直接观察到的特质，而根源特质是隐藏在表面特质深处，并制约着外部行为，是个体行为的最终根源。

卡特尔用因素分析法对人格特质进行了分析，提出了 16 种相互独立的根源特质，即人格因素。表 5-2 描述了 16 种根源特质的名称以及每种根源特质低分者和高分者的特征。

表 5-2　卡特尔 16 种人格因素

人格因素	低分者特征	高分者特征
A　乐群性	缄默、孤独	外向、乐群
B　聪慧性	迟钝、知识面窄	聪慧、富有才识
C　稳定性	情绪激动	情绪稳定
E　恃强性	谦逊、顺从	支配、攻击
F　兴奋性	严肃、审慎	轻松、兴奋
G　有恒性	权宜、敷衍	有恒、负责
H　敢为性	畏怯、退缩	冒险、敢为
I　敏感性	理智、注重实际	敏感、感情用事
L　怀疑性	信赖、随和	怀疑、刚愎
M　幻想性	现实、合乎常规	幻想、狂放不羁
N　世故性	坦白、直率、天真	精明、能干、世故
O　忧虑性	安详、沉着、自信	忧虑抑郁、烦恼自扰
Q1　激进性	保守、服从传统	自由、批评激进
Q2　独立性	依赖、随群附和	自立、当机立断
Q3　自律性	矛盾冲突、不顾大体	知己知彼、自律严谨
Q4　紧张性	心平气和、闲散安静	紧张困扰、激动挣扎

（二）人格五因素模型

塔佩斯等运用词汇学的方法对卡特尔的特质变量进行了再分析，发现了五个相对稳定的因素。此后许多学者进一步验证了五种特质的模型，形成了著名的人格五因素模型。这五个因素是：①开放性（openness）：具有想象、审美、情感丰富、求异、创造、智能等特质；②责任心（conscientiousness）：显示了胜任、公正、条理、尽职、成就、自律、谨慎、克制等特质；③外倾性（extraversion）：表现出热情、社交、果断、活跃、冒险、乐观等特质；④宜人性（agreeableness）：具有信任、直率、利他、依从、谦虚、移情等特质；⑤神经质（neuroticism）：具有焦虑、敌对、压抑、自我意识、冲动、脆弱等特质。这五个因素的头一个字母构成了“OCEAN”一词，被人们形象地比喻成“人格的海洋”。

约翰研究了人格的五因素与大学生心理发展的关系，发现高开放性和高责任心的大学生具有优秀的学习成绩，而低责任心和低宜人性的大学生有较多的违纪行为。高外倾性、低宜人性、低责任心的大学生，常发生与外界冲突的行为问题，高神经质、低责任心的大学生则经常表现出由内心冲突引起的问题。

(三)积极心理学理论

20 世纪 80 年代中期,美国兴起了以人的积极心理特征为研究内容的积极心理学运动,以塞利格曼等人为代表的美国心理学家,首次将人的乐观、幸福感、好奇心、坚韧性和创造性等作为实证研究的课题。积极心理学理论坚持积极的评价取向,强调加强人自身的积极因素和潜能的开发,以人固有的、潜在的和具有建设性的心理力量和美德为出发点,用积极的心态来对人的心理现象进行解读,解决个体心理危机、冲突和困惑,用积极的内容和方式激发人自身的积极品质,学会创造幸福、分享快乐,使自身潜能得到最大限度的发挥,使心理障碍的免疫力和抵抗力得到大幅度提升。

积极心理可以被视为促进个体持续发展的人格特征,是个体和社会环境的良性互动状态。积极心理的内容应包括积极的自我态度、掌控环境的能力、情感控制与调节能力、积极的人生观、良好的压力应对技能、幽默感等。总之,积极心理学为开展积极心理健康教育提供了理论基础。

积极心理品质是可以培养的,研究者提出通过设计环境因素帮助个体构建积极认知,唤起积极的行为,教给个体控制环境和行为的技巧等方法,帮助人们提升生活与工作的质量。在管理心理学领域,有学者提出,应当努力培养组织成员的愉悦、兴趣、自豪和满足等积极情绪,这些情绪不仅能改变个人的工作状态,也能通过影响同事和顾客,给组织带来变化,从而有助于组织目标的实现。在中小学生心理健康教育方面,通过积极心理训练,实施积极认知评估策略、积极情绪体验策略和积极行为操作,不仅是有据可依、也是切实可行的一种尝试。

在大学教育中,提升学生的积极心理特征,让学生拥有自信和乐观的态度,并对未来充满希望,以坚强的毅力实现自己的目标,对于提高学生的心理健康水平有着重要的意义,能使他们在未来的工作中具有良好的工作绩效和高水平的工作满意度,具备面向未来的核心竞争力。

第二节 绽放独特之花——知悉人格特点

案例导入

马克思说过:“在科学上没有平坦的大道,只有不畏劳苦沿着崎岖山路攀登的人,才有希望达到光辉的顶点。”1953 年,袁隆平从西南农学院毕业,成为新中国培养的第一批大学生。袁隆平被分到穷乡僻壤的安江农业学校当教师,负责教三门课。袁隆平一边教书育人,一边做农业科研,积累了大量的经验。那个年代的人都深受饥饿的折磨。袁隆平内心的壮志被激发起来了,他发誓,一定要研究出一种高产的水稻!当时,科学家都认定水稻杂交没有优势,可是倔强的袁隆平不认输,他相信自己的判断没有错,无数次实验、无数次失败,都没有使他气馁。天才都是百分之一的灵感和百分之九十九的汗水,有一天,袁隆平像往常一样走在实验田里,突然发现一株特殊的稻穗,袁隆平在惊喜之下,继续潜心研究,终于,在 1973 年,袁隆平在全国水稻科研会议上正式宣告中国灿型杂交水稻“三系”配套成功!

一、我国大学生人格特点

国内学者用修订过的“加利福尼亚心理调查表”对北京大学、清华大学、北京师范大学等几所高校的1100名大学生进行了调查，结果表明：(1)大学生最突出的人格特征包括谦让、克己、忍耐、谨慎、负责等。(2)在处理人际关系时，大学生通常会优先考虑社会利益和他人诉求，在社会交往过程中倾向于积极进取，在支配他人与行为冲动方面表现并不明显。(3)大学生具有稳健、从众的人格特点，具有良好的社会化程度。(4)不同学科的大学生的人格特征有差异，表现如下：①文科大学生中男、女生的人格特征为综合型，无论在支配、冲动、自信、外向等方面，还是在谦让、克己、忍耐、谨慎等方面均兼而有之。不过，相对而言，男生表现前者较多，女生在独立性、敏锐等方面较弱。②大学生中，理科男生与文科男生相似，但女生在谦让、克己、忍耐、谨慎、内向等方面较突出；男生、女生在独立性、聪慧、敏锐等人格特征方面无显著差异。③工科大学生中男生在支配、冲动、自信、外向等方面占优势，但在独立性、聪慧、敏锐等方面与女生无明显性别差异。④农科大学生中男生的人格特征在中庸、从众等方面较突出，在支配、冲动、自信、外向等方面比女生强；女生则在谦让、克己等方面较突出，而在聪慧、敏锐方面弱于男生。⑤医科大学生中男生、女生的人格特征基本一致，他们在支配、冲动、自信、外向等方面相对较弱。

拓展阅读

九型人格

九型人格(Enneagram)是美国亚力山大·汤马斯医生和史黛拉·翟斯医生在研究婴儿气质类型时发现的，他们揭示了婴儿的9种气质特征，包括活跃程度、规律性、主动性、适应性、感兴趣的范围、反应的强度、心境的素质、分心程度、专注力范围/持久性。后来的学者不断发展该理论，把人格分成9种类型，分别为完美型、助人型、成就型、感觉型、思考型、忠诚型、活跃型、领袖型、和平型。

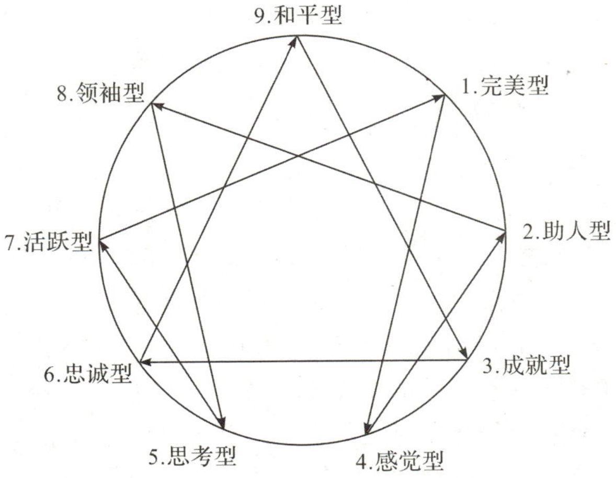

二、大学生存在的主要人格问题

大学生的良好人格是指个体能顺利适应社会发展变化的一种健全的心理状态和心理特征，表现在具有较强的责任心、自尊自信、有远大的理想抱负、独立创新、诚实正直、合群协作、有自我认识和自我调节的能力等方面；相反，不良人格是个性发展的不良倾向，也称人格缺陷。大学生在成长与发展中，由于家庭、学校、社会等多因素的影响，会出现一些不健全的人格，常见的不良人格有孤僻、依赖、怯懦、反社会倾向、敌意、逆反、浮躁等。这里重点介绍大学生的孤僻、依赖、怯懦和反社会倾向四种不良人格。

(一)孤僻

孤僻是一种对待他人畏缩、回避的态度与行为方式,主要表现为不愿与他人接触,办事喜欢独来独往;没有朋友,或者只有个别的朋友;上课不发言,不喜欢参加集体活动;疑心重,有较多的过敏反应;有时可能会有一些与众不同的怪癖表现。孤僻的大学生内心其实很脆弱,很怕被别人"恶语"中伤,于是把自己封闭、禁锢起来,不与人交往。

孤僻的产生原因是多方面的。一是与幼年的创伤经验有关,如父母离婚、母爱缺失或家教粗暴,使孩子享受不到家庭的温暖,得不到亲人的关爱和照顾,缺乏与双亲的交往沟通经验,自幼体验了较多的孤独与焦虑。二是在人际交往中遭到多次挫折,例如受到欺凌、排斥、贬低等,于是变得怯懦、退缩,不愿与人交往,逐渐形成孤僻的不良人格。

大学生可以考虑采用以下方法,克服孤僻的行为方式。

一是争取更多的社会支持。学校与家庭配合,改善孤僻大学生与周围人的关系,特别是与亲人、同学之间的关系,满足他们爱与归属的需要,让他们感到家庭和班集体的温暖,心理上有安全感,消除戒备心理,能够接受别人并与之交往。

二是适时、适度扩大交往范围。当孤僻大学生能够接受别人与他交往时,要给予强化鼓励,并帮助他们主动与别人交往。从和一个同学交往,到和多个同学交往,逐渐扩大交往范围,让他们走出封闭的自我。对于严重孤僻不与人交往的学生,可以先让他们同比自己年龄小或低年级的学生交往,以显示他们的交往能力,提高他们的自信心。

三是鼓励参加符合兴趣爱好的集体活动。鼓励孤僻大学生选择自己喜欢的社团活动,或其他集体活动,从参与做起,逐渐融入集体之中,不断积累成功的人际交往经验,展现自身的人格魅力,使自己变得开朗、活泼。

(二)依赖

有这样一则民间故事:一对夫妇晚年得子,十分高兴,把儿子视为掌上明珠,捧在手上怕飞,含在口里怕化。儿子长大以后什么事都不会干,连基本的生活也不能自理。一天,夫妇俩要出远门,怕儿子饿了,于是想了一个办法,烙了一张大饼,套在儿子的颈上,告诉他想吃时就咬一口。但等他们回到家里,儿子还是饿死了。原来他只知道吃颈前面的饼,不知道把后面的饼转过来吃。虽然故事情节有些夸张,但寓意深刻警人,很明显,这个孩子具有依赖的不良人格特征。

依赖是以依附性为特征的不良人格。依赖的大学生主要表现为娇气十足,生活自理能力差;对个人能力缺乏信心,很难独立制订自己的行动计划,更难以独立完成任务;在没有得到他人大量建议和支持之前,对日常事务不能作出决策,总是让别人为自己作出决定;为讨好他人而过度容忍,甚至放弃原则和自尊,做自己不想做的事;害怕孤独,独处时有不安和无助感;很容易因遭到批评或未得到赞许而受到伤害。依赖是一种消极的心理状态,影响个人独立人格的完善,制约人的自主性和创造力。

依赖这种不良人格的产生大多与优越的家庭环境、父母的过度保护和照顾有关。大学生可以考虑采用以下方法,尽力克服依赖的行为倾向。

一是学会生活自理。从日常生活着手,自己管理生活的各项事务,为班集体做些力所能及的事,提高生活自理能力,克服"饭来张口、衣来伸手"的娇气。

二是独立实践，增强自信心。有依赖心理的人缺乏自信，不相信自己的能力。要有意识地独立实践，如自己决定参与哪些有益的业余活动，自己安排和制订学习计划等。从每一件小事做起，在每件小事的成功中逐渐培养和增强自信心。

三是树立奋发自强精神。常言道，温室中长不出参天大树。当今社会是开放竞争的社会，每个人都要在激烈的竞争中求生存、谋发展。因此，要自觉地在艰苦的环境中磨炼自己，在激烈的竞争中摔打自己，勇敢地面对困难和挫折。

四是培养独立的人格。每个人都需要别人的帮助，但是接受别人的帮助也必须发挥自己的主观能动性。很难设想，一个把自己的命运寄托在他人身上，时时事事都靠别人指点才能过日子的人，会有什么大的作为。德国诗人歌德曾说过：“谁若不能主宰自己，谁就永远是一个奴隶。”郑板桥临终给儿子的遗嘱是：“淌自己的汗，吃自己的饭，自己的事自己干。靠天，靠地，靠祖宗，不算是好汉。”

（三）怯懦

怯懦是以胆怯和懦弱为特征的不良人格。怯懦的学生表现为胆小怕事，遇事退缩，进取精神不足，人际关系也较冷漠。具有这类人格的大学生一般不大敢于参加集体活动，很少在集体活动中有突出的个人表现。他们表现得很内向，意志脆弱，不能经受挫折。这样的学生表面上遵守纪律、循规蹈矩，实际上不能面对新问题，不愿接受任务，更不敢通过努力达到目标。

怯懦这种不良人格的产生主要与家庭的教养方式有关。有些家长信奉“棍棒下面出孝子”的传统教育方法，对子女的过失经常采取简单粗暴的教育方法，使得孩子的心灵受到严重伤害，他们一见到成人的严厉面孔就会胆战心惊或手足无措，一旦犯了错误或遇到强烈的精神刺激，就会表现出情绪低落、畏缩，严重的还可能会有癔症型表现。

（四）反社会倾向

反社会倾向的主要特征是在心理上缺乏道德价值观念，在行为上不符合社会规范。具有反社会倾向的大学生一般表现为：以个人为中心，不关心集体；不负责任，不守纪律；对人不诚实，感情淡漠；对自己的错误不感到羞耻，也无悔改之心，对他人的劝告帮助无动于衷。具有反社会倾向的学生一般都有品德不良的行为表现，如说谎、逃学、恶作剧、破坏公物、偷窃、打架等。

大学生的反社会倾向一般与家庭和社会的不良影响有关。有些家长本身具有反社会倾向，道德败坏、作风腐败，有偷窃、侵占公物和打架斗殴等恶习，这些行为对子女产生潜移默化的影响；有些家长本身没有反社会倾向，但他们对子女缺乏爱心，不负责任，或者管教过严、粗暴，使学生无法获得良好的道德体验，从而产生反社会倾向。大学生的反社会倾向也同在校内外结交了不良的伙伴有关。有的教师对差生和违纪学生采取不正确的教育方法，动辄嘲讽，随意处罚，从而加深了这些大学生与社会环境和教师的对立情绪，实际上起到了强化其反社会倾向的负面作用。

家庭、学校要重视大学生的反社会倾向。教育者要通过言传身教，树立良好的榜样，合理奖惩，培养他们良好的道德品质与行为习惯；家长不可娇纵放任孩子，也不能随意打骂，应该坚持原则而又不失关心体贴，给予耐心、细致的教育与指导，从细微小事逐步培养大学生良好的心理素质与行为模式，纠正不良行为。

小贴士

人格是在何时定型的?

一个人的人格是在什么年龄定型的?从理论上讲,人格在任何年龄都可能发生戏剧性的变化,但是这种情况并不常见。有研究表明,人在20岁时人格的“模子”开始定型,到了30岁时便十分稳定。在30岁之后,一般不会再出现大的人格改变。有些人发生了人格改变,那大多是某种重大灾难或悲剧等特殊生活事件造成的。

一般而言,人过30岁以后,不论你迁居到一个新城市,还是改变了职业和新的朋友,你的那些基本人格特点都不会改变,你在30岁时是什么样的人,到了60岁仍会是什么样的人。

三、大学生人格障碍的主要类型

1. 偏执型人格障碍

偏执型人格障碍的主要特点是:对自己过分关心,且无端夸大自己的重要性。把由于自己的错误或不慎产生的后果归咎于他人,但从来不信任别人的动机和意愿,认为别人存心不良。有这种性格的人在家不能与家人和睦相处,在外不能与朋友、同事友好相处,别人只能对他敬而远之。

2. 分裂型人格障碍

分裂型人格障碍的主要特点是:行为怪癖而偏执,为人孤独而隐退;对人、对事缺乏起码的温和与柔情;有明显的社会化障碍,几乎没有朋友、没有社会往来,别人对他的批评或鼓励毫无感觉;有强烈的我向性思维,但一般还能认知现实;经常做白日梦、幻想,但一般与实际不脱节。他们在表达攻击和仇恨上显得无力;在面对紧张和遇到灾难时,又是超然的、满不在乎的。

3. 自恋型人格障碍

自恋型人格障碍的主要特点是:过分的自我关心、自我中心和自夸自尊。常幻想自己了不起、有才学、有美貌。期待别人的欣赏,总希望有人特别对待自己,不能接受别人的建议和批评。以极端的眼光看人,不是说得很好,就是一无是处。很难理解别人的苦处和难处。

4. 反社会型人格障碍

反社会型人格障碍又称精神病态和社会病态,主要特征是时常做出不符合社会要求的行为。例如,妨碍公众,不负责任;经常违法乱纪,行动冲动,缺乏羞耻心和自罪感;犯错误后,没有后悔之感觉,也不能从中吸取经验教训,常把一些责任归罪他人。

5. 回避型人格障碍

回避型人格障碍的主要特点是:心理自卑,行为退缩。面对挑战采取逃避态度或无力应付。想与人来往,又怕被人拒绝、嫌弃;想得到别人的关心与体贴,又害羞不敢亲近。与分裂型人格障碍不同,他们并不安于或欣赏自己的孤独,不与人来往并非出于自己的心愿,他们被迫使用各种心理防御机制。

6. 强迫型人格障碍

强迫型人格障碍的主要特征是:有着强烈的自制心和自我束缚,他们过分注意自己的行为是否正确，举止是否适当；他们对任何事情都谨小慎微，顾虑重重，怕犯错误。他们还要求别人根据他的思想方式和习惯行事，妨碍他人的自由。

第三节　塑造光明之翼——发展积极人格

案例导入

雅利安公司是一家外资企业，因为业务需要准备招聘4名中国高级职员，他们将担任业务部和发展部的主任助理，待遇自不必言。小李凭着良好的资历和优秀的考试成绩，成为十名复试者之一。听说是由全球闻名的大企业家贝克先生进行复试，小李做足了准备。一进会客厅，坐在正中沙发上的老外就激动地站了起来，流利地喊出小李的名字，说感谢他救了他女儿的命，并向其他人介绍事情经过，有模有样的。小李没有因此感到庆幸，而是诚实地一口否决，并因而成功地通过复试。原来这是一个陷阱，许多人为此失去了工作的机会。

——摘自王琳.保持平常心：幸福来自完美心态[M].北京：新世界出版社，2005.

你认为是什么让小李击败了其他应聘者成功通过复试呢？

一、自尊及其培养

（一）自尊的基本含义

自尊（self-esteem）属于自我调控系统的情感成分，是个体对一般自我或特定自我积极或消极的评价，是人对自我行为的价值与能力被他人与社会承认或认可的一种主观需要，又是人对自己尊严和价值的追求。自尊心若能得到满足，个体就会觉得自己是有价值的，否则就会使人产生自卑感、软弱感、无能感。因此，自尊是一个自我价值判断过程，该过程既包含个体的个人价值，也包含个体的社会价值，两者是统一的，不可分割的。如果过于强调个人价值或过于强调社会价值，都会导致低水平自尊或扭曲的自尊。

对大学生来说，自尊是个人成长过程中最好的礼物之一，它有利于大学生保持积极向上的动力、争取更高水平的目标，体验幸福生活。就自尊的来源而言，自尊来自社会客观而又明确的表扬、肯定，来自实践过程中的辛勤付出，来自个体对他人、对社会的贡献。因此，大学生要在追求个人价值的基础上，积极探索自身的社会价值。

（二）自尊的三个发展阶段

在个体的成长过程中，每个人的自尊都会经历三个发展阶段，即依赖性自尊、独立性自尊和无条件自尊。

1.依赖性自尊

依赖性自尊是指依赖他人的肯定和表扬而产生的自尊。在《白雪公主》的故事中，新王后总是问墙上的魔镜：谁是世界上最漂亮的人？如果魔镜说是王后，她就会心花怒放。一旦有人比王后漂亮，她就会恼羞成怒。这个故事说明依赖性自尊由两部分组成：第一是“依赖性”,王后要依靠镜子的回答来衡量自己的美貌,不是自己认为的,所以自我价值观来源于外部环境;第二是“比较性”,王后喜欢比较他人和自己的美貌,“世界上还有比我更漂亮的人么?”

依赖性自尊的人渴望别人的表扬。比如,做演讲的时候如果听众反应积极,我们就会很高兴;如果听众没有反应,我们便讲得索然无味。再比如,有的大学生很在意老师和同学对自己各方面表现的评价。如果老师和同学都表扬他、赞赏他,他会很高兴;如果有人对他的成绩表示怀疑或者不屑一顾,他就会很难受,觉得自己受了莫大的委屈。

依赖性自尊让人把生活的动力归结于别人的看法。比如,就业时,会倾向于高名望、高地位的工作;选择伴侣时,主要考虑家人是否接受、是否喜欢。

依赖性自尊使人的自我价值判断建立在与他人的比较上。比如,如果考试成绩比别人高,感觉很好,反之则很糟糕。“我全身心地投入专业课的学习中,但还是有同学比我成绩好,我会感觉到压抑和羞愧。”这些都是依赖性自尊的典型想法。

2. 独立性自尊

独立性自尊即不依赖他人看法,自我产生的自尊。拥有独立性自尊的人对自己的判断依据自我的标准。比如,“我很清楚自己的学习是否努力、工作是否用心”,尽管别人对此有很多的看法,但最终内心的尺子是由自己来衡量的。这样的人在思考自己的能力大小时,不会和他人比较,而是和过去的自己比较:“我进步了吗? 我是不是比过去的自己更接近成功?”在这里,别人的进步是多是少,别人的成绩好不好,都不会影响到他对自己的评价。

相对于那些总是喜欢得到他人的肯定、害怕批评、有完美主义倾向的依赖性自尊的人而言,那些独立性自尊水平较高的人,乐于接受批评,乐于结交那些挑战自己、帮助自己找寻真理的“对手”。

独立性自尊水平较高的人的生活动力主要来源于寻找“我对什么感兴趣? 我关心什么? 我到底想怎样生活?”这类问题的答案。相比较而言,依赖性自尊较强的人会说:“我们追求高尚的真理,是因为我们希望自己是正确的,希望能保护自己不受批评,不得到消极判断,避免依靠他人的看法形成的较弱自尊。”与此相反,独立性自尊较强的人,是真理的学徒,一直寻找“对手”,不畏惧批评与消极判断。

3. 无条件自尊

无条件自尊使个体处于很稳定的状态,既不依靠他人的看法,也不来源于自我的评判,根本不需要对自尊进行评价。无条件自尊水平较高的人在评价自己的能力时,既不需要和别人比较,也不需要和自己比较,它是一种自然存在的和谐状态。

例如,写一本书,依赖性自尊较强的人,会和其他书籍进行比较,写作的动力来自读者的赞扬和肯定,如果有人写的书比自己好很多,就会体验到挫败感;独立性自尊较强的人,满足感来自自己写作水平的进步,由自己来决定作品的好坏,如果自己觉得作品不够理想,他们会殚精竭虑,重新撰写;而无条件自尊较强的人,写书的目的很简单,就是当有好的想法时,希望能用书呈现出来,如果发现其他同样优秀的书,也会感到很满意,因为自己和他人融为一体了,不会把自己和别人放在对立面上。

我们可以把无条件自尊和看电影进行类比。看电影的时候,我们会和电影角色感同身受,看到他们生离死别,我们也感觉压抑;如果他们花好月圆,我们也感觉高兴,我们会不由自主地成为他们的一分子。为什么？因为我们的自尊没有受到威胁，不管是他们取得的成就还是英俊的外表，都只是虚幻的电影世界。

依赖性自尊、独立性自尊和无条件自尊是自尊发展的三个阶段。依赖性自尊是最初的阶段；独立性自尊属于第二个阶段，我们可以比较客观地认识自己；而无条件自尊有点近乎“圣人”，也是自尊的最高境界。

（三）自尊的培养策略

依靠他人评价获得自尊，还是把自己的事做好来获得自尊？高成就一定能造就高自尊吗？自尊和成功、社会地位、金钱的关系是怎样的？请同学们先阅读下面的故事，结合故事中主人公的经历，讨论在大学生活中如何认识自身价值。

案例分析与讨论

有一名以优异成绩考入××大学的年轻人，经过不懈的努力终于如愿以偿来到美国麻省理工学院攻读硕士与博士学位。当时，在他心中，“成功”的人生像是一条有轨迹可循的直线，以漂亮的成绩从美国麻省理工学院毕业，等于拿到“成功”的第一块敲门砖。

他告诉自己：“我到美国是来读书的，不是来玩的，好好拼功课吧！”这个台湾学子，从小喜欢理科，爱运动、爱读书，但对于美国的流行文化及同学们多姿多彩的社交生活，显得格格不入，甚至手足无措。于是他一心向学，果然，攻读硕士学位的两年与攻读博士学位的第一年，每门课程都拿到了漂亮的A！

成绩全A的他，终于碰到“大铁板”了。有一门陌生却又必修的重要课程，他上了几个月后，意识到成绩不会太理想，虽然及格绝对没问题，但A恐怕拿不到了。这个“好学生”干脆壮士断腕，在期末考前，毅然退选这门课，以避免成绩单上出现B的“恐怖”情况。

沮丧的他，有点难为情地去见了指导教授，甚至，是带着歉意去的。然而，指导教授却十分开心地恭喜他——恭喜他没拿到A！教授语重心长地说：“我真是太替你开心了！你从今日起，再也不必为拿A、拿高分而念书，你总算可以大胆去做更重要、更有价值的事情了！”

那，什么才是更重要、更有价值的事情呢？教授笑着回答：去犯错与创新吧！借着课本教你的基础，去有计划地犯错，尝试创新，这才是有价值的！

1. 自信心训练

建议大学生选择性观察自我，不过度关注缺点、缺陷和失败，适度肯定自己的成绩、优点和成功；客观、积极地探究过去的成功与失败的原因；深入观察专业领域与社会领域的细微变化，深入思考导致这些变化的原因及其逻辑关系，并落实于专业学习。

每天问自己这些问题：今天有哪些进步？今天什么事做得成功？今天什么事虽然失败了，但我知道了下次如何做得更好？

2. 意象策略

不断完善对自我的描述，尤其要关注积极的、正面的特点，并不断加以自我激励与暗示，描绘出自己成功时的情景：根据看到的图画、体验到的感情和听到的语言，展开想象。

自我意象是可以变更的,完全可以不断修正。

3. 自我对话练习

自我对话:“我愿意成为我自己,我不愿意当任何别人。”这是成功者经常会发出的积极自我暗示,是培养自我尊重感的重要方法。自我尊重中很重要的一个方面就是接受自己。尝试用下面的句式:我的……很美;我的……很优秀;虽然我……,但是我……;例如:虽然我长得不高,但是我的脑子很灵光。

4. 积极保护自己的自尊心

面对压力情景时,如何保持对自己的积极正面的评价,对于维护自尊至关重要。例如,某位大学生被老师批评后,他认为只是针对自己的某一方面进行批评,我其他方面都是很好的!某位大学生参加体育竞赛失败后,他认为比赛时心态不是很好、队友间的配合不是很好,或者某个动作没有做好,经过总结,既找到了下一步努力的方向,又肯定了过去训练的效果,为将来取得更好的成绩奠定了良好的基础。

【讨论和思考】

与同学吵架了,又受到同学的侮辱,怎么办呢?请同学们先来阅读下面的故事,然后讨论如何积极保护自己的自尊。

1726 年,谢济世任监察御史。上任不到三年,弹劾河南巡抚田主国贪虐不法,却被免去官职。与谢济世一同被流放的还有两人,三人经过长途跋涉,终于到达海振武营。三人商量着怎样拜见将军,这里的人告诉他,戍卒见将军,要一跪三叩首。另两人听后神色凄然,身为读书之人,竟要向一介武夫下跪。而谢济世却不以为然,劝慰他们两人,这是戍卒见将军,又不是我们见将军。没想到,将军对读书人很是敬重,不仅免他们行大礼,还尊称他们为先生。从将军那里出来的时候,那两人很是高兴,面露得意之色,谢济世一脸平静地说:“这是将军对待被罢免的官员,不是对待我们,没什么可高兴的。”在一般人看来,适逢屈辱是非常痛苦,甚至难以忍受的事情,而享受尊敬则是令人得意、欣喜的。这是人之常情,本无可厚非,但谢济世在做人的境界上显然更胜一筹,那就是,无论置身于怎样的处境,他总能忘却自己的荣辱得失,置身事外,这样就免除了各种烦恼和困惑。

课堂团体辅导活动

自我意识的调适

活动目的:通过个体的自我反省,帮助整合、调适自我。

首先向每位同学发放 3 张纸,在第一张纸上描写“理想的我”,时间约为 3 分钟,然后将已写好的第一张纸搁置一旁,暂时不准再看,接着在第二张纸上描写“别人眼中的我”,最后在第三张纸上描写“真正的我”。每写完一张都放在一边,暂时不看。

完成后,将 3 张纸放在桌上,对 3 张纸上的 3 个“我”作出检核,主要是看 3 个“我”是否协调和谐,若否,则差异何在,并尝试找出原因所在。请你留意另外一个重点,即“理想的我”和“真正的我”是否协调一致。透过此重点,提示学生发现两者之间的差异甚至有矛盾之处,会发觉一些对自己人生的深层感受和渴求。

教师提示学生：一个心理健康的人，3个“我”是协调和谐的。为了达到更积极的效果，你应当努力探索，看看如何可以使3个“我”更加协调一致，当3个“我”不协调时，我们就该问自己：别人为何不了解我？我是否不能表里一致？不过，我们不必期望自己的3个“我”百分之百协调一致，因为那是不切实际的期望，只会导致负面的影响。

进行上述思考后，请填写以下汇总表。

“我”	开始时	调整后
理想的我		
别人眼中的我		
真正的我		

团体分享：请最有感受的成员在团体内交流分享自己的体会。

二、自信及其培养

(一)自信的基本含义

自信是指个体对自己在特定的情境里能够激发动机、调动认知资源以及采取必要的行动来成功完成某一项特定工作的信念。

自信具体由以下四个方面组成：自信是对自身能力的认可；自信是对预定目标的积极期望；自信是对决策的确认；自信是行动方案的积极评价与调整。

坚定信念的人才能走向成功。信念对一个人来说是至关重要的，信念越坚定，成功就离你越近。人生之于信念如同航船之于舵手。航船没有舵手，就会在大海中迷失方向，就会在暗礁险滩中丧生，就会被惊涛骇浪所吞没。人生没有信念，就会在前进中迷失自我，生活就将变得黯淡无光，生命也就变得没有意义。

(二)自信的培养策略

1. 自信是努力的方向——石头城堡

一位名叫希瓦勒的乡村邮递员，每天徒步奔走在各个村庄之间。有一天，他在崎岖的山路上被一块石头绊倒了，他发现，绊倒他的那块石头样子十分奇特，他拾起那块石头左看右看有些爱不释手了，于是，他把那块石头放进自己的邮包里。村子里的人们看到他的邮包里除信件之外，还有一块沉重的石头，都感到很奇怪，便好意地劝他：“把它扔了吧，你还要走那么多路，这可是一个不小的负担。”他取出那块石头，炫耀地说：“你们看，有谁见过这么美丽的石头？”人们都笑了：“这样的石头山上到处都是，够你捡一辈子。”

回到家里，他突然产生了一个念头，如果用这些美丽的石头建造一座城堡，那将是多么美丽啊！于是，他每天在送信的途中都会找几块好看的石头。不久，他便收集了一大堆，但离建造城堡的数量还差很远，于是他开始推着独轮车送信，只要发现中意的石头，就会装上独轮车。此后他再也没有过上一天安闲的日子，白天他是一个邮差和一个运输石头的苦力，晚上他又是一个建筑师。他按照自己天马行空的想象来构造自己的城堡。所有的人都感到不可思议，认为他的大脑出了问题。

20多年以后，在他偏僻的住处出现了许多错落有致的城堡，有清真寺式的，有印度神教式的,有基督教式的。当地人都知道有这样一个性格偏执、沉默不语的邮差,在玩一些如同小孩建筑沙堡的游戏。

1905 年,美国波士顿一家报社的记者偶然发现了这群城堡,这里的风景和城堡的建造格局令他慨叹不已,为此写了一篇介绍希瓦勒的文章。文章刊出后,希瓦勒迅速成为新闻人物。许多人都慕名前来参观,连当时最有声望的大师级人物毕加索也专程参观了他的建筑。

在城堡的石块上,希瓦勒当年刻下的一些话还清晰可见,有一句就刻在入口处的一块石头上:我想知道一块有了愿望的石头能走多远。据说,这就是当年那块绊倒过希瓦勒的第一块石头。

其实有了愿望的不是石头,而是我们内心中一股强大的信念,这个信念就是要过自己向往的生活。希望大学生能够认识到这一点:当一个人有了梦想以后,任何困难都是微不足道的。

人的一生会有各种各样的理想,我们活着就是来实现这些理想的。在这个充满机遇和风险的世界,不断给自己加油,并为之不懈努力,是获得成功的秘诀。我们要时刻具有信念,信念促使我们在困难面前永不妥协,在强势对手面前永不退缩。有了坚定的信念,我们将永葆青春。人生的道路固然布满荆棘、充满坎坷,但只要拥有坚定的信念,就会看到希望,看到曙光。

2. 自信是未来的希望——我的未来

1955 年,18 岁的金蒙特已是全美国最年轻、最受大众喜爱的知名滑雪选手了。她的名字出现在大街小巷,照片也上了各大杂志的封面。美国人民都看好金蒙特,认为她一定能为美国夺得奥运会的滑雪金牌。

然而,一场悲剧却使金蒙特的愿望成了泡影。在奥运会预选赛最后一轮的比赛中,因为雪道特别滑,金蒙特一不小心就从雪道上摔了下去。当她从医院中醒来时,发现自己虽然保住了性命,但是,肩膀以下的身体却永远失去了知觉。

金蒙特十分努力地想让自己从瘫痪的痛苦中摆脱出来,因为她知道,人活在世界上只有两种选择:奋发向上,或是从此意志消沉。最后,金蒙特选择了奋发向上,因为她对自己的能力仍然坚信不疑。有好几年的时间,她的病情处于时好时坏的状况,但她从来没有放弃追求有意义的生活。

经过努力,金蒙特学会了写字、打字、操纵轮椅和自己进食,同时她也找到了人生的新目标:成为一名教师。因为她行动不便,所以当她向教育学院提出教书的申请时,系主任、校长和医生们都认为,以金蒙特的身体情况,实在不适合当教师。可是,金蒙特想要当教师的信念十分坚定,她并没有因为遭到歧视和反对就宣告放弃。

金蒙特持续接受康复治疗,同时努力读书,终于在 1963 年收到华盛顿大学教育学院的聘请,达成了她想当教师的愿望。

当我们面临一场灾难或厄运的时候,要始终坚持一种信念,因为信念在任何时候都是一种支撑生命的力量。信念就像太阳,当我们向它行进的时候,所有的阴影都抛到了身后。

坚定的信念不是从来就有的。信念总是徘徊于坚持与动摇之中，总是彷徨于前进与退缩之中。信念的失去固然有外在的压力，固然有种种的无力与无奈，但主要还在于自己。外因永远靠内因起作用，信念的重塑需要外在的推动力，但最终还要靠自己去完成。

人生如歌，信念如调。没有调的歌永远不能成为真正的歌，没有信念的人生永远都是没有意义的人生。人生需要信念，有了信念，你才可以去开云破雾，见到光明，见到希望；有了信念，你才可以去乘风破浪，驶向成功的彼岸。无数事实告诉我们，所有成功的人，最初都是从一个小小的想法开始的，信念就是所有奇迹的萌发点。

3. 自信是探索自我的信念——铅笔的用途

有一所小学的毕业生在当地警察局的犯罪记录是最低的，后来一位研究者通过对该校毕业生的问卷调查，得到了一个奇怪的答案，因为该校的学生都知道铅笔有多少种用途。

在这所学校，新生入学后上的第一堂课就是：一支铅笔有多少种用途。在课堂上，孩子们明白了铅笔不仅有写字这种最普通的用途，必要时还能用来做尺子画线；作为礼品送人表示友爱；当作商品出售获得利润；笔芯磨成粉后可做润滑粉；演出时也可临时用于化妆；削下的木屑可以做成装饰画；一支铅笔按相等的比例锯成若干份，可以做成一副象棋，可以当作玩具车的轮子；在野外探险时，铅笔抽掉笔芯还能被当成吸管，用来吸石缝中的泉水；在遇到坏人时，削尖的铅笔还能当作自卫的武器。

通过这一课，学生们懂得了：拥有眼睛、鼻子、耳朵、大脑和手脚的人更是有无数种用途，并且任何一种用途都足以使一个人生存下去。这种教育的结果是，从这所学校毕业的学生，无论他们的处境如何，都生活得非常快乐，因为他们永远对未来充满希望。

一支小小的铅笔有无数种用途，它可以用来画线、做礼品、做润滑粉，甚至还可以用来自卫。因此，无论处境如何，我们都应该保持积极乐观的心态，在绝望中追逐希望的光芒。

【讨论和思考】

是否自己也如这支铅笔，也有很多才能是自己从没有发现的？

4. 自信是突破的出发点——百米跑的10秒大限

1968年，在墨西哥奥运会的百米赛道上，美国选手海因斯撞线后，指示灯立刻显示出9.95秒的字样，全场轰动，海因斯摊开双手自言自语地说了一句话，这一情景通过电视向全世界转播，可是由于当时他身边没有话筒，谁也不知道他到底说了句什么。

1984年，洛杉矶奥运会前夕，一个叫戴维帕尔的记者在看墨西哥奥运会的资料片时，再次看到海因斯百米冲刺的镜头，他想，这是人类第一次在百米赛道上突破10秒大关，海因斯在看到破纪录的瞬间，一定说了一句不同凡响的话。这一新闻点，竟被上千名记者给漏掉了，实在是一大遗憾，于是他决定去采访海因斯，问他说了句什么话。

当记者提起16年前的事时，海因斯想了想，说："我说'上帝啊，那扇门原来虚掩着！'"谜底揭开后，海因斯又继续说："欧文斯1936年创下10.3秒的百米赛纪录后，医学界的权威专家发言，人类的肌肉纤维所承载的运动极限不会超过每秒10米，我当时相信这一说法，但我想，即使无法突破10秒，我也应该跑出10.01秒的成绩。于是，我每天都以自己最快的速度跑50公里。当墨西哥奥运会上看到自己9.95秒的成绩后，我惊呆了，原来10秒的这个门不是紧锁着的，它是虚掩的。"

【讨论和思考】

面对世俗划定的界限,创新者总能在自信的基础上,找到突破口。奥林匹克运动的宗旨——更快、更高、更强、更团结——正是引导运动员相信自我、实现自我、超越自我。你的眼前有没有枷锁?是否看不见,且从未想过去破除或逾越?

自我辅导小技术——试试看

1. 走出功利得失的怪圈,“不以物喜,不以己悲”,“宠辱不惊”,不要以一时的得失成败作为衡量自身能力的主要依据。

2. 恰当地与他人比较。人们常说:人比人气死人。比是要比的,但怎么比:不看高、不看低、不看歪、不看绝,每个人的人生都是起伏的,千万不要将自己的低谷和别人的高峰去比,反之亦然。

3. 练就随喜心态。随喜是指当他人依靠真才实学取得好成绩时,发自内心地赞扬他。这种心态是需要历练的。

4. 在决定做一件事情之前,清楚地知道这件事可能产生的各种后果,在执行过程中,知道采取何种手段促进积极后果的发生、减少消极后果的发生可能性。

5. 自卑虽然是自信的反面,但并非完全消极,适度的自卑在积极的主观能动性的作用下,会促进个体奋发图强、拼搏不已。但是,需要注意的是,不能让自卑泛滥:不能使其脱离坚强意志的控制,不能让自卑束缚住手脚,不能让自卑与自甘堕落共舞。

6. 协调现实自我与理想自我的矛盾、客体自我和镜像自我的矛盾,这四个自我的协调是提升自信的重中之重。

课堂团体辅导活动

自我肯定练习——朗读自我暗示练习

活动目的:通过朗读和想象进行自我暗示,练习主动去接受别人,培养对人的亲近感和人际交往的同情心。

在团队成员面前大声朗读,先齐读,然后当众朗读。

我热爱自己,也热爱他人,我愿意与他人交往。与他人交往,我感到自己越来越成熟,越来越自信,越来越快乐了。我奉献给别人友情,别人也报之以友情。我学会了宽容他人。我知道没有人能够十全十美,所有的人都需要加以改善。我勇敢地走向大庭广众。在人多的地方,我也能自如地表达自己,自如地推销自己。我很善于和别人交流思想,沟通感情。我诚实地对待他人。我信赖别人,犹如别人信赖我。每天我都对人怀着亲切的感觉。我善于倾听别人的谈话,我关心周围人的成长。我对他人良好的表现,给予真诚的赞美。当另外人有缺点、错误时,我会通情达理地谅解,并给予别人善意的指正。在指出别人的缺点、错误时,我会采用恰当的方式、方法。我不会伤害他人的自尊心,就像他人注意保护我的自尊心一样。当我做错事的时候,我愿意承认自己的错误并向他人道歉。我为人处世恪守信用。我办事踏实,得到了大家的信任。

展开想象。教师要求学生闭上眼睛,放松坐好,读下列指导语,引导想象:想象自己在日常生活中的一些交往场面。暗示自己：我发现，当我进行过自我肯定之后，完全改变了往日社交拘谨的形象。我自如地走向这个场合，在他人面前自如地表现自己。我看到了别人对我的变化给予的认可和赞赏。我开始回报他人，给予更热烈的赞美、好评、感谢和祝福。我逐渐发现，无论在何种场合，自己的人缘越来越好，越来越受大家的欢迎了。在这融洽、和睦、温暖的人际环境中，我感受到了人生的充实和幸福。

要求团队成员围绕该主题自由想象。

分组交流体会，然后派代表在团队内交流。

三、坚韧及其培养

（一）坚韧的基本含义

案例分析与讨论

某职业学院有一名这样的女教师，她用自己的坚强故事感染了无数学生。31 岁的刘仕春在 14 年前因为一次意外事故失去双臂。厄运让她曾经一度失去生活的信心，但生性倔强的刘仕春不甘于现状，从辍学打工到复读重圆大学梦；从被动接受别人的援助到帮助他人走出困境；从一个农家女孩成为一名大学教师。

同学们想一想：是什么让独臂女孩走上了大学讲台？

大学生面临着多种压力，如生活困境、学业压力、家长要求、同伴冲突、老师批评等。然而，不同的学生在面对同样的压力情景时表现很不一样：有的能很快地使自己的身心恢复正常状态，继续取得良好的学业成就，并能继续维持良好的社会关系；有的不仅无法完成学业任务，而且长时间地陷于焦虑、抑郁等消极情绪之中。这些行为方式可以概括为人格的坚韧品质。坚韧是影响大学生心理健康的积极心理因素，也是大学生心理健康教育的重要内容。

坚韧是指个体不受压力与逆境的负面影响，并能在压力与逆境之中奋斗不息而获得发展的现象，是个体的知、情、意、行不易受外界环境压力的影响，不易发生改变，或容易恢复到良好适应状态的人格心理特征，展现了个体从挑战性事件中恢复过来的意志力。

拓展阅读

记忆小窍门

1. 坚韧是生命的支柱——69 天的坚持

2010 年 8 月 5 日智利发生矿难，33 名工人受困地下 622 米深处；同年 10 月 13 日工人开始升井。69 天时间里，地面救援人员通过各种手段，实现了输入水、食物，继而实现了通话、通视频，最后受困人员全部生还。这是真正的人类奇迹。

2. 坚韧是人生朴素的信念——44 年的坚持

她没有上过大学，也不知道什么是“院士”。她一生只学会写 5 个字，却被香港大学授予“荣誉院士”。她没做什么惊天动地的伟业，只是 44 年如一日地为学生做饭、扫地。在颁奖台上，这位 82 岁的普通老太太被称作“以自己的生命影响大学堂仔的生命”,她就是“香港大学之宝”——袁苏妹,人称三嫂。

3. 坚韧是实践价值动力源泉——一生的坚持

为了从成吨的工业废渣中提炼出镭,居里夫人要将废渣一锅一锅地煮沸,一刻不停地搅拌,一瓶瓶地倒进倒出,一丁点一丁点地结晶。她每天穿着沾满灰尘和酸液污渍的工作服,站在大锅旁,烟熏火燎,眼睛流泪,喉咙刺痒……就这样,她整整奋斗了35年,这是多么繁重的劳动,需要何等坚韧不拔的毅力啊!她既是世界闻名的学者,又是名副其实的工人,还是家庭主妇和孩子的母亲!

4. 坚韧是对良心的最好安慰——一生干好一件事

法国马赛有一名叫多梅尔的警官,为了缉捕一名强奸并杀害女童埃梅的罪犯,查了十几米高的文件和档案,足迹踏遍四大洲,打了30多万次电话,行程80多万公里,他把全部心思都放在追捕上,矢志不渝,经过52年漫长的追捕,终于将罪犯捉拿归案。当他拿手铐铐住凶手时,已经是73岁高龄。他兴奋地说:“小埃梅可以瞑目了,我也可以退休了。”有记者问他这样做值吗?他回答说:“一个人一生只要干好一件事,这辈子就没有白过。”

(二)坚韧的培养策略

大学校园充满了竞争,有竞争就会有成功者,当然也一定有失败者。那么如何看待成功,如何对待失败呢?假如已经失败了很多次,还需不需要坚持下去?如何才能做得更好?这是每一位大学生必须认真思考的问题。这里向大学生朋友提供以下4方面建议,希望同学们在面对人生的兴衰荣辱时,能勇敢地重新站起来,继续向着自己的目标前行。

第一,做自己想做的事。对一批大学毕业生进行了一次关于人生目标的调查,结果如下:没有目标的人占27%;人生目标模糊的人占60%;有清晰而短期目标的人占10%;有清晰而长远目标的人占3%。事隔25年,哈佛大学再次对这批学生进行了跟踪调查,结果是:当年那3%的人在25年间始终朝着一个目标不断努力,所以他们最终几乎都成为社会各界成功人士、行业领袖和社会精英;当年那些10%的人,他们的短期目标不断实现,成为各个领域的专业人士,大多生活在社会中上层;当年那些60%的人,大多有着稳定的工作,过着安稳的生活,却没有什么特别的成绩,几乎都生活在社会的中下层;剩下27%的人,生活没有目标,并且还在抱怨他人,抱怨社会不给他们机会。可见,有目标未必能够成功,但没有目标的人一定不会成功。

第二,敢于尝试,不怕失败。对生活中应该做的所有事情,要给自己一点勇气,勇于踏入那些别人未涉足的领域。只要你能克服这个领域本身环境带来的冲击就基本上算是成功了,因为未涉足的领域没有别人设下的陷阱,也用不着担心别人乘虚而入,你可以悠哉而踏实地做事,直到你所做的事情成功。

第三,投入百分之一百的热情。黑格尔说过:“没有热情世界上没有一件伟大的事能完成。”积极心理学理论也告诉我们:通常在感兴趣的事情里,我们更能发挥自己的天赋,做这些事情既有意义又可以让我们快乐,乐此不疲。我们通常会对感兴趣的事投入更多的热情,也会更努力。没有热情,动机便会减弱;有了热情,不但动机坚定,连效率也会提高。由此可以看出,一个充满热情的人,就等于有一尊神在他的心里。同样一份工作,有热情和没有热情,效果是截然不同的。如果你的心中总是充满了热情,那么你做什么都会充满力量；反之，一个没有热情的人是不能够做到始终如一的，更不要期望他能够做出什么令人骄傲的成就来。可见，培养热情是至关重要的。

比尔·盖茨就说过这样的话："一个优秀的员工具有两大优秀品质——老人一样的经验和小孩一样的好奇心。"职场中的员工，只有始终保持一颗如幼童般的好奇心，才能在工作中充满热情并不断去探索和创新。在现代企业中，更需要你带着热情去工作，热情的员工是这支企业大军的先锋队，在任何困难面前，有了这支由充满热情的员工组成的团队，一切困难都会迎刃而解。身处职场，只要你拥有对工作的极大热情并让人看到你的工作热情，即使你不具备超人的才能，你在职场上的成功机会仍会很多。

第四，改变态度。首先，沉浸于挫折的痛苦中时，不要臆断他人没有同样的遭遇，不要总觉得别人都比自己好，不要认为只有自己失败，更不要问自己"为什么受伤的总是我"。其次，不要把失败与消极情绪联系起来。经历失败会让人产生痛苦、焦虑等消极情绪，这似乎是人之常情，但是消极情绪可以降低人应对挫折的能力，使人无法聚精会神地想办法、找出路；相反，有意识地让自己平静下来，有利于找到反败为胜的策略。大学生应该相信一点：平静、放松、愉悦等积极心境是成功的基础。再次，要恰当评价成功与失败，不要把失败看成他人对自己的污辱，更不要把一次失败看成人生的完败，当然也不能把一次成功看成人生完美的胜利。失败只是自己某个方面做得不够好，成功也只是自己某个方面做得比较好。因此，失败不代表自己人格、尊严受到诋毁，只是对过去某项活动的评价而已。换言之，任何一种竞争的结果都不能说明一个人的全部。

第五，正确归因。归因是对成功或失败原因的探寻过程。这里，应该建议大学生们尽可能地将成功归因于能力与努力等因素，而将失败归因于努力、运气等因素，只有这样才能维护对自身能力的价值判断，并激励自己从现在开始更加努力，用奋斗对抗激烈的社会竞争。与此同时，在寻找成败原因时，要尽可能地深入细微的行动层面。例如，多次英语考试成绩没有明显提升，就应该细致地分析以下原因：词汇量记忆、语法掌握、阅读速度、阅读文章数量、写作练习次数、口语交流频率等。经过这样的分析，既可以找到考试失利的原因，又可以确定今后的行动路线，既可让努力有的放矢，又可大大缓解焦虑、紧张情绪。

第六，审时度势。完成情绪调整和失败原因分析两个步骤之后，大学生应该把注意的焦点转向自己的能力、优势和成功经验。大学生有必要坚定地相信自己的能力，探寻自己还有哪些能力、特长可以支持未来的成功，与此同时，采取各种行动努力提升这些能力。更为重要的是，在大学生的能力提升计划中，不可或缺的是充分利用各种有利条件，诚心寻求各种社会支持，在师长、同伴的帮助下，实现在逆境中奋起。大家耳熟能详的历史故事，如"愚公移山""卧薪尝胆""武王伐纣"都说明借助团结的力量和个人的主观能动性是克服困难的两大法宝。

第七，树立朴素的人生信念。正如一首歌里唱到的"昨天所有的荣誉，已变成遥远的回忆，勤勤苦苦已度过半生，今夜重又走入风雨，看成败人生豪迈，只不过是从头再来"。老百姓中也常常在说："风雨过后总会见彩虹。""天黑透了，总会亮的。"当我们深处痛苦之中时，心中反复默念这几句话，总能感受到一股股力量，温暖着自己似乎被冰冻的心灵。我们应该记住老子《道德经》中的话："企者不立，跨者不行。"生活是需要耐心的，成功是一个自然的过程，伟大是由耐心堆积而成的！耐心意味着要经得起眼前的诱惑，意味着要道法自然，意味着无为而无不为。

自我辅导小技术——试试看

缓解紧张

1. 每天睡觉前,深呼吸放松情绪,吸气和呼气的同时,在心里默数次数,即“数息”。这样可以排除杂念,心平气和。每天做5分钟。

2. 按自己的兴趣,参加一项或多项文体活动,如每天练习写字1~2页、听20分钟音乐、运动半小时、跳舞、跆拳道等,丰富业余生活。

第四节 构建完整之旅——培养健全人格

案例导入

小易是一名大一女生,她一向很看重自己的成绩,并把成绩的好坏作为评价自己的标准。入学后第一学期的成绩不好,没有获得奖学金,参加学科竞赛也没能获奖。她耿耿于怀,而且跟同学交往也因此受到影响。由于自己的情绪低落、成绩下滑,觉得自己没有资本,从而不敢跟同学说话。自信心也从原来比较高的状态滑落下来,现在不管做什么都感到没有信心,非常消沉。

在生活和学习中我们会遇到许多挫折,这些挫折会让我们的自信心受到严重打击,但是我们不能因此而一蹶不振,觉得自己一无是处。同学们,你说呢?

健全人格是指大学生具有积极、健康、向上的人格精神。培养健全人格的目标就是造就全面发展的、自由的人。我们突出人格本位,把人格培养放在育人的优先地位或基础地位,既符合以人为本之理念,更体现教育的最高级功能和最理想的目标。

人格是在遗传和环境的交互作用下形成和发展的,大学生良好人格的培养需要家庭、学校和社会的共同努力。但人是有主观能动性的,外在因素都必须通过内因才能起作用。大学生在人格形成过程中,从环境中接受什么,拒绝什么,希望成为什么样的人,不希望成为什么样的人,很大程度上取决于自身的努力。大学生如何才能塑造良好的人格呢?

一、了解良好人格品质,剖析自己

人格塑造是为了达到拥有健康的人格,通常采用择优和汰劣的方法。

择优是选择良好的人格品质作为自己努力的目标,如自尊自信、富有责任感、开朗活泼、善良热情、诚实正直、勇敢坚定等是大学生该具备的良好人格特征,是大学生努力塑造自己的良好人格的方向。

汰劣是针对自己人格上的缺点、弱点进行纠正,如自我中心、孤僻、依赖、逆反、浮躁、怯懦、敌意、反社会倾向等,这些不良人格是大学生应该尽力纠正的。

大学生首先应该明确哪些人格品质是良好的,是努力要具备的。大学生还要剖析自己,全面反思自己的人格特点,看看自己具备了哪些良好的人格品质,还存在哪些不良的人格表现,只有在深入了解自己的前提下,才能有意识地去塑造自己的人格。

二、丰富知识，加强文化修养

人的知识越多，人格也就越趋于完善，学习知识、增长智慧的过程也是人格优化的过程。在现实生活中，不少人的不良人格是源于知识的贫乏，如无知容易使人粗鲁、自卑，或者盲目自大，而丰富的知识则容易使人自信、坚强、理智、谦和等。培根曾说："读史使人明智，读诗使人灵秀，数学使人周密，科学使人深刻，伦理学使人庄重，逻辑修辞之学使人善辩，凡有所学，皆成性格。"大学生在学习丰富知识的同时，也塑造了良好的人格品质。

三、从小事做起

人格的塑造要从每一件小事做起。老子说过："合抱之木，生于毫末；九层之台，起于累土；千里之行，始于足下。"一个人的所言所行往往是其人格的外化，反之，一个人日常言行的积淀成为习惯就是人格。一位大学生不屑于关闭电灯，他会有责任感吗？小屋不扫，何以扫天下？一个学生在学习、生活中一遇到困难就退缩放弃，他能有坚强、进取的品质吗？人的良好人格都是长期锻炼的结果，正如荀子所说："不积跬步，无以至千里；不积小流，无以成江海。"大学生应重视身边的每一件小事，从小事做起。

四、融入集体，建立良好的人际关系

集体是个体社会化的一个重要环境，大学生人格的发展和完善离不开集体这块土壤。融入集体，通过和集体的交往，自己的良好人格品质因受到他人的赞扬、肯定得以发展，而自己不良的人格品质因受到他人的指责、批评得以调整改正。融入集体，建立良好的人际关系，是大学生健康人格塑造的重要途径。

五、正确应对挫折，锻炼意志

在人生道路上谁都会遇到挑战和逆境，受到不同程度的挫折，大学生要学会用辩证的眼光看问题。面对挫折，人们可能会产生沮丧消极的情绪体验，但挫折同时也是锻炼人意志的好机会。我们要用积极的态度面对生活中的各种困难，在磨炼中让自己变得更勇敢，在磨炼中培养自己良好的人格品质。

5.2　情景剧

课后讨论与探究

小霞是一名刚迈入大学校门的新生。小霞从小到大一切事情都是父母包办的，甚至衣服鞋袜都是父母帮她洗的。现在进入大学，由于生活中缺少了爸妈的帮助，她很多事情都不会做，她经常梦到和爸妈生活的日子，梦到和同学们一起快乐的生活，醒来后的现实让其经常流泪，因此她不能集中精力学习，眼前经常浮现父母的身影。

如果你是小霞的朋友，你会怎样帮助小霞克服目前的困难呢？

进一步阅读的文献

● 帕尔默. 九型人格[M]. 徐扬,译. 北京:华夏出版社,2006.

九型人格是一种深层次了解人的方法,它按照人们的思维、情绪和行为,将人分为九种:完美主义者、给予者、实干者、悲情浪漫者、观察者、怀疑者、享乐主义者、保护者和调停者。九型人格最卓越之处在于能穿透人们表面的喜怒哀乐,进入人的内心最隐秘之处,发现人的最真实、最根本的需求和渴望。九型人格能够帮助我们洞察人心,用有效的方式对应他人,最终提升我们人生的幸福感,提高做事的成功率。

● 凯尔西. 请理解我:气质、性格与智能:第2版[M]. 王晓静,译. 北京:中国轻工业出版社,2001.

凯尔西是美国著名心理学家,从事气质、性格与智能角色方面的专业研究50余年。这本书应用心理学研究方法对人的气质、性格、智能因素进行了分析、思考和归纳,帮助人们找到自己在社会中的恰当位置。

第六讲 大学生的恋爱与性心理

【导语】

“有美人兮，见之不忘，一日不见兮，思之如狂”，“衣带渐宽终不悔，为伊消得人憔悴”。这些脍炙人口的诗句，我们耳熟能详。爱情是人类永恒的主题，多少人因为它而感到振奋、快乐，也有多少人为它体验落魄和痛苦。古今中外的爱情故事比如罗密欧和朱丽叶、梁山伯和祝英台让我们同情、落泪、感伤；今天在我们的身边，尤其在年轻人身上也在演绎着美丽的爱情故事。同样的主题，不同的导演会讲出不同的故事，我们又会怎样书写自己的爱情故事呢？想写好自己的爱情故事光凭热情不行，还要有一定的学识，此讲就是为想谈恋爱的大学生们准备的。通过本讲的学习，你可以了解：

1. 大学生恋爱心理的特点。
2. 如何提高恋爱的能力？
3. 如何提高性行为的调节能力？

6.1 微课视频

第一节 爱情微妙之锁——认识恋爱心理

课前暖身活动

最佳搭档

具体操作：

1. 先在班级随机播放舒缓的音乐，在轻松的环境中，让班级男女生相互配对自由交谈5分钟以认识对方。

2. 音乐停止，全体成员围圈坐下，轮流让每一对的男生介绍与自己配对的女生给大家认识，双方都可以进行补充，班级成员也可以对介绍不全面的地方进行补充。

3. 看看哪组男生和女生最了解自己的搭档，选出最佳搭档。

一、与爱情有关的概念

(一)爱情的定义

心理学家说:爱情是人际吸引最强烈的形式,是身心成熟到一定程度的个体对异性个体产生的具有浪漫色彩的高级感情。具体来说,它有以下几个特点:

(1)相异性:爱情一般是在异性之间产生的。男生往往会被女生含蓄的个性、白净细腻的皮肤所吸引;女生常常迷恋于男生魁伟的身体、粗犷的性格及超乎想象的智慧。总的来说,男女双方都被对方的异性特征所吸引。

(2)成熟性:它是指真正的爱情是发生在身心成熟的人身上的。在日常生活中我们发现幼儿也会向父母提出要和某某异性小朋友结婚,引得大人捧腹大笑,因为他们只看到婚姻的表象是两个相互喜欢的异性生活在一起,但对婚姻的真正内涵却缺乏了解的。早恋的情况也大多如此,很难善终。

(3)高级性:爱情之所以吸引人是它让人痴迷的精神之美。当我们吟诵爱情诗歌时,无不为之刻骨铭心、柔肠寸断的爱所感动。如"君生我未生,我生君已老。君恨我生迟,我恨君生早。君生我未生,我生君已老。恨不生同时,日日与君好。我生君未生,君生我已老。我离君天涯,君隔我海角。我生君未生,君生我已老。化蝶去寻花,夜夜栖芳草。""我住长江头,君住长江尾。日日思君不见君,共饮长江水。此水几时休,此恨何时已。只愿君心似我心,定不负相思意。"

(4)生理性:爱情与繁衍本能结合在一起,所以它就不是纯精神的。恋爱中的人不由自主地就会有和对方发生身体接触的愿望,有期望牵对方的手、想拥抱对方以及亲吻对方等的冲动。

(5)奉献性:爱情的发展是双方融合的过程,陷入爱情中的人就会把对方的事当作自己的事,为了对方甚至会达到忘我的境界,乐意为对方牺牲自己,成全对方的愿望。

(二)恋爱的定义

对恋爱的定义也是五花八门的。有的说:"恋爱是交流和培养感情。"有的说:"恋爱是两个人互相爱慕,喜欢在一起的感觉,能够互相关心照顾,并以结婚为前提。"有的说:"恋爱就是男女间相互爱恋的过程。在这个过程中,是双方相互了解、相互融洽的过程。通过这个过程,双方增进感情,最后携手走进婚姻的殿堂。如果在这个过程中,发现对方不是适合自己的人,那么就分手。"综合以上的观点,我们认为恋爱就是男女双方进入爱情的过程。

(三)爱情与友情的区别

经常困扰大学生的一个问题是:爱情与友谊有什么区别?只身在外的大学生,因为孤单或对爱情的向往,往往会将友情误解为爱情,并按爱情的内涵去发展友情,结果酿成了感情的苦酒。有人指出友情与爱情的区别如下:

(1)爱情的专一性和友情的广泛性:爱情中的双方只彼此牵挂,具有排他性;而友情却可发生在许多人之间,具有包容性。

(2)爱情的私密性和友谊的公开性:陷入热恋中的双方往往会避开人群,喜欢在私密的状态下交往;而友情却往往在群体面前表现出来,在公众活动中发展。

(3)爱情的融合性和友情的包容性:恋爱中的双方要不断磨合,使两人能尽量地和谐一致;友情却有更多的包容性,彼此的要求与爱情相比会低许多。

(4)爱情的亲密性和友情的距离性:情人之间无论在心灵还是身体都有接近的欲望;而友情的双方也是这样的话,会导致双方的不愉快!

美国社会心理学家鲁宾提出爱情与喜欢的区别主要体现在以下三个方面:

(1)依恋:陷入爱情的双方,在遇到孤独时,唯一想寻找的陪伴和安慰者就是对方;而喜欢的人则不会有这样的作用。

(2)利他:恋爱中的人会高度关注对方的需求,乐意为满足对方的需求而奉献自己;对对方的缺陷和不足表现出很高的包容性。

(3)亲密:情人之间会有接触对方身体的需要,而不仅仅是精神上的依赖。牵手、拥抱、接吻等在情人之间自然会发生,而在喜欢的人中间则不存在此类现象。

一般情况下,社会化水平比较高的成年人能区分喜欢和爱情,但有些成人,尤其是相当部分青少年不能很好地区分。

二、爱情的发展阶段

爱情和其他任何事物一样,有其发生发展的规律。我们觉得爱情的发展要经历相识、相知、相恋和相爱四个阶段。

(1)相识:男女双方最初的认识是停留在外在层面的,就是看到对方的外貌、穿着、打扮以及了解对方的姓名、专业和年级等信息。这些信息会导致对对方的好感及进一步发展的欲望。

(2)相知:男女双方有了好感开始深入交往后,就会慢慢了解对方的性格、脾气以及世界观、价值观等深层次的领域,如果双方合得来或经过磨合渐渐协调一致感情就会越来越浓,交往会越来越密切。

(3)相恋:交往的双方情真意浓,越来越多地想念对方,恨不得朝朝暮暮地相处在一起时,就希望建立有别于一般朋友关系的恋人关系。一旦双方建立了恋人关系,其余的异性间的关系就会迅速地降温,专心致志地发展相恋关系,两人就离开自己所在的群体,愿意发展私密的两人关系。

(4)相爱:最后双方愿意为对方牺牲自己的一切,愿意和对方永远生活在一起,并愿用法律的方式将两人的关系固定下来。爱情发展到这里就处于相对稳定的阶段。

还有一种社会交换论对爱情的发展阶段进行划分。该理论认为求爱者为理性主义者,人们总是寻找那些能给自己带来更多利益和幸福的人做伴侣,爱情是由利益和价值因素决定的。利益和价值因素包括物质的、经济的因素,也包括社会的、心理的因素。据此理论,把爱情发展分为四个阶段。

(1)取样与评估:男女双方在选择愿意交往的对象时,会考虑交往的成本、收益及两者抵消后的盈余。如果盈余超过了自己的期望值,就会追求对方。

(2)互惠:此时,男女双方尽可能地交换收益,既为对方提供收益,也从对方获得收益。在交换中,随着双方互惠的增加,两个人的关系就日益亲近。

(3)承诺:双方都认为从对方得到的收益大于从其他异性那里得到的收益,于是逐渐减少与其他异性的交往,双方的关系渐趋固定,开始一对一的私密交往。

(4)制度化:随着亲密感的增加,双方都觉得离不开对方,但又担心对方离开自己,希望通过契约的方式将双方的关系制度化,如订婚、登记结婚等。契约的关系会受到国家法律的保护。

6.2 拓展阅读

三、大学生爱情的特点

(一)生物性的冲动与社会性的约束之间的矛盾

在性激素的作用下,男女的生理成熟进程就自然展开了,青少年从此在生活中增加了一个重要内容,就是关注两性问题。男生喜欢看漂亮的女生,女生也对帅气的男生格外关注。有种天然的力量使男女相互吸引,导致他们出现一些不同以往的交往方式。比如他们会通过电话、微信、QQ 等方式进行长时间热情高涨的聊天,虽然聊的都是无关紧要的小事,但仍然很开心而乐此不疲。但大人往往觉得孩子恋爱会影响学业,尤其是女孩的父母担心自己的孩子在恋爱中会吃亏,所以往往慎重地嘱咐女孩不要轻易谈恋爱,要谈也要到大学毕业后再谈。这样,大学生就会处于谈恋爱的冲动和害怕冒犯社会道德和规范的冲突之中,因此也就导致大学生的谈恋爱过程对家长和师长保密的隐秘性,并失去和家长沟通及获得指导的机会。

(二)恋爱欲望和社交能力之间的矛盾

大学生有了恋爱的欲望和动机,并不保证他们就一定会顺利展开爱情之旅。爱情的发展是两个人建立关系和发展关系的过程。由于现在的学生从小把大部分精力放在学习上,所以在人际交往的技巧和能力上相对缺乏,也就会因交往能力而阻滞了感情的发展。交往能力表现在选择合适的话题、采取正确的促进关系的方法、恰当处理矛盾和冲突的能力。现在的大学生虽然有谈恋爱的欲望,但怕被拒绝、怕谈不起来、怕处理不好双方的矛盾,从而往往在感情面前退缩了。有一部分大学生已经习惯了在与父母的交往中父母让步,使他们占尽上风的状态,如果要他们让步去适应别人就会感到受威胁,甚至宁可不谈恋爱。

(三)恋爱过程和目标之间的矛盾

大学生的恋爱往往受自然欲望的驱使,并受文学和文化的影响。他们不由自主地对异性感兴趣,喜欢与异性同学聊天、凑近乎,和异性在一起就开心快乐,没有深入考虑过和异性交往深入后会发生什么以及要负怎样的责任,基本上是跟着感觉走,顺其自然发展,缺乏理性的引导。他们受爱情故事和小说的影响,认为爱情就是美的、幸福的,谈恋爱的过程就是享受幸福的过程,对于恋爱中会出现的难题缺乏充分的估计。理性的爱情发展过程是:在交往初期以了解异性的性格脾气为主,如看看对方是否有上进心,是否尊重别人等;等到愿与对方发展进一步的关系时,要看看对方的生活习惯和生活方式,双方在兴趣、爱好等方面是否一致;再进一步发展就是柔情蜜意,一日不见如隔三秋的爱恋期;最后就是以结婚为目的的恋爱目的期,在这个阶段要考虑结婚的条件,并为之努力,为结婚创造条件。

(四)爱情的个体差异

谈恋爱时,大学生或许会被强烈的个体差异所困扰。大学生的恋爱关系会受到许多因素的影响,例如个体依恋类型。个人依恋类型最早可以追溯到其童年早期与抚养者的依恋关系。在爱情中，安全型依恋的大学生更容易与恋人建立亲密关系，对对方充满信任和依赖。而不安全型依恋的大学生，会对恋人保持距离，缺乏安全感。所以大学生要意识到自己和对方的依恋类型，这会决定大学生爱情的亲密程度。

另外，不同年级的大学生也会有不同的爱情状态。刚入学的大学生多数还是青涩的，对爱情充满幻想和冲动。到了毕业前后，大学生对感情会变得越来越成熟稳重。所以不要因为年轻就陷入爱情的盲目冲动，要学会理性看待。

大学生还要注意到，男女生在恋爱观念和方式上也会有些差异，通常女生会更重视恋爱中的责任和承诺，而男生则希望感受到激情。但是过分强调这些差异而形成刻板印象甚至偏见也是不妥的。大学生要充分意识到个体差异会影响彼此的恋爱方式，但最关键的是要积极面对这些差异，通过沟通增加理解和宽容，使恋爱关系更加和谐美满。

综上所述，大学生的爱情具有青涩的味道，带有尝试性、幼稚性、冲动性的特点，需要学校和教师加以适当的引导，使其能在处理人生这一重大课题时少走歪路，能顺利地踏上爱情之旅。

心·理测吧

6.3　性成熟程度测试（女性回答部分）

6.4　性成熟程度测试（男性回答部分）

6.5　计分和解释

第二节　爱情蓬勃之径——提升恋爱能力

案例导入

大学生石伟，从重点高中考上了浙江的某所重点大学，中学的一位女生主动来杭州找他，经过几次的交往双方迅速地熟络起来，终于越过最后防线，两人发生了性关系并租房住在了一起。在石伟快要毕业时，发觉两人越来越没有共同语言，这时的内心非常纠结：如果和对方的关系发展下去，觉得以后的婚姻一定不幸福；如果不和对方发展下去又觉得对不起这几年和他生活在一起的她。

请问：石伟困惑的原因在哪里？该如何解决？

年轻人除了学业外，感情生活是人生的一个重要方面，处理得好将成为其生活的动力，不仅促进其努力学习获得事业上的发展，也会使其摘取美丽幸福的爱情之花；如果处理得不好，不仅影响情绪，使人痛苦，还会影响学业。因此对大学生进行适当的指导，提高其恋爱能力就成为极其重要和必要的事。大学生应该明白谈恋爱的人应该具备怎样的成熟人格，以及在恋爱的各个阶段怎样来处理所遇到的各种问题。有了这种理性的引导必将减少恋爱过程中失控和不理性的状况，保障大学生更好地面对爱情问题，顺利渡过恋爱期。

心理学家弗罗姆说，爱是一种能力，也是一种艺术，只有掌握了爱的艺术，具备了爱的能力，才会正确地面对和处理爱情。要使大学生的恋爱心理健康发展，不仅要知道什么是爱情、学会爱自己和学会爱他人，还应学习爱的艺术，包括爱的选择艺术、爱的表达艺术、爱情纠葛处理艺术和爱的升华艺术。要提升大学生恋爱能力，必须让大学生知道健全人格在恋爱中的作用。人格是人们对客观事物的态度以及相适应的行为方式。健全的人格能使大学生以正确的态度与合理的方式去处理恋爱中所遇到的问题。准备恋爱的大学生应该具备怎样的人格特征呢？

一、恋爱中要磨炼的人格特征

（一）包容和接纳

在爱情的神话里往往会崇尚一见钟情、心有灵犀的那种微妙的和谐而引发的强烈的共振。其实，这种感觉是可遇不可求的。我们每个人都出生在不同的环境中，有的是出生在大城市，有的是出生在乡村；有的成长在南方，有的长大于北方。个人的思维习惯和生活方式会有很大的区别。比如有的喜欢吃辣的，有的喜欢吃甜的；有的豪爽、直来直去，有的却含蓄、拐弯抹角；有的晚睡晚起，有的早睡早起……这些特点都是长期生活环境的影响以及各自生理条件决定的，不容易改变，我们所应采取的态度就是包容和接纳。包容和接纳就是在理解对方的基础上接受对方的特点。比如说有一对交往中的大学生，男生总是大大咧咧约会不准时，弄得女生很烦，多次争吵后甚至要停止交往。在女生看来，男生约会不准时，表明其不把自己放心上；男生觉得不是的，因为事情多，常常不能及时抽身，所以才导致迟到，而且两个人交往没必要这么在乎是否准时，相差几分钟也没关系的。正是他们的认识及习惯的不同，各自都想使对方按自己的方式行事，结果就发生冲突，甚至出现停止交往的危机。处理这样的问题就要看双方看重的是对方的什么优点，这个优点是否值得你为此忽略这样的差异，存包容和接纳的心继续交往，发展彼此的关系。

（二）关爱和体贴

爱情是情感，情感的本质是需要的满足，既包括物质需要的满足，也包括精神需要的满足。爱一个人就是要让对方幸福和快乐，幸福和快乐的重要途径就是满足对方的需要。谈恋爱的双方不要老是想着能从对方得到什么，而是通过交流知道对方的处境，比如当知道对方为了考英语六级而身心疲劳时，会约她（他）吃一顿饭，让对方放松和休息；当知道对方受到某个挫折时，就会想到安慰对方；当对方遇到开心快乐的事时也和对方一起开心快乐；当对方生日时，会送对方一个精心挑选的礼物，使对方获得意外的快乐。关爱和体贴能使双方感到自己和对方的重要，增加幸福感；关爱和体贴也使双方的心更加接近。

（三）欣赏和赞美

恋爱中的人经常会问对方爱自己什么？任何一个异性吸引我们，总有她（他）的独特魅力，或者是她的眼睛漂亮，或者是对方的身材高大，也有可能是对方情绪的阳光，甚至是阴郁。谈恋爱的人要学会欣赏对方的优点，多肯定和欣赏对方，因为人都有自尊心，希望自己是有价值的，是重要的。肯定对方的优点就会使对方感到有价值，并在双方的关系中建立自信。一个人或许在社会上被人认可，或许不被人认可，但在恋爱关系中一定是期望被认可的。一个人如果连在恋人心目中都没有优点和长处，他(她)的失落和自卑是可想而知的，因此在恋爱中应积极地欣赏和赞美对方。当然，欣赏和赞美不是胡乱吹捧，否则对方会觉得你虚假和不真诚。欣赏和赞美应有事实依据，比如对方确实眼睛比较大或漂亮，你赞美她，她会觉得开心的。只要是真心喜欢对方，并认真地了解对方，一定会从对方身上发现很多的优点，发现了就要表达出来，让对方知道。

（四）责任和担当

谈恋爱不是幼儿玩游戏，游戏是不真实的，而爱情必须是真实的；在大学谈恋爱的学生中对待恋爱的态度是不同的，有的是发自内心地爱对方；有的是因为被追了就顺势想试试谈恋爱的感觉；也有的是游戏人生，觉得读大学不谈一场恋爱就是没脸的事，于是不是出于真爱而随便地求爱。恋爱是双方最真心的交往的过程，如果一方是虚情假意、逢场作戏，那对另一方的伤害是极深的，所以恋爱的基础是真诚，真诚的结果就是责任和担当。恋爱的双方都应尊重对方、保护对方的利益，不伤害对方，对自己所说的和所做的事负责。有一位女生在男生的一再追求下，开始和男生交往，到后来女生渐渐喜欢上男生了，但快要毕业时，男生因毕业后不能在同一个地方工作而提出了分手，女生因受刺激而产生了神经症。

（五）忍耐和信心

瓜熟自然蒂落，爱情也是这样。恋爱双方随着交往的深入，自然会产生情感上的依恋和行为上的亲密举动，但这要考虑双方的差异，不能急于求成。比如，有位女生和一位男生谈恋爱后，就要求男生在吃饭时间、自修时间都和她在一起，弄得男生觉得不自由，就不想和对方在一起了。其主要的原因是女生觉得和男生很亲近，但男生觉得没有那么亲近，女生又急于把双方的关系拉得很近，缺乏耐心，最终导致双方分手。有的男生在和女生谈恋爱时也是很急，动不动就想牵手、拥抱甚至亲吻，弄得女生很反感，那些亲密举动是感情发展到一定程度时自然而然发生的，感情发展得快的一方必须有耐心和信心，等待对方的感情发展到与自己的感情同步。

（六）卫生和仪容

人们爱清洁，恋爱中的男女更是如此。看到对方头发油腻，衣领满是污渍，自然会使人产生厌恶和恶心的感觉，所以恋爱中的情侣彼此相见时一定要搞好个人卫生。还要注意自己的仪容。如果打扮得干干净净去见心爱的人，不仅自己心情愉悦，也会让对方感觉心情舒畅。因为卫生和仪容是一个人生活态度的体现，一个不讲究卫生和仪容的人就有可能是不太注意生活品质的人，跟这样的人生活在一起，幸福的可能性就不会太大。清爽的仪容和个人卫生会给人带来清新向上的感觉。

拓展阅读

印象管理

印象管理指人们试图控制自己给别人的印象。人们会通过选择自己的言语、动作、穿着和背景等来塑造自己想要呈现的形象。印象管理非常重要,原因有两个:第一,我们公开的一切行为都会向他人传达信息并形成印象;第二,他人对我们的判断会影响我们的社交生活。

人们使用四种印象管理策略。

第一,逢迎讨好策略。通过帮助别人、谈共识、装可爱等方式讨好别人,让自己获得喜欢。逢迎讨好是恋爱情侣最常用的印象管理策略。只要不是虚伪操控,逢迎讨好通常获得正面反馈。

第二,自我推销策略。通过描述自己的成就来显示能力,让自己获得尊重,这在职场常用。

第三,恐吓策略。通过表现凶狠无情获得别人的顺从。这通常令人反感,只在特殊场合使用或对特定对象使用。

第四,恳求策略。通过展现软弱无能获得帮助。人们通过"卖惨"来逃避责任,使用的就是恳求策略。

大多数人使用前两种策略,后两种仅在必要时使用。

亲密关系中的印象管理有三大特点。

第一,虽然我们给好友和恋人制造的印象比为陌生人制造的更为重要,但人们对亲密伴侣的印象管理往往不如对陌生人在意,可能是因为亲密关系使人感觉无须刻意讨好,也因为亲密关系中的长时间相处使人无法时刻保持体面形象。所以人在陌生人面前可能更得体,但对亲密伴侣则更为随意。

第二,人们会为亲密好友营造好的公众印象。关系越亲近,人们越把好友的形象当成自己的,只要有可能就尽量美化好友的形象。

第三,不同的自我监控(self-monitoring)能力会影响印象管理策略。

自我监控是指一个人根据环境改变自己行为的能力。自我监控能力高的人善于根据情境调整自己;自我监控能力低的人行为较为固定。高自我监控能力者更擅长印象管理,有更多朋友,但每个朋友的交往时间较短。低自我监控能力者朋友少但更为相似。高自我监控能力者在关系开始占优,因更擅长找共同话题;但长期关系中低自我监控能力者占优,这是因为高自我监控能力者为各种朋友投入的时间较少。

总体来说,印象管理会影响人际关系的建立和发展。我们都会进行印象管理,但策略和投入会因关系亲密程度和个体自我监控能力的不同而有所差异。下面的自我监控量表可以给你一些线索。

心理测吧

自我监控量表

你的表现是否符合下面的表述，符合的打“√”，不符合的打“×”。

表述	符合	不符合
1. 我发现自己很难模仿别人的行为。		
2. 在聚会或者社交活动上，我不会为取悦别人而说话或者行事。		
3. 只有我信服的观点，我才会赞成。		
4. 即使是我不太了解的话题，我也能发表即兴演讲。		
5. 我想我是刻意做作，以便打动或取悦别人。		
6. 我也许能做个好演员。		
7. 在团体中，我很少能成为大家关注的中心。		
8. 在不同的情境下，面对不同的人，我常能以不同的面孔对人。		
9. 我不太擅长吸引别人。		
10. 我内心的想法常常与外显的行为不一致。		
11. 我不会为了取悦他人而改变我的观点（或做事风格）。		
12. 我曾想过要娱乐大众。		
13. 我从来不擅长根据动作来猜字的游戏或者即兴表演这类节目。		
14. 要改变行为以迎合不同的人和不同的情况，对我来说有困难。		
15. 聚会时我让别人来讲笑话、说故事。		
16. 在公共场合我会感到窘迫，不能表现出自己的才华。		
17. 我能当着任何人的面说谎（只要目的是善良的）。		
18. 尽管我厌恶别人，但会装作友好来欺骗他们。		

6.6　自我监控量表的计分和解释

二、恋爱各环节处理能力的提高

案例分析与讨论

许婷婷进入大学后，在一次演讲比赛中认识了一位数学系的男生江涛，被他健美的身材及激情而又雄辩的演讲所折服。自此江涛的身影常在她眼前晃动，为此寝食不安，她知道自己暗恋上江涛了，虽然她关注江涛到大学毕业但一直都没有勇气与他交往，并谈一场恋爱，这成了她的遗憾。

请问：许婷婷的问题在哪里？你能帮她吗？

整个恋爱过程包括表达、接纳(拒绝)、磨合及热恋(失恋)等阶段,每个阶段都有各自的特点,恋爱中的双方只有把握好这些特点,才能使恋爱这个复杂的情感活动比较顺利地开展,否则容易因各种误会而导致爱情之花夭折。

(一)表达

当一位大学生在其交际范围内发现某位异性学生由于外貌、能力、性格等特点吸引他(她)时,就会暗生情愫,悄悄地关注对方,随着外围观察了解的增加和卷入程度的提高,感情日积月累,终于到了按捺不住非要表达的地步。一个人对某个事物关注程度的提高,本身就会增加对其的感情,比如集邮的人会渐渐比其他人更爱邮票,邮票会给他带来许多的喜怒哀乐;一个爱听歌的人会更加喜欢音乐,歌曲给他带来了丰富的情绪体验。我们在与人交往上也是这样,当我们关注某个人的时候,就会因对方而产生酸甜苦辣的各种情绪。在感情的表达上,传统上是以男生为主动方,女生为被动方,这一方面跟社会的传统有关,另一方面也与恋情的发动机制有关,一般男生会被女性的外貌吸引,产生追求的冲动,而女生也是被男生的追求感动而渐渐产生感情的。男生在表达感情时常常会犯一个错误,就是觉得最大的困难是表达,怕表达,担心表达后遭拒绝,期待表达后对方马上接纳其为异性朋友,一旦对方没有明确地认可就以为受挫了。其实,表达是个渐进的过程,女性一般比较接受先做一般朋友,相处熟了,互相喜欢就做恋人,然后再向婚姻发展的次序。在表达阶段要注意以下三个问题:表达的方式和途径、表达的勇气及表达后行为的调节。

1. 表达的方式和途径

常见的表达方式有突兀的直白的表达和有铺垫的水到渠成的表达。突兀的直白的表达往往发生在单恋、暗恋者的身上,这样会使被追求的一方感到很突然,在毫无思想准备的情况下就会做出情绪化的处理。而有铺垫的表达方式是寻找机会接近喜欢的人。如果对方在某个社团,自己也申请加入那个社团,在社团的活动中接近对方,加强相互的了解和熟悉程度;如果发现对方有什么爱好,自己也可以尝试这样的活动,在这样的活动中增加接触的机会。总之,要寻找机会接近对方,在近距离的交往和频繁的接触中,双方的了解加深了,好感就会逐渐产生,在这样的背景下再向对方表达爱慕之情就比较容易被接受。表达的途径,既可以是自己说,也可以委托闺密或“死党”去间接询问。如果是自己表达,也可以用多种方式。①单独邀请对方出去购物、逛街、游玩。这种邀请暗示性是很强的,一般对方会感受到这种举动的含义,如果接受了,说明对方对自己也有好感,乐意发展彼此的关系;如果对方拒绝了,说明对方对深入发展双方的关系是持谨慎态度的。②现在通信工具的发展为爱情的表达提供了方便。如果在接近对方并手机加了好友后,就可以找机会多聊天,在聊天的过程中可以把自己对对方的欣赏和好感渐渐地传递过去,如果对方不反感就可以在半开玩笑半当真的气氛中表达自己的爱慕之情。如果对方不拒绝就可以从通信工具下载到现实中。如果双方是了解和认识的,自己又不好意思表达,并且已经把自己的心思告诉了闺密或“死党”,而该人与对方的关系比较密切,在这样的情况下就可以委托他(她)去探询对方的意愿。但是因为感情涉及隐私,对方未必会把自己的真实愿望告诉第三方,而且经过第三方传递的信息也未必准确,所以请第三方帮忙询问不是最佳的表达途径。

2. 表达的勇气

当一个人爱慕另一个人时，表达就成了一个很大的考验，需要当事人有极大的勇气。这几乎是把自己的一个软肋暴露给对方，容易受到致命的打击。表达爱慕之情的一方，一方面怕被拒绝，另一方面怕被其他人知道，影响自己的名声。因此，表达爱慕之情的一方会很犹豫，会权衡再三。如果第一次表达失败，他（她）想再寻找其他的机会进行表达的成功可能性几乎为零，然而，感情不表达对方如何知晓，对方不知晓的话，感情如何有机会发展。有些女性在明知对方对自己有好感时，也要等对方明白地表达，因为她们要求准确的信息。因此如果有爱就要勇敢地去表达，并且勇于承担由此带来的后果。

3. 由表达结果引起的后续应对

当一个人向心仪的人表达爱慕之情后，其引发的结果无非是以下几种：第一种情况是最理想的，对方欣然接受，表示愿意深入交往，这是皆大欢喜的结局。第二种情况是对方明确拒绝，这虽然会给表达方带来痛苦，但要对此事进行认真分析。对方的拒绝可能是对自己的不了解，也可能是对自己没感觉，如果对方是对自己比较熟悉的人，对方这样说，那就说明彼此真的就没有缘分；如果对方对自己还不太熟悉，就可以先冻结自己的表达计划，继续双方的交往和交流，加深了解，然后再伺机而动。第三种情况是对方没有回应，即不表示接受也不表示拒绝，这是最让人纠结的状态，不知对方到底是怎么想的。这种情况也有几种可能性。第一种可能是默许，愿意让对方进一步接近自己。第二种可能是对方不置可否，可能是以前没关注过自己，现在想留意观察一下自己，所以不便表态。第三种可能是对方看不上自己，又不想伤害自己，就做这种沉默的处理。第一和第二种可能是对方愿意进一步和自己交往的，而第三种可能是对方会与自己保持距离，不愿进一步交往。所以，表达方要根据不同情况调整下一步的计划。

（二）接纳

青年人都向往美好的爱情，对爱情有许多浪漫的遐想。当一个异性向自己表达爱慕之情时，除了感到突然、紧张、兴奋和羞涩外，会考虑如何应对这一状态。有的人要求比较高，如果对方不是自己喜欢的人就会拒绝；有的人要求低些，只要对方不是自己讨厌的人就会答应对方，尝试和对方交往；有的人比较被动，在对方比较强烈的攻势下才会接纳对方。接纳对方只是爱情开始的第一步，双方会有许多的问题要去面对和处理，许多人认为爱情是幸福和甜蜜的，其实这只是爱情的一个方面，爱情也会包含许多伤心、痛苦、争吵和眼泪。

1. 初期表现

表达方获得了对方的初步认可会很开心、很兴奋；接纳方也会很幸福、很期待。但在交往初期常常会遇到的问题是双方找不到合适的话题。当两个人在一起却找不到合适的话题就会冷场，就会尴尬，几次下来双方就会觉得“彼此不来电”，对以后的发展产生怀疑而退缩。所以，恋爱初期双方的交往一定要有精心的设计。双方在一起如果是交谈类的，可以讲自己的家庭、自己的家乡、自己以往的经历，也可以讲些幽默的故事，在讲的时候要注意双方的交流，引导对方也能讲自己的经历，这样双方就会有交流，交流会增进彼此的了解和好感。在交流这些基本的信息后可以交流自己的兴趣、爱好，展示自己的能力，做这些是为了让对方更好地了解自己，而不是炫耀自己，炫耀会让对方有压力并排斥自己。同时要引导对方展现自己的特长和优势，肯定和欣赏对方的优点。再后可以交流一些宏观的世界观、价值观甚至哲学、宗教方面的一些观点,这对彼此深入了解对方非常有益。除了双方交流的话题外,还可使用活动来进行彼此的交流,比如出去游览风景名胜,观看电影、球赛、展览,或者进行打球、骑车等体育活动,在这些活动中,双方就能体验在一起的快乐,活动本身可以代替语言的交流,减轻语言交流的压力。

2. 磨合期矛盾的处理

恋爱是两个人心灵的磨合过程。由于两个人家庭背景、成长环境、生活经历等的不同,就会使两人在生活习惯、性格态度、兴趣爱好等方面存在差异。比如一个讲究穿着,一个打扮随意;一个饮食清淡,一个口味较重;一个待人细腻,一个大大咧咧。这样就会在相处时发生矛盾,处理不好这些矛盾就会发生争吵,给双方带来痛苦。这时相爱的人要学会接纳和包容对方,学习忍耐和体贴的功课。这个时期既有幸福更有煎熬,双方要进行性格的磨合、生活习惯的磨合和兴趣爱好等多方面的磨合。磨合得好,双方更加协调;磨合得不好,会导致双方彼此隔离,直至分道扬镳。

3. 决策

男女双方在磨合的过程中,一方面看双方各方面是否能够协调而且增进感情,另一方面也要考察对方是否真心爱自己。大学生的恋爱动机是多样的。有的大学生谈恋爱是因为他(她)真的喜欢上了一个人;有的谈恋爱是为了不让大学生活枯燥,给大学生活增添一些色彩,并不真心想和对方相爱一辈子。因此鉴别对方是否真心就是一个重要的任务。一般而言,不真诚的男大学生会比较注重恋爱中性行为的满足;而不真诚的女大学生会比较注重恋爱中物质需要的满足。如果双方交往时间不久、感情发展还不深入,男生就动手动脚,想要和女生牵手、拥抱、亲吻甚至发生更亲密的行为,女生就要谨慎,考察一下对方是否真的爱自己,如果对方是真心爱自己的就会尊重自己而且有耐心,绝不会找各种理由想获得性的满足。同样,交往时间不多,女生就要男生买这个、买那个,一点也不珍惜男生的钱,有不花白不花的感觉,那么男生也要注意考察,看看对方是否冲自己的钱财来的。如果女生爱男生,就会爱惜对方的钱财像爱惜自己的钱财一样。谈恋爱的人除了和恋人交往外,最好能和一位成熟的长辈多沟通和交流,获得必要的指导,可以避免不必要的麻烦。成熟长辈的社会经验可以使他对问题有更深的洞察力,能够帮助和引导年轻人处理恋爱中的棘手问题。

(三)发展

恋爱的双方在交往中如何发展彼此的关系,使双方日益亲近呢?恋爱关系的发展除了心理日益亲近外,形式上也会发生变化。从公开程度来说,先向好朋友公布,带进朋友圈,再向同学公布带着参加同学活动,最后向家长公布带到家里向父母汇报。从肢体接触的亲热程度来讲,通过相互了解基本接纳后,先是牵手;然后,随着感情的升温,发展到拥抱甚至亲吻。从卷入程度来讲,越来越介入对方的生活,替对方处理生活或学习中的事物。关系发展的最终目标就是结婚。

(四)拒绝

爱情是发生在两个人之间的事,两个人的意志可能会有差异。当一方爱另一方,另一方不爱自己又不想勉强自己的时候,拒绝是不可避免地要发生的。一个人爱另一个人可以是爱他的身材、外貌,也可以是爱他的能力、性格,若一个人对另一个人没感觉表明对方对自己毫无吸引力。在恋爱自由的时代没有吸引力的爱情是无法产生的。两个没有共鸣的人,一定会有一方拒绝进一步的交往。拒绝可以发生在交往的初期,也可以发生在中期或后期。交往初期的拒绝往往是缺乏好感引起的,因为对方没什么特别突出的优点吸引自己,所以就会拒绝对方表达的爱意。交往中期的拒绝往往是双方在磨合的过程中出现了无法协调的冲突。交往后期的拒绝往往与双方家庭的介入有关。拒绝和被拒绝在谈恋爱中是常有的事,想谈恋爱就得有这思想准备。

首先来谈谈拒绝对方的追求。当一个人表达对自己的爱慕之情时,首先要谢谢对方对自己的欣赏,然后要体验自己的内心,看自己是否也喜欢对方,是否愿意给对方一个彼此了解的机会。如果经过认真仔细地思考,觉得对方确实不符合自己的要求或没有感情上的共鸣,那就要果断拒绝。有些比较顾虑别人想法的人会觉得拒绝别人会让对方难过而不愿明确拒绝对方,这会给对方一个假象,觉得你态度暧昧,说明还有一些希望,就继续不断地追求,搞得事情比较复杂。所以,一旦不想和对方谈恋爱,就要有表达拒绝的勇气。然而在表达拒绝的语气和内容上一定要尊重对方,不可侮辱和蔑视对方。一般而言,可以先表达对对方爱慕的谢意,再表达不合适的意愿,态度要坚决,语气要温柔。犹犹豫豫的态度,前后矛盾的表达会给双方带来许多的误会和矛盾。

其次来谈谈被拒绝。或许现在的学生大多数是在被宠爱过度的环境中长大的,缺少对挫折的承受能力。在家里,父母会用一切方法来满足我们的愿望,不希望看到我们伤心和痛苦,但在家庭以外的地方,亲人以外的人一般不会这样来对待我们的,我们要有面对不如意情景的勇气。恋爱是双方共赢的事,不是单方愿望满足的事。我们去超市购物,只要我们看中,付钱就可以了,但和自己喜欢的人谈恋爱的确是复杂得多的事。如果我们不能给对方带去幸福,对方不愿和我们谈恋爱,这是她(他)的权利,我们要尊重,我们不能把自己的愿望强加给对方。一旦被拒绝,要考虑是否有挽回的余地,如果确实没有了,虽然伤心、难受,也要平静接受。

(五)如何看待失恋

失恋就是爱情关系的解除。失恋带给人的痛苦因恋爱程度而定,许多文人因感情挫折而往往痛彻心扉,留诗为证。“花褪残红青杏小。燕子飞时,绿水人家绕。枝上柳绵吹又少,天涯何处无芳草!墙里秋千墙外道。墙外行人,墙里佳人笑。笑渐不闻声渐悄,多情却被无情恼。”失恋是痛苦的,失恋也是无奈的。感情是双方的,感情又是逼不来的。爱情就像任何事物一样,有成功也有失败。成功固然值得高兴,失败了也是人生一大宝贵经历,表达过了,磨合过了,虽然最后失败了,但在这个过程中,经历了痛苦和思考,我们会变得更加成熟。失败乃成功之母,今天的失败会换来明天的成功;今天的误会会迎来明天的真爱。我们应对生活充满信心,相信只要我们认真生活,肯定会找到属于我们的爱情。就像诗人描写的:“众里寻他千百度。蓦然回首,那人却在,灯火阑珊处。”

6.7　情景剧

心理测吧

你能驾驭爱情吗?

完成以下小测验便会一清二楚。

1. 当你的未婚夫向你打听你的前任男朋友时,你会告诉他 (　　)
A. 我曾经很爱他,但他伤透了我的心。
B. 尽管我们已经分手了,但还是好朋友。
C. 我恨他的负心,上天一定会惩罚他。

2. 他最近的经济状况不太好,过情人节时,只能为你在家里做顿饭以表情意,你的反应是 (　　)
A. 你真好,就算穷一点我也跟你一辈子。
B. 对不起,这些事应该我来做。
C. 你有其他礼物送给我吗?

3. 因客观原因(如公司倒闭),你的男朋友突然失业,你会 (　　)
A. 尽量迁就他,甚至对他的无理取闹也默默忍受。
B. 叫他尽快找到工作,否则很难保证你不会与他分手。
C. 鼓励他不必灰心,并暗中利用自己的人际关系帮助他。

4. 你们一起前往某餐厅的途中,他明显记错了路,你会 (　　)
A. 假扮自己也迷路了,暗中提示他“是否该向右拐?”
B. 不高兴地说:“真蠢,这条路走好几遍了还不记得。”
C. 没有反应,待他发现走错路后怪罪于你时也不反驳。

5. 跟他参加朋友的婚宴时,他告诉你他的母亲明天早上将做一个大手术,你会如何处理? (　　)
A. 叫他明天再想这件事,如果连这样的事都无法承受,就不配做你的男朋友。
B. 提议待晚宴结束后两人一起去面对,现在应该放松点,不用太紧张。
C. 立刻退出晚宴。

6. 最近这一段时间你经常加班,男朋友因此提出抗议,你会说 (　　)
A. “对不起,等我忙完这一段日子再约会吧。”
B. “你怎么一点都不理解我? 还给我添麻烦。”
C. “你说的对,今晚不加班了,反正老板也不给我加工资。”

7. 他有个令你难以忍受的坏习惯:喜欢一坐下来就叉开双腿,你会 (　　)
A. 告诉他这是一个很不礼貌的行为。
B. 不管他,他的坏习惯太多了。
C. 在他的亲朋好友面前当众指出他的坏习惯。

8. 当你和他为去哪里旅游而发生分歧时,你会 (　　)
A. 跟他讨价还价,最后达成共识。
B. 决不妥协,直到他投降为止。
C. 无条件让步,认为有付出必有回报。

9. 你跟他缠绵时,他抚摸你的方式令你很不自然,你当时的反应是 (　　)

A. 不吭声。
B. 温柔地把他的手移到别处。
C. 很厌烦地拨开他的手。

10. 亲热完毕后你想跟他窃窃私语，他却不理不睬，你会（　　）
A. 只是紧紧握住他，不再提要求。
B. 推醒他，告诉他你还意犹未尽。
C. 待他睡醒后才告诉他你希望再浪漫一点。

6.8　爱情小测试的计分和解释

第三节　爱情智慧之解——认识和调适性行为

案例导入

大三女生章莉在大一时遇到现在的男友小陈，也是她的老乡。小陈在章莉初次离家孤独时给予她太多的安慰与帮助，不知不觉他们陷入了恋爱之中。随着交往的深入，他们的恋爱也不仅限于精神层次的交往，彼此从身体上渴望接纳对方，于是在某一个晚上，他们有了第一次。虽然他们还在恋爱，可每次在一起章莉总会想到性，她感到恐慌，经常觉得所有人都知道他们的事，睡眠不好、上课注意力不集中、产生性幻想等，让她陷入深深担忧中。也时常设想如果今后分手怎么办？该如何面对？

章莉的焦虑从何而来？又该如何缓解呢？

一、性行为的含义及种类

性行为(sex behavior)是旨在满足性欲和获得性快感而出现的动作和活动。人们往往会狭隘地把性行为等同于性器官的结合，但这不能说是正确的观点。性行为并不只意味着性交，观看异性的裸体、观看电视色情节目、接吻、手淫、阅读色情小说等都是地地道道的性行为。

按照性欲满足程度的分类标准，将人类性行为划分为三种类型：一是核心性性行为，即两性性行为；二是边缘性性行为，如接吻、拥抱、爱抚等；三是类性行为。

性行为的含义要比性交广泛得多，一般说来包括以下几种：

(1)目的性性行为，这就是性交。性交是性行为的直接目的和最高体现。一般说来，人们在性交以后就满足了性的要求。

(2)过程性性行为，这是性交前的准备行为，如接吻、爱抚等动作，这些动作的目的是激发性欲，实行性交。此外，性交后还要通过一些动作使性欲逐渐消退，作为尾声，这也属于过程性性行为。

(3)边缘性性行为，这种性行为的范围比较广泛，目的是表示爱慕，或者仅仅是爱慕之心的自然流露，而不是性交。边缘性性行为有时很隐晦，如表现为眉目传情，表现为一丝微笑,这种眼神、这种微笑有时只有两个人感觉到,其他人是无从得知的。至于拥抱、亲吻,如果是作为性交前的准备,那么是过程性性行为;如果只是爱情的自然流露,不以性交为目的,那么是边缘性性行为。当然,某些西方国家把拥抱、亲吻作为一般见面的礼仪,就与性行为完全无关了。

二、大学生性心理的困扰

(一)性认知方面的偏差

改革开放以来,随着我国经济社会的进步,人们对性的认识发生了变化,但几千年封建社会愚昧、保守的性观念的影响还远远未能肃清。因此,一些大学生,特别是一些来自偏远地区或农村地区的大学生受其影响,对"性"仍持有某些不正确的认知,仍把性看成是下流的、肮脏的、难以启齿的、污秽的、亵渎的、低级的、见不得人的东西。这种性认知往往导致性情感、性态度的过敏、禁忌、矛盾、冲突,进而影响他们的自我评价,表现为焦虑、烦躁、厌恶以及内心不安、恐惧、自责等。少部分性困扰严重的大学生,出现失眠、注意力不集中、情绪抑郁、不愿与异性同学交往,并常常陷入焦虑、困惑和苦闷之中,从而影响其学习、社会活动等,甚至会干扰自我的正常发展。

(二)月经期的烦恼

月经来潮是女子进入青春期的标志,是一种正常的生理现象。有的女大学生受错误观念的影响,认为"月经不干净""见不得人",对来月经有一种厌恶排斥心理,把来月经称作"倒霉"就是一种不良的心理暗示。由于部分女同学对月经本身产生害羞、厌恶、恐慌的情绪,以及外界环境的不良刺激所引起的紧张、烦躁、抑郁等,都可能不同程度地引起月经紊乱,不良情绪甚至会引起痛经、闭经。月经期间人体容易疲劳,容易受凉感冒,因此女大学生经期的生理和心理卫生是一个不容忽视的问题。

(三)性自卑

> 我是一名大一女生,虽然学习成绩很好,但是身材却十分肥胖臃肿,一点都没有女生应有的柔弱。我总是感觉在学校老师不太喜欢自己,同学中也有很多人与自己合不来。我觉得很少有男生正眼看我,看到同寝室的同学总有男生追求而幸福的样子,我内心充满了痛苦与自卑,为什么没有男生喜欢我?这个问题一直萦绕在我的脑海里,让我无法释怀。我总觉得,一个女生要让别人喜欢,出众的外貌和苗条的身材是必不可少的。我因此非常苦恼。
>
> 怎样才能让别人喜欢自己,好让自己的生活一路顺风,充满阳光呢?你能帮我们的主人公出出主意吗?

几乎所有的大学生都关注与自己性别相关的体貌特征。大学生都希望自己美丽或者潇洒。认为自己长相平凡,就会感到苦恼。比如有的女大学生对自己的乳房大小十分关注和担忧。个别大学生过于在意自己的外貌特征,若遇到被拒绝、被歧视或恋爱受挫,容易出现性心理严重适应不良。

(四)性嫉妒

性嫉妒是指对现实或想象的优于自己的性爱竞争者所持怨恨的情感。当自己的性爱对象有被占有或被夺取的可能性时，就会产生各种复杂的情感体验和行为，一般先是注视、疑虑、担心或跟踪，继而转为憎恨、敌视，甚至采取暴力或自虐、自残行为。

从个体心理发展过程看，性嫉妒开始于婴幼儿时期。婴儿为争夺母爱，可表现出抓扯与母亲亲近的别家孩子。进入少年时期，对自己喜爱的异性与他人接近会感到被异性忽视而伤感，或对嫉妒对象进行冷嘲热讽、语言攻击。处于恋爱之中的青年男女，普遍都有过嫉妒的情感体验。这种嫉妒可演变为恋人之间的猜疑、误解、争吵以及人与人之间的各种纠葛，使恋爱过程变得迂回曲折，甚至关系破裂。一般说来，双方相爱越深，一旦引发性嫉妒其后果也越严重。自信心缺乏和要求爱情专一是嫉妒产生的两个重要原因。

（五）性幻想的困扰

低年级男生小姜暗恋一位年轻女教师，每当该教师站在讲台上，该男生便会产生强烈的感情冲动。小姜性格内向，不善于向他人诉说自己的心事，只能把对青年教师的爱恋之情深深地埋在自己内心深处，稍有闲暇便在脑海想象与老师亲密地在一起的情景，通过这种想象，满足自己的精神需求，并以此作为自己的情感依托，久而久之，这种幻想成为他生活的一部分。时间一长，该男生出现了上课注意力不集中、走神、发呆的现象，学习成绩下降，还伴随有复杂的罪恶感，严重地影响了其正常的学习和生活。可见，如果过分沉溺于性幻想之中，也可能会导致性心理和行为的异常，给身心健康带来不良后果。

性幻想是一种正常的心理现象，它一般在入睡前及睡醒后卧床的这段时间，以及在闲暇时出现较多。有时，性幻想可导致性兴奋，女性性器官充血，甚至借助手淫达到性高潮。青春期的性幻想是性冲动的一种发泄方式，适当的性幻想有利于释放压抑的性行为，但是，如果性幻想过于频繁且沉溺其中，以至于影响正常的学习和休息，甚至把幻想当成现实，那就会成为病态，则属于不健康状态，应加以调节和克服。

（六）性自慰的焦虑

手淫是指性欲冲动时，用手或其他物品摩擦、玩弄生殖器等性器官以引起快感、获得性满足的行为，是与青年性生理发育相适应的一种自娱自慰式的自限性性行为。手淫是人到了青春期后产生了性要求和一时不能满足此要求的矛盾的产物。只要自然的性活动受到限制，手淫就很容易出现。当有了社会性的性行为后，就可能抛弃这种方式。研究表明，性自慰时所产生的生理变化，相当于性交时的生理变化，它是消除性饥渴和性烦恼的一种手段。通过性自慰或手淫，可获得性欲的满足，缓解性的冲动和张力。

三、大学生性心理的调试

（一）科学看待性需求和性行为

性需求是成熟个体繁衍本能的正常表现，如果一个成熟个体对异性没兴趣以及没有性需求，应该是不正常的表现。随着性心理的萌发和发展，相应的性行为也会出现。在情窦初开时，喜欢看爱情作品，包括爱情小说、电影，爱听、爱唱爱情歌曲。接着会对某个异性有好感，想接近异性，约会异性。学生有这些性需求是合理和正常的，问题是性行为的实施、性需求的满足是有条件和道德前提的。

（二）加强性道德教育

性行为是两个人之间发生的，它就必须受道德的规范和约束，这样才能最大程度地保护双方的利益。性道德是指人类调整两性性行为的社会规范的总和。为了维持社会秩序的稳定,保证社会生活的正常进行,需要用这种规范来约束人们的性行为。

制约性道德的手段除法律手段之外,最主要的是依靠传统美德教育,包括羞耻感、义务感、责任感、良心感、公德感及贞洁感。道德约束下的性与爱,追求人类高层次需求的性与爱,才会是一首优美的诗,一幅迷人的画,一首醉人的歌,一杯甘美的琼浆,是人生旅途上的一段美好时光。

为了维持社会秩序的稳定,保证社会生活的正常进行,需要用性道德来约束人们的性行为。作为一种道德现象,性道德不仅表现为一定的观念、情感、思想,而且体现在具体行为和各种活动之中。因此,通常可以把性道德的内容概括为:一个核心——性道德规范,三个性道德范畴——爱情观、贞操观和生育观,三种性道德关系——婚前性关系、夫妻性关系和婚外性关系,一个外部条件——性环境道德。

两性交往必须遵守的道德准则有:

(1)双方自愿原则。自愿是以不违反社会公德为前提。

(2)无伤原则。不伤自己,不伤对方,不伤后代,不造成精神污染。

(3)爱的原则。躯体感受与心理感受有机融合。

(4)婚姻缔约原则。

(5)科学计划生育原则。

(三)合理满足性需求

大学生出于真诚相待的心,积极与异性交往,如果遇到心仪和喜欢的异性,不妨来一场较为深入的了解甚至恋爱,或许这就找到了童话中的“白马王子”,成就一生的幸福。现在大学生谈恋爱已经被社会普遍接受。是否要提倡大学期间结婚,这个问题值得商榷,但在大学期间鼓励男女学生多多交流和理解,并在这个基础上发展恋爱和爱情是应当的。性压抑对学生的身心发展不利,性解放也是害人害己的,应倡导学生用正确的方式、合理的途径去解决自己的性需求。如果在某些条件的限制下不能满足自己的性需求,也要学会管理和控制自己的性需求,常用的方式是转移。当学生觉得精力旺盛、生机勃勃、充满激情时,可以去参加某些运动,比如打篮球、参加足球比赛以及唱歌、跳舞等大运动量的活动,在活动中消耗能量以便缓解性驱力造成的压力。转移是指学生将性驱力引起的紧张消耗在某一积极的兴趣爱好上,比如有人喜欢绘画、写作等,在这个过程中将自己的性驱力得到升华。

(四)增强保护意识,避免性侵犯

大学生在谈恋爱时,一方面在发展双方的关系,以合理的方式去满足自己的性需求,但另一方面也存在被欺骗、被侵犯的风险。所以大学生在谈恋爱时要学会区分感情的真假,避免性侵犯。在鉴别感情的真假时,很重要的一条标准就是对方是否尊重自己,在性需求的满足和性行为上是否有耐心等待时机的成熟。在与异性相处时穿着不能太暴露,以免激发对方的邪念。不要和异性单独地在封闭空间相处,以免受到性攻击。不要随便接受异性给予的食物,免得被下药失去抵抗侵犯的意识和能力。不要在夜深人静的时候外出,在这种情形下受到侵犯就较难得到旁人的救助,也会增加侵犯者的攻击动机。即使要发生性行为也要做好避孕工作。避孕是应用科学手段使妇女暂时不受孕,主要控制生殖过程中的三个环节:①抑制精子与卵子产生;②阻止精子与卵子结合;③使子宫环境不利于精子获能、生存,或者不适宜受精卵着床和发育。常见的避孕法有使用避孕药、避孕套、避孕膜、安全期避孕和体外排精避孕等。总之,两性相处在精神交流方面要大方得体,在身体的接触方面要谨慎小心,避免给自己带来近期或长远的伤害。

课后讨论与探究

失恋后的惨剧

武卫(化名)学习成绩很好,一直是班上前几名,但平时不爱说话。前段时间,武卫与外校的女朋友分手了,情绪反常,喝了不少酒,当时就被同学发现,并有一同学寸步不离守护他。昨日中午 11 时许,武卫趁守护的同学不备,关上门从 6 楼纵身跳下……据赶到现场的医生说,当时武卫瞳孔已经散大,经抢救无效死亡。

如何避免大学校园此类惨剧的上演呢?结合本讲的知识想想具体的办法。

进一步阅读的文献

● 米勒,珀尔曼. 亲密关系:第 5 版[M]. 王伟平,译. 北京:人民邮电出版社,2011.

爱情无疑是人类感情世界中最美好动人的体验,从古至今都有大量关于爱情的伟大文学作品,但能从心理学视角全面系统地剖析两性关系的专著仍然不多。《亲密关系》一书就以其独特视角脱颖而出。本书汇聚了心理学各分支领域的研究成果,用富有趣味的笔触,概括了人际交往、爱情承诺、婚姻性爱、嫉妒背叛等方面的行为规律。全书内容丰富生动,语言优美流畅,既保持了专业性,又具备强大的可读性。无论是青春懵懂的大学生,还是研究亲密关系的专业人士都可以从本书中获得重要启发。

● 卢森. 不一样的恋爱心理学[M]. 北京:中国青年出版社,2010.

爱情在人们的心目中总是美好的,在任何年代,拥有爱情都是一件幸福的事。即使怀疑过爱情或者失去过爱情,人们心灵深处对世间真爱的渴求也是永远不会停止的。喜欢一个人,如何去表达?为什么恋爱中的男女说的话一样,表达的意思却完全不一样?为什么两人明明相爱却没有在一起?作者像老朋友一样和我们一起探讨这些心中的疑惑,和我们一起获得心灵的成长。

● 弗洛姆. 弗洛姆著作精选:人性、社会、拯救[M]. 黄杰颂,编译. 上海:上海人民出版社,1989.

本书收有作者的《基督的教条》《社会心理学的方法和作用》等 19 部作品。它洗去的是原来墨守的陈规,它使我们打破原有的框架去思考,这种框架是由我们的语言文化塑造的无形的权威,使得人成为被动的受体而不是具有自发性的生命。

第七讲 大学生的挫折应对与压力管理

【导语】

“人生不如意十之八九”，每个人的人生，都不可能总是一帆风顺，坎坷挫折时有发生。面对生活中的种种不如意，人们常常会焦虑不安，心情抑郁，内心体验到巨大的压力。挫折、压力存在于生活的各个方面，人人都经历过，例如大学生活的不适应、学习成绩不理想、恋爱受挫等。承受压力似乎成了生活中的一部分，但是过度的压力会破坏我们的身心平衡，造成心理困扰，损害身心健康。然而，挫折压力并不是不可战胜的，通过合理的应对方法，我们可以有效地处理挫折和管理压力。希望通过本讲的学习，你可以：

1. 知悉挫折、压力的特征和遇到挫折、压力后人们的生理、心理、行为反应；
2. 了解大学生常见的挫折及其引发的心理防御；
3. 掌握挫折耐受性的提高方法和压力管理的方法；
4. 在日常生活中会运用挫折耐受性的提高方法和压力管理的方法来预防和解决自己遇到的问题。

7.1 微课视频

第一节 人生总有不如意——认识挫折与压力

课前暖身活动

成长三部曲

“不经一番寒彻骨，哪得梅花扑鼻香”，也许我们成长的道路不会一直平坦，但努力过后，我们仍会收获成功的喜悦。

具体操作：

(1)活动开始时，每个人都是蹲着的(若条件受限，可坐着)，代表鹅蛋，然后两两猜拳，赢的成员由蹲着变成半蹲(坐着变成站着)，表示由鹅蛋变成了丑小鸭，输者仍然是鹅蛋。随后同类找同类猜拳，鹅蛋赢了变丑小鸭，丑小鸭赢了变白天鹅，由半蹲变成直立(站着的晋级可站到椅子上)并舞动双臂,输者降级。白天鹅猜拳时,赢者将变成观察员,站在圈外观看。

(2)当还剩下少数几个鹅蛋时叫“停”。小组成员分享活动体会。

一、挫折

(一)什么是挫折

关于挫折(frustration),心理学侧重于人们的体验反应,认为挫折是个体在通向目标的意志行为过程中由于不可预知的因素,使目标无法达到,从而在主体身上引起的一种情绪体验和行为反应。

1. 挫折针对的是意志行为

个体的大多数行为是具有明确目标的意志行为。人之所以常常有苦恼、焦虑、愤怒这些负面情绪体验,就是因为行为目标遇阻和受挫。如果人没有明确的目标,行为没有意志性,挫折就无从产生,即便遇到障碍,也不会把它看作挫折。例如,如果你只是抱着试一试的心态去参加研究生入学考试,读不读研究生对你来说都没有重要的意义,也就是说,你根本没把考取研究生当作你的目标,那么即使你失利了,这对你来说根本不是一种挫折。

2. 挫折是主体的情绪体验

个体在遭受挫折后会马上引起复杂的情绪体验和情感反应。个体会有自尊心的损伤感,自信心的丧失感,行为的失败感和达不到目的的愧疚感等一系列纠结的情绪情感,之后会形成一种紧张、不安、忧虑、恐惧等情绪体验所交织成的复杂心情,概括之为焦虑。

正是因为挫折能够引起人的这种巨大的负性情感反应,使人痛苦,所以人们才不愿意面对挫折,就是遇到了,有的还可能采取一些防御性心理反应,从而避免陷入痛苦的泥潭。

3. 挫折是主体的认识

引起挫折的刺激是客观存在的,一般不受个体支配与控制,但对于同样的刺激是否会引起同样的反应,却存在个体差异。这就是说,人对于刺激情境是否会引起挫折反应,还在于主体自己怎么去认识这种刺激情境。我国古代寓言故事“杯弓蛇影”便生动说明了这个道理:同样的情境,不同的诠释,导致不同的结果。

4. 挫折是不可预知的

传统的科学观总幻想着人类能够完全掌握事物的发展过程,控制行为结果。对于像火箭发射、机械运行这类物理事件,科学家已经实现了精确的控制,但是对于由人参与的社会性活动呢? 20 世纪后半叶发展起来的自组织理论告诉人们,对世界的完全控制只是人类的美好愿望,永远不可能达到,尤其是社会历史进程。因此,对日常的意志行为过程,我们可以大概估计会遇到哪些困难,但是永远不能精确到它们会是什么,以及如何发生、何时发生。大学生由于社会经验不够丰富,更是缺乏对挫折的预测能力。

(二)挫折反应

影响挫折反应的因素,大体上可以分为主体因素和客体因素或者内部因素与外部因素两大类。人们在日常的学习生活中,由于主客观条件不一样,挫折反应也各不相同。

人们的挫折反应表现在生理、情绪和行为三方面。需要强调的是,下面的心理与行为反应,有积极的也有消极的,是人们在生活经验中习得的结果,无所谓对错。

1. 生理反应

个体遭受挫折以后,机体内部的自我调节机制将会最大限度地调动机体的潜在能量,以有效地应付外界环境的变化。比如,受挫后交感神经系统的兴奋性会增强,消耗大量的能量,于是神经末梢释放生物信息,刺激心肌收缩力增强,以促进血液循环加快,血压升高;刺激呼吸加快,以保证氧气供应;刺激各种激素分泌增加,促进蛋白质、脂肪、糖原分解。

体内潜能大量消耗的同时,机体内部那些与情绪反应无直接联系的器官或系统则得不到必要的能量而不能维持正常功能,如消化道蠕动减慢、胃肠液分泌减少等。如果长期处于挫折情境而得不到消解,上述生理变化将会进一步增强,从而引起身心病变,出现皮肤和面色苍白、四肢发冷、心悸、气急、腹胀、尿少等一系列症状。

2. 心理反应

挫折情境中的心理反应包括情绪反应,以及较为复杂的防御性心理反应。

(1)愤怒和敌意。如果受挫者意识到挫折情境来自人而不是自然因素,会产生愤怒和敌意的情绪体验。所谓"怒从心头起,恶向胆边生",愤怒之后可能还会有进一步的极端行为反应。

(2)焦虑与担忧。通常情况下我们不知道挫折的原因是什么,或者就是知道挫折来源于什么,但是我们却无法解决,这时我们往往会产生焦虑与担忧的情绪反应。焦虑是挫折后常见的一种心理反应。适度焦虑,如考试前适度紧张,对提高活动效率、发挥潜能有一定的积极作用。而过度的焦虑是有害的,严重的还会导致心理疾病,发展成焦虑症。焦虑之外,往往还有对于事情进展能否顺利、目标能否达到的担忧。

(3)冷漠。当人遇到挫折以后,表现出无动于衷、漠不关心的态度,好像没有什么情绪反应,这就是受挫后的冷漠反应。冷漠并非没有情绪反应,相反,是一种压抑极深的痛苦情绪反应。当一个人面对亲人、朋友带给自己的伤害,或者面对无法摆脱的挫折情境时,通常会表现出冷漠的反应。

(4)压抑。当我们无法对挫折情境表达我们的愤怒与不满的时候,需要暂时将消极情绪压抑起来。压抑并不意味着问题的解决,按照精神分析理论,被压抑的情绪进入潜意识,会通过其他途径变相表露出来。

(5)积极心态。以积极的心态看待挫折,将挫折转化为一种激励的力量。所谓"屡战屡败,屡败屡战""越挫越勇"就是这种在挫折面前自我激励的情绪状态。

(6)向下比较。有时候当我们遇到挫折的时候,会和那些命运比我们更差的人去比较,就像所谓的"阿Q精神",以消除愤怒不平的消极情绪,让自己的心理获得一种平衡感。

3. 行为反应

人在挫折情境下除了有情绪反应之外,可能还伴随着某种行为反应。

(1)报复与攻击。对于人为造成的挫折,比如他人的恶意阻挠,会激起当事人强烈的反应,可能会直接激发出报复和攻击行为。

(2)不成熟行为。遇到挫折时,个体的心理活动和反应会退回到早期发展水平,以幼稚的、不成熟的方式应对当前情境。比如,大学生的活动计划如果受到家长或者老师的反对,可能就会采取赌气、咒骂、暴食、疯狂购物、砸物甚至出走等非积极、非成熟的方式去应对。

(3)习得性无助。所谓习得性无助,是指个人在面对挫折情境时,经多次尝试也无法避免失败，使得个体在挫折面前完全失去意志努力的现象。这是心理学家进行动物实验时发现的现象。在现实生活中，如果人们遭受多次挫折和打击，却不能克服苦难、战胜挫折，久而久之就会沮丧，从而倾向于放弃意志努力，听从命运摆布。

(4)补偿行为。所谓补偿，是指一个因某方面的缺陷而无法达到期望的目标时，以其他方面的成功来弥补先前的遗憾与自卑的现象。例如，大学生因为家庭经济条件或者自身的相貌条件在恋爱问题上受挫，他就发奋学习，以学习的成功来增强自信心。

(5)幽默。遇到挫折，以看似轻松发笑的语言对挫折的原因或者遭受挫折以后的后果进行解说，使人的心理紧张或愤怒感暂时消失的艺术，就是幽默。幽默反映个人看待挫折成败的一种超然心态和智慧。幽默搞笑日渐成为大学生释放学习挫折和压力的一种手段。

(6)宣泄。宣泄是指采用道德法律许可的方式发泄心中的不满、愤怒等极端情绪，从而避免发生直接人际冲突和心理郁积的一种方式。常见的宣泄方式有在空旷空间大吼大叫、摔打物品、打出气袋、跳舞、唱歌等。

(三)挫折与心理冲突

在实际生活中，人们常常同时存在若干动机，其中有些性质相似或相反而强度接近，使人难以取舍，便形成了心理动机的斗争。如在同一时间内，某人既想去参加同学聚会，又想去看科技展览，但不可能两全其美。这就是心理动机的矛盾斗争，又称心理冲突。心理冲突常常是引起挫折的重要原因。

心理冲突的实质是心理需要之间的冲突。大致有三种心理冲突形式。

(1)双趋冲突，在两个目标都符合需要并有相同强度的动机中，个体因迫于情势不能两者兼得，从而在心理上产生难以取舍的冲突情境。所谓“鱼和熊掌不可兼得”，就是这种情况。

(2)双避冲突，两者同时违背需要，造成厌恶或威胁，产生同等强度的逃避动机，由于情势又不能同时避开，由此产生的难以抉择的斗争。

(3)趋避冲突，即某一目标对个体既有利又有害，既有吸引力又有排斥力，处于既爱又恨的矛盾状态。

(四)挫折对人的影响

挫折对人的影响具有两面性：一方面，挫折可增加个体的心理承受能力，使人猛然警醒，汲取教训，改变目标或策略，从逆境中重新奋起；另一方面，挫折也可使人们处于不良的心理状态中，出现负性情绪反应，并采取消极的防卫方式来对付挫折情境，从而导致不安全的行为反应，如不安、焦虑、愤怒、攻击、幻想、偏执等。

小贴士

心理应激会增加个体对感冒的易感性吗？

有一项有趣的实验研究，Cohen、Tyrrell 和 Smith(1991)招募了 420 名健康志愿者进行了一项关于“心理应激影响个体对普通感冒的易感性”研究。志愿者首先进行了一系列检查，表明没有慢性或急性疾病，然后完成一个问卷，获取他们所经历的生活应激事件的信息。接着志愿者被给予含有呼吸系统病毒的低浓度的鼻滴液。接下来的 2～6 天，志愿者都被隔离并接受专业医生对其呼吸系统的检查。结果发现，高应激实验组有82%的人感染了病毒,其中38%的人患上了感冒,而对照组只有19%的人感染了病毒,但无一人患感冒,且应激与疾病之间的诸多中间变量,如人格特征、生活方式(如吸烟、酗酒、锻炼等)、免疫功能等,对这个结果都没有影响。由此可见,心理应激会增加个体对普通感冒的易感性。

来源:沈晓红. 健康心理学[M]. 杭州:浙江教育出版社,2009:10-13.

二、压力

目前大学生所体验的压力也不可忽视,如考试压力、学习压力、就业压力、人际压力等。大学生承受的压力越来越重,已经导致一系列的心理健康问题。压力,已经成为危害大学生健康的第一杀手。近年来由各种压力导致的大学生自杀事件以及违法犯罪事件,让人触目惊心。为此,大学生必须学会管理和释放自己的心理压力,才能拥有快乐和健康的生活。

(一)压力的界定

压力是指人们在社会适应过程中,由生理系统对各种刺激的反应所引发的一种紧张的心理感受和体验。压力在文献中也被称为应激(stress),压力是一般意义上使用的概念,应激则是临床使用的概念。压力包括以下两种含义。

1. 压力是一种心理感受和体验

我们这里所说的压力不同于力学范畴中的压力。力学中的压力是实实在在的直接作用,可以测量,并且也容易控制和消除。而心理压力则是一种心理感受,存在个体差异。压力是心理失衡的结果,来源于内心冲突。心理作为个体对现实的反应,必定将我们日常生活中遇到的各种各样的矛盾,如理想与现实、自我与社会等冲突,引入我们的内心世界,从而引发焦虑、苦恼等情绪体验和感受。

2. 压力是压力源作用的结果

压力虽然是一种体验,但离不开客观刺激——压力源。诸如生活费超支、即将到来的期末考试、毕业后的就业问题等,都是造成大学生有压力感的原因。

(二)压力的反应

压力并不直接导致我们的感受和体验,我们对压力的认识或主观评价,决定了我们的感受和体验。对压力的反应包括心理和行为两个方面。

1. 压力的心理反应

在压力情境下,个体的感知功能被激活,注意力集中,记忆力增强,思维也变得活跃。个体的认知反应既有积极的一面,也可能具有消极的作用。积极的一面是认知活动增强,有利于应对压力情境,迎接威胁与挑战。但也可能产生诸如"灾难化"的消极认知反应,即对负性压力源的潜在后果估计得过分严重。消极认知反应还包括自我评价降低,使得个体的自信心丧失。例如,一个长期得到师生称赞的学生,突然面对一次考试失利,很可能就会一蹶不振,变得怀疑自己。

个体的心理反应还集中在情绪方面。面对压力,个体最常见的情绪反应包括焦虑与恐惧、愤怒与怨恨、抑郁等。

2. 压力的行为反应

压力条件下的行为反应，与心理和情绪反应密切相关，也可以将其视为心理过程的外显反应。行为反应主要涉及面部表情、目光、身姿和动作，也包括声调、音高、语速和节奏等副言语线索。当压力超过当事人承受能力的时候，个体的行为反应可能会显得惊慌失措，以致身体的协调能力和灵活性下降，动作刻板，或运动性不安，搓手顿足，或运动减少而呆滞木僵。

小贴士

一般适应综合征

一般适应综合征（general adaptation syndrome，GAS）是加拿大心理学家汉斯·薛利（Hans Selye，1956）定义的一类适应性反应。他认为，当个体面临应激时，不管应激源是什么，个体都会出现同样的生理反应模式。

一般适应综合征包括三个阶段：警觉阶段、抵抗阶段和衰竭阶段。

警觉阶段又叫唤醒期或准备期。发现事件并引起警觉，同时准备应付。交感神经支配肾上腺分泌肾上腺素和副肾上腺素，这些激素促进人体的新陈代谢，释放储存的能量，于是主要器官的活动处于兴奋状态，包括呼吸、心跳加快，汗腺分泌加速，血压、体温上升，骨骼肌紧张等。

抵抗阶段又叫战斗期或反抗期。继警觉之后，人体全身心投入战斗，或消除压力，或适应压力，或退却。个体内部的生理和心理资源被大量消耗。此时个体变得极为敏感和脆弱，即便是微小的刺激，也能引发个体强烈的情绪反应。比如，爱人的唠叨、孩子的纠缠都会让一个下班后精疲力竭的丈夫或者妻子勃然大怒，找对方“出气”。

衰竭阶段又叫枯竭期或倦怠期。由于抗击压力的能量已经消耗殆尽，此时个体在短时间内难以继续承受压力。如果一个压力反应周期之后，外在的压力消失了，经过一定时间的调理休息，个体很快就能恢复正常的体征。如果压力源持续存在，个体仍不能适应，那么一个能量已经消耗殆尽的人，就必然会发生危险，此时，疾病、死亡都是极有可能的。长期处于叠加性压力和破坏性压力状态下容易出现身心疾病，就是这个道理。

（三）压力的影响因素

个体对压力的反应，不是直接而单纯的，而是受到中介机制——认知评价的影响。它决定着个体如何看待刺激与压力的大小。认知评价机制主要取决于以下因素：

（1）压力源本身的性质与特点，即是单一性的还是复合性的，一般性的还是破坏性的。

（2）社会支持系统。当个体具有较强的社会支持系统时，他可能对压力知觉为没什么大不了的，自己可以得到帮助；相反，社会支持系统薄弱的人会很沮丧，有一种独自面对困难的悲伤。

（3）当事人自身的身心特点，主要包括三个方面：性别、年龄、受教育程度、经济状况、婚姻状况、职业等人口统计学状况；体魄强壮与否的生理状况；认知与归因风格、性格倾向、情绪状态、应对能力与应对风格、人格动力特征、自我概念、经验、准备状态等心理因素。

(四)压力的作用

压力对人的作用具有双重性。

1. 压力对健康的积极作用

一般地,单一性社会压力有益于健康,它使人生活得充实,人生变得有意义,这类压力称为良性压力。事实上完全没有压力的生活是不可想象的,也是不真实的。

心理学研究表明,早年的心理压力是促进儿童成长和发展的必要条件。经受过生活压力的青少年在以后的生活和工作中更容易适应环境,更容易取得成功;反之,早年生活条件太好,没经历过挫折和压力,犹如温室里成长的花朵,经不起生活的风吹雨打。对于大学生而言,适度的压力是维持正常身心功能,激发大学生的积极性和主动性,锻炼和培养良好意志力品质的必要条件。

2. 压力对健康的消极影响

继时性压力和破坏性压力,则成为人们健康的杀手。继时性压力使人处于慢性心理应急状态,时间一久便容易引发一系列身心症状,会出现呼吸困难、易疲劳、心悸和胸痛等生理症状。此外,还有紧张性头痛、焦虑、抑郁、强迫行为等心理症状,称为慢性应激障碍。

破坏性压力,比如地震、战争等,则容易使人患上创伤后压力失调,或创伤后应激障碍,造成感知、情绪、行为等方面一系列问题,称为急性应激障碍。比如女性被强暴后会变得呆滞、心因性记忆丧失、回避社会活动、失去安全感等。强大的自然灾害的心理反应,则比创伤后压力失调更为严重,产生灾难综合征。

小贴士

创伤后应激障碍

创伤后应激障碍(post-traumatic stress disorder,PTSD)是指人在遭遇或对抗重大压力事件后,其心理状态发生失调的一种后遗症。这些遭遇经验包括生命遭到威胁、严重物理性伤害、身体或心灵上的胁迫,具体的重大压力事件包括战争、地震、严重灾害、严重事故、被强暴、受酷刑、被抢劫等。PTSD 多数在遭受创伤后数日至半年内出现。

大部分 PTSD 患者会在夜晚的噩梦或白天令人不安的回忆中不断地重温创伤,这些噩梦和回忆忽来忽去,也许几周都不会受其困扰,之后又没来由地被其纠缠。与此同时,患者可能表现出睡眠障碍、抑郁、感情冷漠或麻木、易受惊等症状,对于曾经喜爱的活动也逐渐兴趣减退,并难以与人亲近,甚至是至亲的亲人。他们可能变得易怒,比之前更富有攻击性,甚至更暴力。看到能勾起那次回忆的事物后,患者会感到痛苦,应尽量让他们回避那样的场所和情境。此外,事件发生的周年纪念也会让他们很难过。

创伤后应激障碍是可以治疗的,通常采用心理治疗和药物(用于具体症状的缓解,如患者中普遍伴有的抑郁症状)相结合的方法。PTSD 患者应该寻求心理治疗师或是在创伤后应激障碍治疗方面有特殊经验的心理学家的帮助,以减轻心理不适感。抗抑郁的药物可以缓解 PTSD 的症状。

【讨论和思考】

如果生活中没有了挫折和压力会怎么样？这样的生活是不是最美好的生活？

第二节　风斜雨急伴成长——了解常见挫折

案例导入

梁鹏是电影学院导演系的研究生，个子高高的，长得也很帅，但几年下来他有一个很悲观的想法：做导演需要出名，而真正出名的导演又有几个呢。从本科到研究生一路走来实在太累了，要协调各方面的关系，这种压力压得他喘不过气来。最终，他办理了退学手续。学校的老师、同学无不为他惋惜。

同学们有没有遇到过像梁鹏一样的情况？你们是怎样解决的？和同学们分析一下。

一、挫折的种类

大学生活虽然如诗歌般浪漫美好，但是挫折也常常不期而遇。当代大学生主要遭遇如下挫折①。

1. 学习挫折

这是大学生最常遇到的挫折。学习挫折主要表现在学习环境不适应，学习方法不适当，学习压力重。随着我国高等教育毕业分配制度的改革，激烈的竞争对人才素质的要求不断提高，很多大学生为了走出校门时具有较强的适应能力和竞争能力，不断自觉地提高自己对学业的要求，处于高度紧张状态，对学习感到心有余而力不足，在巨大的精神压力下出现神经衰弱，头痛失眠。许多大学生经过十年寒窗苦读和激烈的高考竞争，终于步人大学殿堂，他们中大部分是中学的佼佼者，心目中充满了对大学校园浪漫而又美好的憧憬。然而，现实的大学校园里，群英荟萃，强手如林，使他们的心理产生很大的落差。还有一些大学生无法适应学习方法和环境的重大改变。面对这样的情况，有的人可能及时调整了自己的心态，接受眼前的现实，努力适应大学的学习生活；而有的人则产生悲观情绪，继而丧失信心，产生很强的挫折感，郁郁寡欢，学习积极性不高，整日生活在自卑的阴影中。学习挫折直接削弱大学生的主观幸福感。

2. 人际交往挫折

人际交往对大学生而言是仅次于学业发展的一项重要的社会需要。大学生都希望获得更广泛的良好人际关系，从而维系个人发展与社会需要之间的纽带。但是，由于性格或者成长经历的影响，在人际交往中，往往难以达到理想效果，要么难以抛开自尊、自傲和矜持的面具，要么以错误的方式伸出橄榄枝，反而引起别人的误解，导致人际交往挫折。大学生的人际交往挫折主要表现在同学交往、师生交往等方面。来自五湖四海的大

①胡珊珊. 浅析大学生挫折心理的类型及对策[J]. 四川教育学院学报，2007，23(8)：10-11.

学生组成一个新的大家庭,每个人在成长经历、行为习惯、兴趣、爱好、性格、人生观、价值观等各方面存在很大差异,不可避免地会发生一些摩擦、冲突和情感损伤。当代大学生多数来自独生子女家庭,优越的家庭环境使他们不愿吃苦,缺乏集体主义精神,缺乏关心他人的意识。还有些大学生自身缺乏生活经验和阅历及协调人际关系的能力,他们常常因处理不好同学之间、师生之间的关系而感到郁闷、情绪低落,这些往往使大学生在心理上感觉苦闷、烦躁、压抑和孤独,甚至产生一些偏激行为。

3. 恋爱挫折

文学家歌德曾说过:“哪个少女不怀春,哪个少男不钟情。”爱情是大学生校园生活中的重要一课。许多大学生对爱情充满着渴望,但是由于一些心理因素或客观现实因素的限制,很多大学生往往难以得到爱神的垂青。一些大学生由于心理成熟滞后于生理成熟,他们在处理和对待异性关系问题上常常表现出不成熟,在交往中时常会产生一些不必要的紧张、恐惧、羞涩,从而遭受失恋、单相思的困扰。而一些现实条件的限制也常常使一些大学生在恋爱方面遭受挫折。我们从大学校园论坛或一些征友论坛上公开的信息不难看到,女生选择男朋友的标准往往是“阳光帅气,身高 175 厘米以上”,而男生择友的标准也往往是外表美丽、性格温柔。不可否认,大学生恋爱动机的差异、恋爱过程中交流沟通技能的欠缺等原因会导致部分大学生遭遇恋爱挫折。

4. 就业挫折

逐年加大的就业压力,给大学生带来了隐性压力。对即将毕业的大学生来说,择业更是一种现实的压力。根据调查,无论是就业岗位、地点还是薪酬福利等,大学生的期望一般高于社会能提供的范围。所以,在整个就业过程中,大学生都会感到失望、焦虑。

目前,高校毕业生实行“自主择业”和“双向选择”,就业体制的改革虽然对社会的发展具有积极意义,但也使很多大学生不得不面临就业现实的严峻挑战。部分学生对就业形势缺乏正确的认识和对自己缺乏客观的评价,因而选择工作时要么“皇帝的女儿不愁嫁”,要么感觉自己处处不如人,结果“高不成,低不就”。另外,部分人才市场的具体运作不规范,量才、择优用人的就业机制不健全也会给学生的心理造成挫折感。

5. 生活挫折

随着我国经济社会的快速发展,人民生活水平的日益提高,大学生生活所需费用明显提高。家庭经济困难的大学生大多来自贫困地区的农村,家庭经济收入有限,负担重,也有少数来自城市的工薪阶层,他们的父母或下岗,或退休,收入都较低,还有部分特困生生活在特殊家庭,如父母长期患病等。虽然许多高校采取了“奖、贷、勤、补”等种种措施来帮助困难学生,但毕竟是杯水车薪,无法从根本上解决问题。家庭的经济负担,对未能自食其力的大学生会造成一定的心理影响,这具体表现为内疚、自卑、自闭、偏激、易愤世嫉俗等,尤其是当看到别人有的自己没有,或者过于敏感而觉得他人对自己的目光是嘲笑和异样时,就很容易产生挫折感,产生心理压力,严重的甚至会导致心理问题。

6. 健康挫折

健康挫折主要表现在面对生理上的某些缺陷,追求不能得到满足时所产生的挫折感。当代大学生十分重视自我形象,注重自己的“面子工程”。健康的身体是人活动的基础。但“金无足赤,人无完人”,少数大学生总会遭遇生理上的某些缺陷等情况。有的大学生因为生理上有些缺陷,如身材较矮、较胖、较瘦等,就产生极强的自卑感,自信心不足,自我封闭，总觉得自己矮人一等，抬不起头来，不愿参加集体活动，更不愿意同别人交往，给学习生活造成了诸多困难，因此而感到痛苦，并影响自尊心。

案例分析与讨论

小张是一名来自贫困山区的大学生，就读于一所师范院校。他的家庭经济状况比较困难，他上大学的费用是依靠助学贷款和向亲戚朋友借来支付的。刚进入大学时，他性格比较内向，话语不多，因为平时看到有的同学在谈论名牌，他常常觉得自己无话可说；当同学在比较手机或炫耀手机功能时，他也常常避开，因为他连一个像样的手机都没有。他渐渐地明白了自己与一些同学在经济上的差距。但这些挫折并没有把他击倒，他秉承着“吃得苦中苦，方为人上人”的人生信条，开始了大学奋斗之旅。没有电脑，他就经常到图书馆去，从书本上汲取知识。有些同学还在宿舍玩游戏或看影片时，他已早早地到了图书馆博览群书去了。他的学习并不仅仅局限于专业课的知识，平时他还努力摄取各方面的知识，以增长见识，拓宽眼界，放宽胸怀。在博览群书的同时，他还积极参与学校的社团活动和社会实践，将理论知识运用到实际当中去。课外，他利用空余时间，从事兼职工作，家教、收银员、接待员等，他都干过。这些兼职活动使他获得了一定的社会实践工作经验，也锻炼了他为人处世的方式，更缓解了他经济上的压力。功夫不负有心人，辛勤的汗水终于获得了回报，他不但每年都获得学校的奖学金，最终还以优异的成绩毕业，找到了一份满意的工作。

你经历过什么挫折？你是怎样处理的？在处理过程中有没有寻求帮助？都向谁寻求过帮助？

二、挫折引发的心理防御机制

当大学生遇到上面提到的挫折时，往往会无意识地运用一些心理防御机制来保护自己。心理防御机制（psychological defense mechanism）是指个体面临挫折或冲突的紧张情境时，在其内部心理活动中具有的自觉或不自觉地解脱烦恼，减轻内心不安，以恢复心理平衡与稳定的一种适应性倾向。心理防御机制的积极意义在于能够使主体在遭受困难与挫折后减轻或免除精神压力，恢复心理平衡，甚至激发主体的主观能动性，激励主体以顽强的毅力克服困难，战胜挫折。消极的意义在于使主体可能因压力的缓解而自足，或出现退缩甚至恐惧而导致心理疾病。

心理防御机制主要有以下几种。

（一）逃避性防御机制

1. 压抑（repression）

压抑是各种心理防御机制中最常见的一种。此机制是指个体将一些自我不能接受或具有威胁性、痛苦的经验及冲动，在不知不觉中从个体的意识中排除抑制到潜意识里去。这是一种“动机性的遗忘”（motivated forgetting），个体在面对不愉快的情绪时，不知不觉有目的地遗忘（purposeful forgetting），与因时间久而自然忘却（natural forgetting）的情形不一样。例如，我们常说：“我真希望没这回事”，“我不再想它了”，或者在日常生活中，有时我们做梦、不小心说溜了嘴或偶然有失态的行为表现，都是这种压抑的结果。

2. 否定(denial)

否定是一种比较原始而简单的防御机制,其方法是借个体在创伤情境下的想法、情感及感觉来逃避心理上的痛苦,或将不愉快的事件"否定",当作它根本没有发生,来获取心理上暂时的安慰。"否定"与"压抑"极为相似,唯"否定"不是有目的地忘却,而是把不愉快的事情加以"否定"。

这种现象在日常生活中处处可见,譬如,小丽与男友小明交往了三年,忽然小明变心了,室友知道小丽十分爱小明,担心她想不开,就好言安慰她,焉知小丽说:"其实分手也好,我一向也在担心谈恋爱会影响学习……"小丽用"否定"的防御方法来逃避现实的痛苦。

许多人面对绝症或亲人的死亡,就常会本能地说"这不是真的",用"否定"来逃避巨大的伤痛。其他如"眼不见为净""掩耳盗铃"也是否定作用的表现。

3. 退化(regression)

退化是指个体在遭遇挫折时表现出其年龄不应有之幼稚行为反应,是一种反成熟的倒退现象。例如,已养成良好生活习惯的儿童,因母亲生了弟妹或家中突遭变故而表现出尿床、吸吮拇指、好哭、极端依赖等婴幼儿时期的行为。

根据勒温等人的研究,认为二至五岁的儿童遭遇挫折而表现退化行为(regressive behavior),比实际年龄倒退一年或一年半。退化行为不仅见于小孩,有时也发生于成人。例如,当有重大事情发生时,我们会大叫一声"妈呀";又如夫妻吵架,妻子跑回娘家向母亲哭诉,都是退化行为。譬如,有一女学生,自从被班上同学嘲笑后,每当要上学时就会肚子痛而无法上学,这也是一种退化行为。

当人长大成人后,本来应该运用成人的方法和态度来处理事情,但在某些情况中,由于某些原因,采用较幼稚的行为反应并非不可。例如,做父亲的在地上扮马扮牛给孩子骑,做妻子的偶然向丈夫撒娇等,偶然"倒退",反而会给生活增添不少情趣与色彩。但如常常"退化",使用较原始而幼稚的方法来应付困难,利用自己的退化行为来获取别人的同情与照顾,以避免面对现实问题与痛苦,其退化就不仅是一种现象,而是一种心理症状了。

(二)自骗性防御机制

1. 反向(reaction formation)

当个体的欲望和动机,不为自己的意识或社会所接受时,唯恐自己会做出,乃将其压抑至潜意识,再以相反的行为表现在外显行为上称为反向。换言之,使用反向者,其所表现的外在行为,与其内在的动机是成反比的。在性质上,反向行为也是一种压抑过程。例如,一位好吃糖,但被告诫吃糖会蛀牙,且不为妈妈所喜欢的女孩,每每与母亲逛超市,总指着糖果对母亲说:"不可以吃糖,吃糖会蛀牙,且妈妈不喜欢。"其他如我国"此地无银三百两"的故事与成语"以退为进"都是反向的表现。通常使用"反向"者,对自己在使用此机制往往一无所知。

这种矫枉过正的反向作用,在日常生活中常常可以观察到。比如说,有的人内心很凶,唯恐凶性发作不可收拾,于是在外表上表现得非常温和、慈善。当然,反向作用指的是本人不知不觉中使用此种心理防卫法,自己一无所知,真的相信自己是所表现的那种人,如果有人暗示他的表现可能是假的,他就会暴跳如雷,并不是一般人所说的"伪君子"

"伪善者"。

反向行为，如使用适当，可帮助人适应生活上的挫折；但如过度使用，不断压抑自己心中的欲望或动机，且以相反的行为表现出来，轻者不敢面对自己，如果过度使用将形成严重心理困扰。

2. 合理化(rationalization)

合理化又称文饰作用，是指个人遭受挫折或无法达到所要追求的目标时，无意识地用似乎合理的解释来为难以接受的情感、行为、动机辩护，将面临的窘迫处境加以文饰，以隐瞒自己的真实动机或愿望，从而为自己进行解脱的一种心理防卫术。这个理论有很著名的两个案例，一个是酸葡萄心理——丑化失败的动机；一个是甜柠檬心理——美化被满足的动机。

一般来说，每种现象或事件的发生，都可用许多理由与方法进行解释。合理化则是从个体的心理需要出发，从一系列理由中选择其中一些合乎自己内心需要的理由去特别强调而忽略其他理由，以避免心理上的痛苦。古时候有个笑话，说的是一个吝啬的主人带了仆人外出，途经一小店，主仆二人进去各吃了一碗面当作晚饭。仆人心想应该由主人付钱，就没有自己结账。主人碍于面子，勉强替仆人付了钱，心理却极不情愿。出得店来，天色已黑，仆人点上灯笼，跟随在主人身后，慢慢向前赶路。主人因为刚才的事心里还在生气，便借题发挥，转身对仆人说："你打着灯笼，却走在我后面，我怎么看得见路？"仆人一听，提起灯笼，脚底抹油，快走几步赶到主人面前照路。哪知气喘未定，却听主人大吼一声说："你好大胆子，居然走在我的前头，让我变成了你的跟班了。"仆人一听，便后退一步与主人同行，谁知主人气更大，停下来说道："造反了，你这样子与我并肩而行，难道我们是平起平坐的吗？"仆人无可奈何，只好低声抗辩："老爷，我走前也不是，走后也不是，平行也不是，请问老爷，您到底要我走到哪里呢？"老爷两眼一翻说："把刚才那顿饭钱还给我，你爱走哪里就走哪里。"这虽然是个笑话，但说明了同一件事情可以有许多不同的看法，而各种看法虽然不同，但都言之在理，重要的不在于说出来的"理由"，而在于其本来的动机。

在人生的不同遭遇中，除了面对错误外，当我们遇到无法接受的挫折时，短暂采用这种方法以减除内心的痛苦，避免心灵的崩溃，这无可厚非，有句话说："得意时是儒家，失意时是道家"，就是一种适应生活的哲学，更何况在找寻"合理"的理由时，也可能找到解决问题的方法。不过，个人如常使用此机制，借各种托词以维护自尊，则不免有文过饰非、欺骗别人也欺骗自己之嫌，终非解决问题之道。很多强迫型精神官能症(obsessive neurosis)和幻想型精神病(paranoid psychosis)患者就常使用此种方法来处理其心理问题。

一般地，"合理化"可分为三种方式。①酸葡萄(sour grapes)：追求的事物无法得到而贬低目标，缓解焦虑，以恢复心理平衡。比如某学生学习不努力，期末考试成绩不好，就在心里说，成绩不好也不要紧，要想成绩好还要累死累活的整天看书。②甜柠檬(sweet lemon)：企图说服自己和别人，自己所做成的事或拥有的已是最佳的抉择。例如，考试失利就说早工作早挣钱，真考上了经济上就亏大了。③推诿(projection)：将个人的缺点或失败推诿于他人，以平衡心理。例如，学生考试失败，不愿承认自己准备不足，而说老师教得不好、老师评卷不公或说考题超出范围；战败的将军不愿承认战败是因自己策略运用错误，而是说"天亡我也，非战之过"。

3. 隔离(isolation)

所谓隔离,是把部分事实从意识境界中加以隔离,不让自己意识到,以免引起精神上的不愉快。最常被隔离的是与事实相关的个人感觉部分,因为此种感觉易引起焦虑与不安。例如,不说人死了,而说"走了、仙逝或长眠"等,因为后面这些字眼同样能表达"死"讯,从感觉上来讲,个体不会因"死"的感觉而悲伤或有不祥的感觉。又如,谈恋爱的男女,为减少肉麻的感觉,不说"我爱你",而改用"I love you"代替。另外有人把"厕所"说成"上一号"或"去唱歌",也是一种隔离。"隔离"是把"观念"与"感觉"分开,很多精神病患者常有此现象。因此,在心理治疗过程中,心理治疗者常注意观察病人使用"隔离"的情形,以发现、发掘问题症结之所在,从而对症下"药"。

(三)攻击性防御机制

1. 转移(displacement)

转移是把对某一方的情绪反应转移到另一方的心理防御机制,即把自己对某一对象的情感,诸如喜爱、憎恶、愤怒等,因某种原因(如不合社会规范或具有危险性或不为自我意识所允许等)无法向其对象直接发泄而转移到其他较安全或较能为大家所接受的对象身上,以减轻自己心理上的焦虑。例如,有位被上司责备的先生回家后因情绪不佳,就借题发挥骂了太太一顿,而做太太的莫名其妙挨了丈夫骂,心里不愉快,刚好小孩在旁边吵,就顺手给了他一巴掌,儿子平白无故挨了巴掌,满腔怒火地走开,正好遇上家中小黑狗向他走来,就顺势踢了小黑狗一脚,这些都是转移的例子。转移有多种,有替代性对象(或目标)的转移、替代性方法的转移、替代性情绪的转移等。

2. 投射(projection)

所谓投射,是指把自己的性格、态度、动机或不能接受的欲望,转嫁到别人身上。有一首词"我见青山多妩媚,料青山见我应如是",以及庄子与惠施《临渊羡鱼》的故事,都是投射的例子。

在日常生活中,使用"投射"的情形也很普遍,例如,一个在潜意识里对自己室友有敌意的学生,却推说她的室友对她有敌意。其他如"五十步笑百步"的故事,都是一种投射的表现。此种机制可以保护个人内心得以安宁,但会影响个体对事情的正确观察和判断能力,并易造成人际关系上的问题,对个人缺乏建设性的功能,例如:有些不良少年,别人无意中看他一眼,他就动手打人,认为别人瞧不起他,这都是投射因素使然。患有妄想迫害症(paranoid-psychosis)的患者,亦多采用此机制,他内心憎恨别人,却疑神疑鬼,无中生有地说别人要杀害他。

(四)代替性防御机制

1. 幻想(fantasy)

当一个人遇到现实困难时,因无法处理或无法忍受一些情绪的困扰,而用幻想的方法使自己从现实中脱离或存在于幻想的情境中,在幻想的世界中得到内心的平静和达到在现实生活中无法经历的满足。幻想可以说是一种思维上的退化,这是因为在幻想世界中,可以不必按现实原则(reality principle)与逻辑思维来处理问题,可依个体的需求,天马行空,自行编撰。

幻想使人暂时脱离现实,使个人情绪获得缓和,但幻想并不能解决现实问题。人必须鼓起勇气面对现实，并克服困难，才能解决问题，否则经常沉湎于幻想中，使“现实”与“幻想”混淆不清时，会显现出歇斯底里（hysterical neurosis）与夸大妄想（grandeur delusion）般的症状。例如，有一位学生毕业找工作，参加某大型企业的面试没有通过，而同时一起参加面试的其他两位同学则顺利被录取，这使他的心理上受到了很大的挫折，再加上其女友也因他没有通过面试，认为他没有前途而与他分手，在这种双重打击下，他开始语无伦次，到处说他已被某大型企业聘为经理，并以经理自居，要求别人叫他“经理”。这位学生所表现出来的行为，即是因为他在无法改变现实环境下凭借个人的想象力改变了他脑子中的现实（把幻想当成是真事）以维持其心理的平静，从而形成了夸大妄想症。

2. 补偿（compensation）

当个体因自身生理或心理上的缺陷导致其目的不能达成时，改用其他方式来弥补这些缺陷，以减轻其焦虑，建立其自尊心，称为补偿。就作用而言，补偿可分为消极性的补偿与积极性的补偿。所谓消极性的补偿，是指个体所使用来弥补缺陷的方法，对个体本身没有带来帮助，有时甚或带来更大的伤害。例如，一个事业失败的人，整日沉溺于酒精中而无法自拔；一个想减肥的人，一遇到不如意的事，就以暴饮暴食来减轻其挫折；一个被同学排斥的学生，参加不良帮派组织以取得帮派分子的接纳。另一种积极性的补偿是指以合宜的方法来弥补其缺陷。例如，一个相貌平庸的女学生，致力于学问上的追求而赢得别人的重视；有位美国总统的第一夫人曾说，她年轻时，容貌不美，转而致力于培养内在美，去追求成就感，才能有今天的成就。以上这些例子，和我们常说的“失之东隅，收之桑榆”这句话的含义是一样的，都是成功的补偿。除了上述两种补偿，另有一种补偿方式，称为“过度补偿”（over compensation），指个人否认其失败或某一方面的缺点不可克服而加倍努力，企图予以克服，结果反而超过了一般的程度。例如，曾有一位17岁的男孩，近来突然拼命运动，外出必须戴上宽边太阳镜，叼上一支大号的雪茄，一开口便说有多少女孩子在追求他……以各种方式想表现他是一个很了不起的男人。经了解，发现他生长在一个充满女性化的家庭，有六个姐姐，他是唯一的男孩，平时就很担心敌不过那些“娘子军”，最近在学校里又被女生嘲笑他扭扭捏捏，像个姑娘。经过此次刺激后，他突然来了一个180°大转弯，企图用行动来向他人证明自己是一个很富有阳刚之气的男人，于是出现了这种过分的补偿现象。

补偿作用可形成一种强有力的成就动机和有效能的力量，以适应人们为了弥补自己的缺陷。补偿作用可以增进安全感、提高自尊心以及维护心理健康水平，但过分的补偿害多益少，不利于心理健康。

（五）建设性防御机制

1. 认同（identification）

“认同”意指个体因在现实生活中无法获得成功或满足感，转而向比自己地位或成就高的人产生认同，以消除自己因无法获得成功或满足而产生的焦虑。就定义来说，认同可借由心理上分享他人的成功，为个人带来不易得到的满足或增强个人的自信。例如，一位物理系学生留了胡子，是因为他十分仰慕系中一位名教授，而该教授的“注册商标”就是他很有性格的胡子，此学生以留胡子的方式向教授认同。其他如“狐假虎威”“东施效颦”都是认同的例子。认同有时也可能认同一个组织。例如，一个自幼失学的人，加入某学术研究团体成为该团体的荣誉会员，并且不断向人夸耀他在该团体中的重要性。

2. 升华(sublimation)

升华是指把被压抑的不符合社会要求的原始冲动或欲望,用符合社会要求的建设性方式表达出来的一种心理防御机制。在现实社会中,个体的某些行动或欲望,是与社会规范不相符合的,如果直接表达出来,就可能产生不良后果而受到责罚,因而必须改头换面,以迂回曲折的方式表现出来。例如,有打人冲动的人,借锻炼拳击或摔跤等方式来满足;喜欢骂人,以成为评论家来满足自己等。又例如,当某人遭受爱情挫折时,他可以转向写诗、写小说、绘画、弹琴或雕塑等,抒发自己被压抑的情感,这也是升华作用。一生命运多舛的西汉文史学家司马迁,因仗义执言,得罪当朝皇帝,被判处宫刑,在狱里他撰写了《史记》。《少年维特的烦恼》作者歌德,失恋时创作了此书,他们都将自己的"忧情"升华,为后世开创一个壮观的文史境界。升华作用能使原来的动机冲突得到宣泄,消除焦虑情绪,保持心理上的安定与平衡,还能满足个人创作与成就的需要。

【讨论和思考】

想一想,在大学生活中你遇到过哪些挫折?遇到挫折后你的第一反应是什么,即你会产生哪种心理防御机制?

第三节　阳光总在风雨后——提升耐挫能力

案例导入

一位女大学生小涵,从小学、中学到大学一直是班上的学习尖子生,也是老师、家长所喜欢的乖女孩。大学的学习也一直很优秀,参加了很多比赛获得了不错的成绩。大学毕业后又被保送读研,因此老师和家长都对她寄予了厚望。但在即将毕业时,开始找工作的她却几次碰壁,她开始怀疑自己的能力,觉得自己一无是处,得不到社会的认可。渐渐地,小涵变得不愿意与同学交流。

在现实生活中,我们总会遇到各种各样的挫折和困难,我们选择用怎样的态度来面对它是最重要的,我们在成长过程中需要不断增强对挫折的耐受能力。

一、什么是耐挫能力

耐挫能力(resilience)又叫挫折承受力或挫折容忍力,是指个体适应挫折、抵抗和应对挫折的能力,是使自己避免心理与行为失常的一种承受能力,是维护个体心理健康的一道防线,它在一定程度上反映了人对环境的适应能力①。个体在遇到挫折情境时都会经受打击,耐挫能力较低的人几经挫折之后,容易失去人格的整体性,甚至会出现人格扭曲,产生行为失常和心理疾病。可见,耐挫能力是个体适应环境必不可少的能力之一。

心理学家们在做了大量研究后发现,具有高耐挫能力的个体至少具备四方面的特

①仇文华,陈秀春.高校大学生挫折承受力的培养研究[J].改革与开发,2009(11):176-177.

征:一是有良好的自我形象(了解自己、接纳自己、有自尊和自信);二是有归属感(能够得到理解和支持);三是有较强的处理问题的技能(能有效地解决困难);四是对生活持乐观的态度(在逆境中也能看到希望)。比如同样是考试失败或受到他人羞辱,那些自我形象健康、有人可以倾诉分忧、敢于表达自己负面情绪、有幽默感的大学生,虽然也会一时情绪低落,却很少会表现出极端的行为;而那些不喜欢自己、没有归属感、没人可以倾诉,又不知道该怎样改变局面的大学生,很可能会立即感到绝望,从而做出令人痛心的选择。

张丽萍、周广亚对河南省10所高校的4745名在校大学生进行了耐挫心理能力问卷调查①。结果发现,大学生的耐挫心理能力的分布情况如下:处于较弱及其以下水平的占总人数的6.64%,处于中等水平的占总人数的43.16%,处于较强及以上水平者占总人数的50.20%。这表明大学生的耐挫心理能力还是较强的。挫折的发生无可避免,但是,这并不意味着我们面对挫折时无能为力,相反,能否正确看待挫折,并有意识地培养锻炼自己的耐挫能力,关系着大学生今后的人生幸福和事业成败。因此,采取积极态度应对挫折,是必要的。

心理测吧

挫折耐受性测试

指导语:每个人的生活中都不同程度地会遇到挫折,人们在受挫后恢复的能力却各不相同,有些人弹性十足,有些人受挫后一蹶不振,而大多数人则介于两者之间。下列问题则可以测验出你应付困境的能力。在回答这些问题时,请你用“同意”或“不同意”作答。回答越坦白,越能测验出你的受挫弹性。同意打“√”,不同意打“×”。

1. 胜利就是一切。	
2. 我基本是个幸运儿。	
3. 白天工作不顺利,会影响我整晚的心境。	
4. 一个连续两年都名列最后的球队,应退出比赛。	
5. 我喜欢雨天,因为雨后常是阳光普照。	
6. 如果某人擅自动用我的东西,我会气上一段时间。	
7. 汽车经过时溅了我一身泥水,我生气一会儿便算了。	
8. 只要我继续努力,我便会得到应有的报偿。	
9. 如果有感冒流行,我常是第一个被感染的人。	
10. 如果不是因几次霉运,我一定比现在更有成就。	
11. 失败并不可耻。	
12. 我是有自信心的人。	

①张丽萍,周广亚.大学生抗挫折心理能力现状的调查与分析[J].安阳师范学院学报,2012(1):138-142.

续表

13. 落在最后,常叫人提不起竞争心。	
14. 我喜欢冒险。	
15. 假期过后,我需要舒散一天才能恢复常态。	
16. 遭遇到的每一否定都使我更进一步接近肯定。	
17. 我想我一定受不了被解雇的羞辱。	
18. 如果向我所爱的人求婚被拒绝,我一定会精神崩溃。	
19. 我总不忘过去的错误。	
20. 在我的生活中,常有些令人沮丧气馁的日子。	
21. 负债累累的光景叫我寒心。	
22. 我觉得要建立新的人际关系相当容易。	
23. 如果周末不愉快,星期一便很难集中精力学习和工作。	
24. 在我生命中,我已有过失败的教训。	
25. 我对侮辱很在意。	
26. 如果聘任职务失败,我会愿意再试。	
27. 遗失了钥匙会叫我整星期不安。	
28. 我已达到能够不介意大多数事情的地步。	
29. 想到可能无法完成某项重要任务,会使我不寒而栗。	
30. 我很少为昨天发生的事情烦心。	
31. 我不易心灰意冷。	
32. 必须要有百分之五十以上的把握,我才敢冒险把时间投资在某件事上。	
33. 命运对我不公平。	
34. 对他人的恨维持很久。	
35. 聪明的人知道什么时候该放弃。	
36. 偶尔做个败北者,我也能坦然接受。	
37. 新闻报道中的大灾难,使我无法专心工作。	
38. 任何一件事遭到否决,我都会寻求报复的机会	

二、耐挫能力的提高

对于人生的挫折,人们自古就有充分的体验和认识,并总结了许多修炼挫折忍耐力的方法。我们不仅要从心理学,也要从前人行之有效的经验中,学习应对挫折的方法。

7.2 挫折耐受性测试的计分和解释

（一）正确认识挫折

1. 挫折无处不在

不管你曾经多么优秀，进入大学，你就进入了一个“准社会”。当代大学生独生子女居多，按照中国传统的家庭教养方法，除非家庭条件有限，一般都得到父母的格外照顾和宠爱，但也由此容易让大学生滋生一种盲目的优越感，形成一种“自己永远是生活的宠儿，世界应该围绕我而转”的错觉。这种态度在大学生的人际交往中表现得尤其明显。但是，挫折无处不在。对从小生活条件优越且较少经历过挫折的大学生，我们的建议是：正确面对并深刻体会社会的复杂性和人生的曲折。

2. 挫折是人生的宝贵财富

任何事物都具有两面性。挫折尽管让我们难受，使我们的学习和发展受阻，但是它同时又是人生的宝贵财富，是促使成长的必要条件。认识到这一点，我们才有勇气和信心去勇敢地面对挫折。古谚云：宝剑锋从磨砺出，梅花香自苦寒来。不经一番寒彻骨，哪得梅花扑鼻香。没有挫折的人生是苍白虚幻的人生，不经过挫折的磨炼，也就没有成功的喜悦和人生的幸福。成功是经过奋力攀登后踏在脚下的高峰，用自己的坚韧和勤劳换来的硕果。任何人都不可能避免挫折，挫折是促进大学生成长的积极因素，它可以磨砺我们的意志、丰富我们的经验、增长我们的能力。

3. 挫折是可以克服和战胜的

挫折是不可预知的，也是必然会碰到的，但是，挫折却不是不可战胜的。古今中外，无数杰出的人先后以他们自身的人生经历，诠释着人类意志的力量。我国古代统治者为了维护剥削和压迫，鼓吹天命观，但荀子提出“人定胜天”的思想。劳动人民敢于抗争，通过一次又一次的革命斗争，争取社会进步和人民的解放。科学家、艺术家勇于探索科学和艺术的真谛，创造出灿烂的文化……历史长河中，无数人以他们坚强不屈的精神改变着自己的命运，也改变着人类的命运。

（二）改变不合理信念

心理学理论认为，引起强烈挫折感的与其说是挫折、冲突，不如说是受挫者脑中对所受挫折的看法，以及所采取的相应态度和行为。挫折感多为个体大脑中不合理的信念所引发。

合理的信念会引起人们对事物适当、适度的情绪和行为反应；而不合理的信念则相反，往往会导致不适当的情绪和行为反应。如果人们坚持某些不合理的信念，长期处于不良的情绪状态之中，最终将导致情绪障碍的产生。

日常生活中我们的不合理信念常常具有以下三个特征。

1. 绝对化的要求

这是指人们常常以自己的意愿为出发点，认为某事物必定发生或不发生的想法。它常常表现为将“希望”“想要”等绝对化为“必须”“应该”或“一定要”等，例如，“我必须成功”“别人必须对我好”等。这种绝对化的要求之所以不合理，是因为每一客观事物都有其自身的发展规律，不可能依个人的意志为转移。对于某个人来说，他不可能在每一件事情上都获成功，他周围的人或事物的表现及发展也不会依他的意愿来改变。因此，当某些事物的发展与其对事物的绝对化要求相悖时，他就会感到难以接受和适应，从而极易陷入情绪困扰之中。

2. 过分概括化

这是一种以偏概全的不合理思维方式的表现，它常常把“有时”“某些”过分概括化为“总是”“所有”等。具体体现在人们对自己或他人的不合理评价上，典型特征是以某一件或某几件事来评价自身或他人的整体价值。例如，有些人遭受一些失败后，就会认为自己“一无是处、毫无价值”，这种片面的自我否定往往导致自卑自弃、自罪自责等不良情绪。而这种评价一旦指向他人，就会一味地指责别人，产生怨怼、敌意等消极情绪。我们应该认识到，“金无足赤，人无完人”，每个人都有犯错误的可能性。

3. 糟糕至极

这种观念认为，如果一件不好的事情发生，那将是非常可怕和糟糕。例如，“我没考上大学，一切都完了。”“我没当上处长，不会有前途了。”这种想法是非理性的，因为对任何一件事情来说，都会有比之更坏的情况发生，所以没有一件事情可被定义为糟糕至极。但如果一个人坚持这种“糟糕”观，那么当他遇到他所谓的百分之百糟糕的事时，他就会陷入不良的情绪体验之中而一蹶不振。

因此，在日常生活和工作中，当遭遇各种失败和挫折时，要想避免情绪失调，就应多检查一下自己的思想观念，看是否存在一些“绝对化要求”“过分概括化”和“糟糕至极”等不合理想法，如有，就要有意识地用合理观念取而代之。

7.3 用情绪 ABC 理论改变不合理信念

小贴士

表情改变对情绪生理反应有影响吗？

20 世纪 80 年代，艾克曼等研究人员让被测试者用面部肌肉来表达愉快、发怒、惊奇、恐惧、悲伤或厌恶等情绪，同时给他们一面镜子以辅助他们确定自己面部表情的模式，要求他们把每一种表情保持 10 秒钟，并对他们的生理反应情况进行测量。结果表明，各种面部表情的生理反应存在明显差异。保持发怒和恐惧的表情时，被测试者心率都会加快；保持发怒的表情时，被测试者的皮肤温度会上升；保持恐惧的表情时，被测试者的皮肤温度则会下降。

（三）对挫折进行正确的归因①

在生活中，人们对行为的成功与失败进行归因是一件很平常的事，然而在这一过程中形成的归因倾向则对人的心理承受能力有很大的影响。心理学家研究表明，在归因中，有些人倾向于外部情境归因，认为外部复杂且难以预料的力量是主宰行为的原因。如一个学生认为自己成绩不好主要是由于教师教学水平差或是考卷难度太大造成的。有些人倾向于内部本性归因，即认为自身的努力、能力是影响事情的发展与行为结果的主要原因。例如，一个学生认为自己成绩不好是由于学习不够努力造成的。一般来说，进行内部归因的学生对自己的行为与学习有更多的自我责任定向与积极态度；但是从对失败的归因方面来看，由于他们倾向于把原因归于主观因素，就容易自我埋怨、自我责备。如果这种自责、悔恨过多，就会给他们带来压力和心理损伤。因此，大学生首先要学

①仇文华，陈秀春. 高校大学生挫折承受力的培养研究[J]. 改革与开发，2009(11)：176-177.

会多方面收集关于事件的信息，了解困难的原因所在。其次要学会合理归因，避免归因的片面性，学会实事求是地承担责任，克服过分承担或完全推诿责任的倾向，避免过多自责带来的压力。再次要积极采取措施主动改变挫折情境因素，从而有效应对挫折所带来的负面情绪。例如，在学习过程中发现最近学习效率不高，通过原因分析之后，在解决内在问题的同时，可以尝试改变学习地点、学习时间，或改变学习科目的顺序、学习结构等，从而避免学习效率不高给自己带来的压力和困扰。

（四）提高自身心理素质

除了对挫折要有正确的认识之外，我们还必须具备良好的心理素质，面对挫折能够泰然处之。这种心理素质只能靠修炼而得。

1. 适应与调整

外界环境和条件的变化，不以个人的主观意愿而转移。我们原来设想好的目标，往往因为客观条件出乎意料的改变而变成了镜中月、水中花。面对意外情况的出现，我们必须及时调整自己的心态和目标，以适应这种改变。这种适应和调整，主要通过降低自我的期望和改变行为目标而实现。研究表明，挫折感的强度，与自我期望相关。高自我预期导致较强的挫折感，较低的自我期望导致较弱的挫折感。

2. 忍耐和控制

遇到挫折即有情绪和行为反应，这本是人之常情，但是并不是任何反应都有利于事情的发展，尤其是当我们所面对的挫折情境是自己不能马上控制和解决的时候，忍耐就成为必要的一种策略。所谓“小不忍则乱大谋”说的就是这个道理。凡人生事业取得成功的人，无不在逆境和挫折情境中善于忍耐。以下两种情况，需要大学生学会忍耐：一是当我们还不清楚事情的前因后果，没有充分掌握相关信息的时候，冲动很可能造成误会和不可弥补的伤害；二是挫折源力量强大，我们尚不能控制的时候，不满和愤怒的反应不利于事情的解决。

3. 放松训练

忍耐和控制并没有消除内在的紧张，因此还需要对消极情绪进行疏导宣泄，如采取心理学的放松训练法等。

（五）改善各种矛盾关系

人总是生活在现实的社会关系网络之中的。当我们遇到挫折的时候，既要充分利用社会关系，寻求社会支持，也要主动改变不利的各种矛盾和社会关系，以克服困难，战胜挫折。

1. 处理好理想、期望与现实的关系

挫折来源于理想、期望与现实的某种差距。大学生所遇到的很多挫折，比如学习、爱情、就业等，很大程度上是由于目标和预期过高造成的。当现实条件不能满足的时候，挫折就不可避免了。为此，我们在制定行为目标的时候，要尽可能地遵循现实的原则，不可好高骛远。当挫折出现的时候，我们也不要怨天尤人，宜及时调整目标，降低期望，从而避免强烈的心理失衡。

2. 处理好自我与他人的关系

很多挫折，比如阻碍性挫折，源于自我和他人的关系。要是自己的目标直接或间接地损害了他人的利益,或者在实施过程中与他人的利益发生冲突,这时候阻碍性挫折便不可避免。为了顺利达成自己的行为目标,大学生在制定自己的目标的时候,首先需要考虑的是必须兼顾他人的权益,至少以不损害他人利益为前提;其次,围绕着行为目标,要尽可能地考虑涉及的所有关系,事前处理好各种关系,尤其是不友好的关系,以保证实现目标的过程顺利进行。

3. 处理好友情与爱情的关系

友情与爱情是大学学习生活中极为重要的需要。很多大学生朋友感到孤独、寂寞,与他们不善于处理人际关系有很大的关系。当代大学生的独立性增强,但往往混淆了独立性与自我性之间的关系。需要友情却不知道如何获得,于是干脆独来独往,或者过早涉足二人世界,结果友情没有得到,爱情也相当脆弱。处理不好友情与爱情的关系,大学生很容易体验到匮乏性情感挫折。

4. 处理好兴趣、爱好和专业学习的关系

大学生的学习兴趣、爱好随着求知欲的增强而具有易变性和广泛性的特点,这往往和专业课程的学习发生冲突,简单地说,就是自己喜欢的学科,课程设置里没有,而学习评价往往是围绕着课程设置而展开的,如果不能学好专业课,势必形成学习挫折。因此,大学生应谨慎处理好个人爱好和专业学习之间的关系。

(六)积极改变客观条件

环境对我们心理和行为的影响是相当大的。对挫折情境的理解,既不能否认人们认知上的差异,更不能否认和无视外部环境的作用。大学生除了要正确地看待挫折,学会自我调适之外,更重要的是要充分发挥自己的创造力和能动性,主动创造条件,为意志行为目标的顺利实现营造良好的外部环境。

1. 系统分析,科学决策

在确定行动目标的时候,全面考虑各方面的条件,是保证行动目标顺利实现的必要条件。如果不系统分析目标达成所经过的阶段,以及各阶段所需要的条件,以便事先予以安排和开展必要的工作,则可能会遇到障碍,遭受挫折。大学生行动之前往往缺乏系统的考虑,所以也往往容易遇到预想不到的困难。这就需要大学生朋友学会系统思维,尽可能详尽地考虑影响行为各方面的因素,并作出周密安排。

2. 善于争取,敢于抗争

挫折的人性本质在于意志不自由。因此争取自己的合理权利,摆脱一些不合理的束缚,或者与不利的环境条件抗争,也是人本主义心理学所一贯倡导和主张的立场。面对各种挫折,大学生需要具有同命运抗争的勇气和精神,自觉改善有关自身发展的环境条件。

【讨论和思考】

对于同一个人来说,对不同的挫折,其容忍力会不会相同?是否可举些例子说明?

第四节 车到山前必有路——应对压力管理

案例导入

压力无处不在

A先生在房地产行业工作了十多年了，主要在公司的行政部门负责一些日常的管理工作，同事对他的评价是很认真也很敬业，领导也很欣赏他。A先生一直也很喜欢这份工作，生活和工作对于他来说都算满意。9月初，工程部需要一名土建主管，领导经过讨论，决定让A先生来担任这个职位。A先生虽然在房地产行业工作很多年，但对工程部并不熟悉，然而他看到了这个可以挑战一下自己的机会，欣然领命。9月中旬到了新岗位上班了，每天的工作地点也从公司来到了工地上。10月份，A先生开始出现睡眠不好，接下来饮食也出现问题，睡不着，吃不下，每天最害怕的事情就是上班，情况越来越严重，到了年底提交了辞职报告。领导觉得他在闹情绪，也做了不少思想工作，但A先生的情绪越来越低落，对上班的恐惧也越来越强。

案例中的主人公遇到的是工作上的压力，大学生在校园会遇到来自学习上的压力，今后迈入社会会碰到来自工作生活各方面的压力。当我们面对压力时，应该采取正确的应对方式，让自己保持心理平衡。本节主要探讨的就是如何应对压力。

一、压力应对

当面对突如其来的压力事件和环境时，我们都会不自觉地调节自身的情绪、认知、行为等，努力降低压力事件或环境给我们造成的伤害，以保持心理功能的正常运转，维持日常生活，这就是压力应对。面对突如其来的压力，我们是否每次都能良好应对呢？这就需要我们对压力应对有一个正确的认识。

（1）压力应对是尝试解决特定压力问题或感受，但未必能最终解决或消除压力。

（2）压力应对是个体面对压力时一切情绪性、认知性和行为性的活动。

（3）压力应对是一个随时间和情境不断发生变化的动态过程。

（4）压力应对受压力情境本身特点的影响，同时也依赖于个体的生理、认知和情绪的发展水平。

（5）压力应对是个体有意识地认知评价内外环境压力和自身应对资源，有意识地选择和应用应对策略的过程。

举个例子，有个同学学习成绩不理想，感觉学习有压力，那么这个人就会产生一系列的情绪反应（如沮丧、烦躁）到采取某些行为（如花更多的时间学习，调整自己的学习方法等）。他的这些应对也会受周围人际环境的影响。如果周围同学对他的应对表现出积极的态度或给予帮助，则他可能会做出更多的努力以提高学习成绩来消除压力①。

①泰勒. 健康心理学：原著第7版[M]. 朱熊兆，唐秋萍，蚁金瑶，译. 北京：中国人民大学出版社，2012：138.

生活中的大部分事件不具有应激性,不需要我们应对。事件是否具有应激性主要取决于个体如何对它们进行评价。下面这些事件更容易被个体评价为具有应激性:

(1)消极事件。消极事件比积极事件更容易产生压力。因为要处理好消极事件,人们需要付出额外的努力,面对一些特殊的难题,而这会给个体造成负担或者超出个体自身的能力。例如升学失败、失恋等。

(2)不可控事件。无法控制或者不可预测的事件,比可控制的或可预测的事件更具有压力。但人们觉得他们能够预测、调节、终止消极事件时,或者当他们觉得能够获得别人的帮助并能解决事件时,他们体验到的压力强度就会比较小,尽管事实上,他们可能对该事件的解决无能为力。例如交通堵塞、自然灾害等。

(3)模棱两可的事情。模棱两可的事情通常比清晰可见的事情更具有压力。当一个潜在的压力源处于模糊状态时,个体没有什么机会可以采取行动。相反,在这种情况下,个体就不得不花费很大的精力来了解压力源的相关信息,而这是一个很浪费时间也很消耗资源的任务。例如参加面试、人际关系等。

(4)超负荷任务。工作超负荷的人比任务较少的人感受到更强烈的压力。生活中任务较多的人总是报告体验到高水平的压力,他们常感到时间太短而必须完成的任务又太多。例如有些同学一入大学就参加好几个社团,都兼顾不过来。

拓展阅读

宿舍拥挤

很多大学生都有这样的经历:由于学校今年扩招,宿舍一下子多住进了两个人,原来的四人间变成了六人间,六人间则变成了八人间,甚至一些公共用房也被改造成了临时宿舍。很明显,这种事件是具有应激性的,但是除了引起小小的愤怒之外,它还会带来其他影响吗?鲍姆和他的同事瓦兰对此进行了实验研究。在实验中,他们对居住在两种大学宿舍条件下的大学生进行了研究。其中一组大学生住在一个长长的走廊里面的宿舍里,因此难免会经常遇到很多住在同一楼层的其他宿舍的同学。另一组大学生住在一个相对短的走廊里面的宿舍里,他们和其他人碰面的机会相对要少一点。这两组大学生被带进实验室,进行了一些人际间的沟通,并被要求完成一定的任务。

研究发现,住在长长走廊里面的大学生很少主动和陌生人进行交谈,很少注视陌生人,并且总是离别人远远地坐着。在集体的讨论中,他们很难和别人达成一致的意见。在竞争游戏中,他们也更容易放弃。在模棱两可的情形下,他们很少提出问题、坚持自己的主张。问卷调查结果显示这些学生普遍有很高的无助感。

鲍姆和瓦兰认为,由于总是无法把握人际间的交往,住在长长走廊里面的学生会产生习得性无助感。自然生活条件下的应激经历使他们与陌生人保持距离,而无法进行一些人际间的交往或许是由于他们认识到自己无法很好地控制环境,这也使他们在不太确定的情境中很少自信地表现自己。上述研究结果清楚地告诉我们,即使在日常生活环境这样简单的事件产生的压力都会对生活的许多方面产生影响。

(泰勒.健康心理学:原著第7版[M].朱熊兆,唐秋萍,蚁金瑶,译.北京:中国人民大学出版社,2012:138-139.)。

二、压力应对策略的类型

大学生应对压力的策略大致可分为三种类型:问题关注型策略、评价关注型策略和情绪关注型策略①。

(一)问题关注型策略

问题关注型策略指的是控制情境,通过选择置身于一种情境而非另一种情境,或者通过某种方式改变有害的、有威胁性、对个体有挑战性的压力情境来控制情境。减少压力的方法首先是改进产生压力的环境。人们在面对压力的时候会寻找各种策略来为自己减压,然而最佳的策略其实就是解决问题,也就是改变产生压力的环境。如果一个学生担心下周即将进行的考试,虽然他可以通过做放松练习来使自己平静,但是花精力来学习结果将会更好,这样就会减少焦虑的来源。

自我辅导小技术——试试看

找来纸笔,将你目前面临的一个压力问题写下来,接下来你需要围绕这个问题逐步回答:这个问题是如何产生的?这个问题真的与我有关吗?这个问题真的就是一种威胁吗?这个问题真的就不能解决吗?通过如此反复逐层深入的自我辨析,理清问题症结所在,从而减轻对自身的压力。

(二)评价关注型策略

评价关注型策略是通过改变人们思考情境的方式来遏制一些情绪或促进其他情绪。如果事情已经发生了,没有任何办法可以改变了,那么人们就不可能对情境进行控制了。在这种情况下,如果能够换一种角度考虑问题,常常会找到更好的办法来处理事情。

评价关注型策略通过改变对诱发情绪的事件的信念和解释来产生作用。通过控制一个人的评价或者控制对困难情境的解释,就有可能减少对负性情绪的感受,甚至有可能发现某些方面会让自己感觉很好。例如认知重建技术,当人们改变自己对特殊情境的解释或对较大的压力事件的思考方式时,这个过程就是认知重建。重建意味着关注的是事情积极的一面。如果一个应届毕业生申请的每个就业岗位都拒绝了他,他可以说:"哦,好吧,我可以从事其他职业,也许会发现更适合我的选择呢!"

(三)情绪关注型策略

情绪关注型策略就是对压力事件中所体验到的情绪进行调节。当人们已经体验到情绪并且要求改变自己的情绪时,就需要情绪关注型策略。简言之,就是在情绪已经产生后所使用的策略。评价关注型策略与情绪关注型策略的区别在于:前者完全阻止了负性情绪的体验,或者至少减少了负性情绪;后者则尝试减少或者"关掉"已经进行的情绪。如果压力源完全不在自己的控制之中,并且改变评价也不是合适的策略,这时人们只能用情绪关注型策略让情绪随时间消失。这类策略有很多种,但共同之处在于它们都是要改变情绪的体验或表达,而不是改变引发情绪的情境或者评价。

①杨瑾.大学生情绪管理与压力应对策略[J].社科纵横,2011,26(7):161-163.

个体使用应对策略的类型是由什么因素决定的呢？总的来说，大多数时候人们会多种策略类型一起使用，且对于大部分压力事件，这三种应对策略都是有效的。然而，事件的性质也在一定程度上决定个体采用哪种应对策略。例如，对学习或工作上遇到的问题，人们最常用问题关注型策略，即直接采取行动或从他人那里寻求帮助。对于人际关系问题或健康问题则更多采取评价关注或情绪关注型策略，因为很多人际关系事件或威胁人们健康的事件不是采取直接行动就能处理的，所以面对这些事件人们只能接受或忍耐。当然，如果人际关系事件可以通过寻求他人帮助而得以解决，健康问题可以通过积极锻炼而得以解决，那么问题关注型策略就可以起作用了。

心·理测吧

你有压力吗？

指导语：如果你近期内出现以下情况的请打“√”，没有出现的请打“ ×”。

1. 经常感冒，且不易治愈。	
2. 常有手脚发冷的情形。	
3. 手掌和腋下常出汗。	
4. 突然出现呼吸困难的胸闷窒息感。	
5. 时有心脏悸动现象。	
6. 有胸痛情况发生。	
7. 有头重感或头脑不清醒的昏沉感。	
8. 眼睛容易疲劳。	
9. 有鼻塞现象。	
10. 有时会感觉眼花。	
11. 站立时有头晕的情形。	
12. 耳鸣。	
13. 口腔内有水疱或溃烂情形出现。	
14. 经常喉咙痛。	
15. 舌头上出现白苔。	
16. 面对自己喜欢吃的东西却毫无食欲。	
17. 常觉得吃下去的东西像积在胃里，没有消化。	
18. 有腹胀、腹痛的感觉，而且常拉肚子或便秘。	
19. 肩部很容易僵硬、酸痛。	
20. 背和腰经常疼痛。	

续表

21. 疲劳感不易消除。	
22. 体重减轻。	
23. 稍做一点事马上就会感到疲劳。	
24. 早上刚睡醒时经常有起不来的疲倦感。	
25. 不能集中精力专心做事。	
26. 睡觉时久久不能入睡。	
27. 睡觉时经常做梦。	
28. 深夜突然醒来后不易继续入睡。	
29. 与人交际应酬时变得很不起劲。	
30. 稍不顺心就会生气,而且产生不安的情绪。	

三、如何减少和处理压力

7.4 压力测试的计分和解释

压力无处不在,无可逃避。为了能很好地适应大学乃至今后的学习、生活和工作,大学生朋友宜进行有效的压力应对和压力管理,提高自己的压力适应能力。所谓压力管理,是指针对可预见的压力源进行必要的干预,维护身心健康,提高处理问题的效率,保证学习生活目标顺利实现的管理活动。压力应对具有事后性和被动性,而压力管理则带有一定程度的主动性和积极性特征,它包含压力应对。面对挥之不去的压力,我们建议大学生应采取积极的压力应对方法,勿用不良的应对方法。

(一)不良的应对方法①

(1)依赖药物。服用一些镇静剂可以起到暂时减轻压力的作用,但不能解决产生压力的根源。长期服用药物容易形成对药物的依赖,甚至引发其他疾病。

(2)酗酒抽烟。酒精是神经系统的刺激物,同时也是一种镇静剂。烟草是一种兴奋剂,也有一定的镇静作用。抽烟喝闷酒虽然能够暂时起到抑制中枢神经系统的功能,缓解紧张状态,但经常使用酒精容易导致中毒,香烟带来的副作用更是危害无穷。

(3)沉迷网络。有专家研究指出,大学生沉迷网络,主要动机是为了逃避生活中的问题。在网络虚拟的世界里,他们不必面对学习的压力,且网络自由平等的特性使其忘却了现实生活中的不平等。在匿名的保护下,他们可以随意塑造心目中理想的自己,从而去追求异性、去结交朋友。在网络游戏的天地里,他们可以凭借自己的聪明才智和创造力去赢得越来越多的追随者和崇拜者。过于沉迷网络会造成大学生生活作息混乱,经常逃课,甚至会危及身体健康,而且也会导致大学生意志薄弱,抵抗诱惑的能力下降。

①张厚粲.心理学[M].天津:南开大学出版社,2002:262-263.

(二)积极的应对和管理方法

1. 觉知和调整自己的生理、情绪状态

生理状态是压力最直接的指标。要想有效管理压力,首先要有压力意识,要能觉察压力的信号。人在应激状态下,本能会驱动机体的防御机制,这是自发发生的。现在,我们要进入自觉反应状态。有效的压力管理,需要我们建立一个对付压力——尤其是那些慢性压力的预警机制,为此,需要做到以下三点。

(1)有意识地觉知自身的紧张、焦虑等情绪状态。当你处于应激状态时,自己的生理和情绪上会有什么样的不适反应?记录自己的这些压力反应,然后锁定这些反应指标,以后每当你产生这些不适反应时,便对自己发出警告。你的压力预警,就像战争中的雷达一样,让你保持必要的警惕。

(2)学会控制自己的不良生理指标。当你的压力知觉性提高时,你也需要提高生理指标控制力,比如心跳、呼吸、血压等。这实际上就是生物反馈过程,当然,提供反馈的不是机器而是你自己的觉知能力。

(3)合理运用情绪调节方法。情绪的许多具体调节方法我们已在前面提到,在这就不再多说了。

2. 减轻和消除自己的心理负担

应激,即便是本能反应,也足以使我们身心疲惫。现在,必须卸掉我们身上由压力带来的紧张和焦虑,否则压力将越积越重。消除心理负担的方法很多。

(1)增加对自己生活的控制感。增加控制的方法有很多。例如,用“可视化成功”对自己的生活进行控制。想象自己的成功,但仅仅想象可能会使自己沉浸在幻想中,而不去奋斗。真正能够帮助大学生的是:对能够产生荣誉和尊重的工作进行可视化。如果一个学生想完成一篇很棒的论文,他可以想象自己在图书馆中整理笔记,而不是想象论文获奖后站在领奖台上。如果他想在实验技能大赛上获奖,他可以想象自己在实验室里筹备实验。总而言之,如果一个学生希望在将来能够迎接挑战,那么通过想象挑战出现时他的作为,就有可能获得一种控制感。此外,也可以通过心理“预防”的方式来获得控制感。平时,大学生可以适当把自己暴露在较轻微的压力事件中。例如一个学生要参加演讲比赛,面对很多观众,那么他可以先给较少的朋友甚至想象出来的观众演讲。通过这种方式训练,人们能够获得控制情境的能力。

(2)学会经常进行放松训练。放松训练是通过一定的练习程序,学习有意识地控制和调节自己的身心活动,以达到降低机体唤醒水平,调整因紧张而紊乱的身心功能,从而使机体内环境保持平衡与稳定的过程。

课堂团体辅导活动

放松训练

目的:通过想象放松训练,让成员体验放松的感觉,并学会简单的放松方法。

具体操作:

(1)要求成员在椅子上坐好,调节好室内的光线、通风和音响的音量,让成员除去或适当松开身上有压迫感的物品,如眼镜、手表、首饰,身上过紧的衣服、皮带、鞋带等，然后调整坐姿直到最舒服为止。

（2）领导者指导成员进行缓慢而有节奏的深呼吸，并要求他们保持这种呼吸的节奏，然后在轻柔的背景音乐中，用指导语引导成员进入想象。指导语如下：

- 闭上双眼，想象放松全身紧张的肌肉。

想象一个你熟悉的、令人高兴的、具有快乐联想的景致，或是校园，或是公园。

- 仔细看着它，寻找细微之处。如果是花园，找到花坛、树林的位置，看着它们的颜色和形状，尽量准确地观察它。
- 此时，张开想象的翅膀，想象你来到一个海滩，你躺在海边，周围风平浪静，波光熠熠，一望无际，使你心旷神怡，内心充满宁静、祥和。
- 随着景色越来越清晰，想象自己越来越轻柔，飘飘悠悠离开躺着的海滩，慢慢升起，浮在空中。阳光、微风轻拂着你。你已成为景色的一部分，没有事要做，没有压力，只有宁静和轻松。
- 在这种状态下停留一会儿，然后想象自己慢慢地又落下来，躺在海滩上，景色渐渐离你而去。再躺一会儿，周围是蓝天白云，碧海沙滩。然后做好准备，睁开眼睛，回到现实。

（3）让成员互相交流讨论，活动中想象自己到了什么地方？自己现在有什么感觉？怎样才能让自己随着指导语尽快放松？

3. 构建自己的社会支持系统

当一个人独自面对压力的时候，其应激反应的消极作用远远大于社会支持的效果。因此，要想不在压力面前孤立无援，最好构建自己的社会支持系统，这其中包括自己的亲人、朋友、同学、老师等。社会支持系统可以在你需要的时候给你情感安慰、行动建议，帮助你渡过难关。强大的社会支持系统让你不再感到孤立无援，可以迅速恢复你的信心和勇气，面对挑战，解决问题。当然，要构建社会支持系统，你需要：

（1）学会尊重他人，其中当然包括你的同学和老师，因为只有尊重他人的人才能获得他人的友谊，也才可能获得帮助。

（2）扩大社会交往面，结识更多的朋友。首先，让你的同学成为你最亲密的朋友；其次，你需要一位人生的导师，可以在你遇到困难的时候客观地分析和提供有益的观点，而这样的导师无疑就是你的老师或者其他长者。

你需要向亲人、朋友和老师敞开你的心扉。你可能基于自尊或面子的考虑而拒绝他人的帮助，但是在你确实无法解决问题的时候，将你面临的压力说给他们听，让他们帮助你分析并提供建议。请相信这样做不会遭致嘲笑，只会让他们感到你对他们的信任，因此你也能得到最大可能的帮助。

4. 进行有效的时间管理

我们日常学习、生活和工作中的许多压力来源于事情和任务本身。因此，对压力源进行管理，也是压力管理的重要策略。压力源管理常常与时间管理相关联。所谓时间管理，简单地说就是为了提高时间的利用率和有效性而对时间进行合理的计划和控制，有效安排和管理日常事务的管理活动。大学生的时间管理，是大学生对大学生活时间（包括学习时间和闲暇时间）采用科学的手段，围绕学习生活事务及其进程，进行有计划、有系统的控制和调节,最终达到有效利用时间来实现自我发展的目的的管理活动。

(1)ABC 时间管理法。ABC 时间管理法最初由美国管理学家莱金(Lakein)提出,他建议为了提高时间的利用率,每个人确定今后 5 年、今后半年及现阶段要达到的目标。人们应该将其各阶段目标分为 A、B、C 三个等级,A 级为最重要且必须完成的目标,B 级为较重要很想完成的目标,C 级为不太重要可以暂时搁置的目标。我们可以按照如下步骤具体实施:列出"学习清单",对学习目标进行分类;然后按照重要性和紧急程度确定 ABC 顺序;确定工作日程及时间分配;实施计划;记录花费的时间;总结经验。

(2)记录统计法。通过记录和总结每日的时间消耗情况,以判断时间耗费的整体情况,分析时间浪费的原因,采取适当的措施节约时间。

(3)时间四象限管理法。详见第二讲。

【讨论和思考】

对 AIDS 的应对

在一次团体辅导活动中,一群 AIDS 患者对得知自己患有 AIDS 后的感受和行为做了描述,下面是他们描述的具体语句。在下面的描述中,我们分别用英文字母 A、B、C、D、E、F 来代替这些患者。

A:"我的家人非常支持我,我的爱人也是如此,但实际上,这远远不够,因为他们不能以正确的方式帮助我,我需要找医生或懂这方面的人,一个懂 AIDS 知识、可以帮助我处理 AIDS 的人,幸运的是,我找到了。"

B:"我的主要工作是整理我的东西,以前我就做得很好,但得了 AIDS 后,我更要确定一切东西都得妥当处理,而且我想这可以使我爱人在我告别人世后生活得轻松一些,至少他无须整理我遗留下来的乱七八糟的东西。"

C:"我经常听音乐、爬山,我尽量将我不能掌握的一切摒弃于思想之外,我尽量不去想 AIDS,尽量不去为那些我无法控制的事情而烦恼。"

D:"有时候,我会允许自己拥有较忧郁的心情,然后我会自己鼓励自己,并对自己说'没事的,一切都会好起来的'。"

E:"刚开始,AIDS 让我觉得自己犹如一粒有毒的灰尘,那感觉就像是因为我是一个有病的人,所以我就没有自尊、没有自信。我一直坚持工作的原因是为了重拾自尊、自信。我不知道我是否能够完全找到昔日的自我,但我觉得我已经很接近这一目标了。"

F:"每个人早晚都要告别人世,我已经感受过地球是何等美丽,也欣赏过鲜花以及我多热爱的一切。过去我常常四处走动却忽略了这些美好的东西,现在我放慢脚步,停下来,试着多闻闻玫瑰的花香,或仅仅做一些愉快的事情。"

利用本讲所学到的应对挫折、压力的方法,分析以上六人面对 AIDS 这一挫折事件时所采取的应对策略,他们分别采取了什么样的应对方法?你觉得他们采取的这些方法哪些是消极的,哪些是积极的?

结合日常生活,谈一谈你经常会用什么方法来应对挫折和压力。

进一步阅读的文献

● 里德. 恰到好处的挫折:在最深的绝望,遇见最美的意外[M]. 王丽,译. 北京:北京时代华文书局,2015.

本书是拿破仑希尔基金会推出的作品,书中汇集了这个时代最伟大的故事,这些故事告诉我们,最伟大的人取得的最大成功与他们遭受的最大挫折仅有一步之遥;我们能够在多大程度上放慢脚步、喘口气并采用新视角,我们就有多大机会去从挫折中找到机会。这些故事还告诉我们,人生由一个又一个的意外构成,而应对这些意外的方式完全取决于我们自己,并将最终决定我们的一生。

● 龚勋. AQ 逆商:感谢挫折,感恩帮助[M]. 北京:华夏出版社,2013.

逆商(adversity quotient,AQ)这一概念最早是由美国职业培训师保罗・斯托茨提出的,它是指人们面对逆境时的反应方式,即面对挫折、摆脱困境和超越困难的能力,是一种不屈服于任何逆境的生活态度和思考方式。本书以全面激发逆商潜能、提升抗挫折能力为出发点,结合青少年读者的心理特点和认知规律,精心采撷激励人奋发向上的故事和游戏,将忍耐力、意志力、自信、自立、自强等优秀品质化成一股股清泉,滋润读者的心灵。

● 哈佛商学院出版公司. 压力管理[M]. 王春颖,译. 北京:商务印书馆,2011.

压力是工作中不可避免的一个组成部分。如何才能控制你的压力水平?本书会为你提供一些对工作压力进行管理的建议,这些建议都非常切合实际,而且都是经过作者亲身体验而得出的,其中,有短期的应急措施,也有长期的实用技巧。本书会告诉你如何:

◆探索压力和焦虑的成因;

◆制定把焦虑变成行动的策略;

◆帮助他人应对压力和焦虑。

● 西华德. 压力管理策略:健康和幸福之道:原著第 9 版[M]. 许燕,等译. 北京:中国轻工业出版社,2020.

从少年到老年,在我们的人生之路上,压力无处不在。在承受压力时,我们往往会失眠、愤怒、恐惧或抑郁,各种疾病也接踵而至。如何有效地应对压力是我们健康和幸福生活的需要。本书曾被誉为压力管理领域的权威之作,它将教会你明智而理性地去看待外界的压力,在变化中实现和保持内心的平衡。本书作者以广博的知识基础道出了压力的本质内涵,他吸收东西方文明的精华,提出 16 种应对策略和 12 种放松技术,帮助你更有效地管理你的压力,减轻和消除压力症状,从而减缓现代生活压力给人们带来的心理冲击。

第八讲 大学生的生命教育

【导语】

在大自然的怀抱中，人类诞生了；在父母的怀抱中，我们诞生了。我们都是这生命之流的一朵浪花，在天地之仁中开放，从爱中来，并将爱传布。这是生命的美丽，也是生命的责任。通过本讲的学习，让我们面对人生、审视人生的宏大气象，能够：

1. 思考人生价值及其实现；
2. 了解心理危机及其类型；
3. 识别心理危机并从危机中实现人生成长。

8.1 微课视频

第一节 绽放人生之花——认识人生的价值与意义

课前暖身活动

学会反思

目的：通过对生活的整理，发现自己很多习以为常的言行，还是可以改善的。

在纸上写下几件近来发生在你身上的冲突事件，注意要详细地记下冲突事件发生时你的想法、感受和行为。在你记下的每件事情旁边试回答下列问题：如果当下再发生这种冲突，你会怎么做？

人生问题是关乎人的最大问题，这个问题任何人都要面对，都要思考。不面对这个问题和思考这个问题，一切思想、一切行事都难落到实处。

唐代诗人张若虚在《春江花月夜》中无限隽永地感喟，“江畔何人初见月？江月何年初照人？人生代代无穷已，江月年年只相似；不知江月待何人？但见长江送流水”，这是对人生短暂的感喟，也是对时间一去不回头的感喟，想到人生不在而明月依在，已足以让人无限怅然了。人生如此短暂，那人生的意义在哪里呢？

尼采说过，“一个人知道自己为了什么而活，他就能够忍受任何一种生活！”为什么而活说的就是人生的目的、意义与价值。寻求生命的意义是人类永恒的主题。只有知晓了生命的意义，我们在面对苦难、挫折、危险、混乱和无法避免的死亡时，仍然能找到继续生存的理由。

生命是有意义的。

对生命意义的寻求，是我们活着的主要动机。

那么什么是人生？人生的意义又是什么呢？

一、什么是人生

什么是人生？许多人都问过这个问题。这个“像煞有介事”的大问题，其实不成问题。人生就是“生”，“生”之要素是活动。有活动即是生，活动停止即是死。“吃饭”是人生，“朋友聚会”是人生，“学习”也是人生。艺术家“清风明月的嗜好”是人生，设计师“神工鬼斧的创造”是人生。

二、人生的价值

（一）人生价值的内涵

人生的价值包括人生的社会价值和自我价值两个方面。任何价值都是表示客体满足主体需要的意义，人的价值也是如此。不过在社会实践中，人在价值关系中的主体、客体位置不是固定不变的，人既是主体，又是客体，是主客体的有机统一。一个人，一方面是价值主体，他把他人和社会作为自己的价值客体，他是需要的主体，有其自身的需要，他要依靠他人和社会的活动及其成果来满足自身的需要，这就是我们通常所说的向社会的索取，或社会对个人的尊重和满足。这种满足使个人得以存在和发展，从个人角度来说，这就是他的自我价值，换句话说，个人通过自身的活动从他人和社会那里获得必要的资料来满足自身生存和发展的需要，这就是所谓人生的自我价值。另一方面，他又成为他人和社会的价值客体，以其活动及成果，来满足他人和社会的需要，这就是他的人生的社会价值，也就是通常所说的个人对社会的责任和贡献。人在价值关系中是主客体的统一，人生的价值也是人生社会价值和自我价值的统一。

（二）价值创造与实现

1. 在劳动和奉献中创造价值

只有在劳动和奉献中，才能创造和体现价值；只有在劳动和奉献中，才能实现和证明自己的价值（劳动是人的存在方式）；积极投身于为人民服务的实践，是实现人生价值的必由之路，也是拥有幸福人生的根本途径。

人生的价值在于人们对社会的贡献，而要贡献，就必须投身实践去创造社会所需要的财富。因而可以说，人生价值不只是一个理论问题，更是一个实践问题。

在现实生活中，只有当一个人把自己具有的文化知识服务于崇高的价值目标，并且脚踏实地地去实践，其人生价值才会熠熠生辉。

因此，作为大学生，要写好自己的人生价值论，首先，应该正确认识和看待社会实践的意义，努力学习和钻研科学文化知识，不断提高自己的知识水平和劳动技能，以便今后能胜任自己的本职工作，为社会作出贡献。其次，应该明确认识到，无论自己具有多少知识、才干,如果不将其运用到社会实践中去,就毫无价值。因而,切忌把知识的有无、多寡与人生价值的有无和大小画等号。最后,应该看到,社会实践是千百万人的社会性活动,个人只有投身到它的中间去,才能实现自己的人生价值,从而自觉摒弃那种脱离集体、脱离社会的个人奋斗。

2. 在个人与社会的统一中实现价值

社会提供的客观条件是实现人生价值的基础。要实现人生价值就必须充分利用社会提供的各种有利条件,克服各种不利因素。

我们强调在个人与社会统一中实现价值,并不否认追求人的个性发展。

3. 在砥砺自我中走向成功

实现人生价值需要充分发挥主观能动性,需要顽强拼搏、自强不息的精神。

实现人生价值,需要努力发展自己的才能,全面提高个人素质。个人素质,主要包括思想政治素质、道德素质、科学文化素质、心理素质和身体素质等方面的内容。

实现人生价值,需有坚定的理想信念和正确价值观的指引。

【讨论和思考】

一个靠自己辛勤劳动养家糊口的普通工人的人生价值是什么?你认为自己怎样做人才有价值?

第二节　追寻生命之光——了解心理危机

一、什么是心理危机

探讨心理危机的心理学理论又叫危机理论。危机理论一般地用于研究人们如何应对主要的生活危机和转折。

危机理论是在关于悲伤和哀痛的研究中形成的,是关于生命周期的转折点上的发展性危机模型。一般地,危机理论研究任何形式的对个体已建立的个人或社会同一性破坏所产生的影响。

1954 年,美国心理学家 G. 卡普兰(G. Caplan)首次提出“心理危机”的概念并对其进行了系统研究。他认为,当一个人面临困难情境(problematic situation),而他先前的处理危机的方式和惯常的支持系统不足以应对眼前的处境,即他必须面对的困难情境超过了他的应对能力时,这个人就会产生暂时的心理困扰(psychologic distress),这种暂时性的心理失衡状态就是心理危机。

美国心理学家普努克(Punukohu)认为,心理危机是个体运用通常应对应激的方法或机制仍不能处理当前所遇到的外部或内部应激时所出现的一种反应。

美国心理学家卡内尔(Kanel)指出,心理危机实质上包括了三个基本的组成部分:①危机源,又称危机事件;②危机事件给当事人带来的痛苦与心理创伤;③个体习惯使用的应对方式失效,使其在认知、情感和行为等方面的功能都较事件发生前有明显的降低。

由此可见，心理危机的本质是由于突然遭受严重灾难、重大生活事件或精神压力，对其个人同一性或社会同一性造成了破坏，尤其是出现了用现有的生活条件和经验难以克服的困难，以致使当事人陷于痛苦、不安状态，常伴有绝望、麻木不仁、焦虑，以及自主神经系统症状和行为障碍。

关于心理危机的特征，学者们提出了不同的看法。心理危机的主要特征如下：

（1）危险与机遇并存。危机可能会造成危险，也可能变成一种机遇。如果危机过分严重，威胁到一个人的生活或家庭，个体可能采用不恰当的方法应对或解决问题，从而会导致心理社会功能的下降，并出现自杀或精神崩溃，这就是危险。如果在危机状况下，个体成功地把握危机情境或及时得到适当有效的治疗性干预或帮助，个体可能学会了新的应对技能，不但重新得到了心理平衡，还获得了心理的进一步成熟和发展，这就是机遇。

（2）危机是一种正常的生活经历，并非疾病和病理过程。情绪危机表明个体正在努力抗争，力求保持内心的安宁和自身与环境间的平衡。

（3）引发危机的应激事件可以是个体外部的，如自然灾害，也可以是自身内部的，如患了难以治愈的疾病；可以是突发灾难性的，如交通事故，也可以是一系列事件的日积月累，如人际关系恶化。

（4）危机的程度与发生事件的强度不一定呈正比，而更重要地取决于个体对事件的认识，以及个体应对能力、既往经历和个性等。

（5）危机引起个体情绪扰乱、认知能力下降、防御机制削弱，但是这些改变均不符合任何精神疾病的诊断标准，心理治疗性干预能帮助他们渡过危机。

（6）情绪危机具有自限性，急性期通常在 6 周左右，如果未得到及时解决，可能导致精神疾病或出现自杀、攻击他人等适应不良行为。

（7）危机的成功解决能使个体从中得到对现状的把握，对过去冲突的重新认识，以及学到更好地处理将来危机的应对策略和手段。

二、大学生的心理危机

大学生活的不同阶段，由于面临不同的发展任务，大学生可能遭遇的心理危机是不同的。

大一新生面临全新的学习、生活、人际环境，特别是面对幻想与现实的巨大落差，部分大学生在复杂而具体的现实问题与行为选择面前，常表现得脆弱而且无能，很容易出现焦虑、悲伤、困惑、无助、失眠、空虚、不能专心学习等不适应症状。如果不能得到及时、有效的指导和帮助，这些症状都可能成为发生心理危机的前奏。

到了大二、大三，大多数学生基本适应了大学生活，但与大学生活有关的其他问题又摆在了他们面前，如社团活动、评优、奖学金、恋爱等，如果认识上有偏差，态度消极，也会产生困惑与危机，导致心理失衡。

到了大四，面临进一步学习、就业的人生叉口，他们会产生另一种困惑或危机。

可见，困惑或危机伴随着整个大学生活。但危机并非只是消极的，危机意味着危险与机遇并存，一个经历心理危机的人，可能面临一个突破生命境界的机会。成语“凤凰涅槃”“破茧成蝶”“不破不立”“山重水复疑无路，柳暗花明又一村”等，都是对危机这种性质的说明。

（三）大学生心理危机的类型

对于危机事件的态度每个人都不同。美国心理学家布拉默（Brammer）将心理危机划分为三种形式：发展性危机（developmental crisis）、境遇性危机（situational crisis）和存在性危机（existential crisis）。

1. 发展性危机

发展性危机也称为成长性危机（growth-ralated crisis）、内源性危机（endogenous crisis）、内部危机（internal crisis）或常规性危机（normative crisis）。人生是由一系列连续的发展阶段组成的，每个阶段都有其特定的身心发展课题。当一个人从某一发展阶段转入下一个发展阶段时，个体如果缺乏有关知识和技能，缺少社会支持系统，或缺少一定的物质条件和机遇，就往往不能安然度过一个个人生转折，从而产生发展性危机。刚入校的大学生正经历着从中学到大学这一重要转折。许多学生第一次离家在外求学，大学生面对陌生的自然和生活环境、陌生的学习生活、复杂而多变的人际关系，由于自理能力、适应能力和心理调适能力较弱，就会产生各种心理危机。因此，高校通常需要对较长时间适应不良的新生进行心理危机干预。

相对于后述的境遇性危机，发展性危机是常规发生的、可以预期的。如果个体有足够的时间和机会对发展性转变作出适应性的调整，比如，获得有关信息，学习新技能，承担新角色，就会减小危机对个体心理上的冲击和损害。但是，我们也应当看到，一个人处理发展性危机的能力在很大程度上取决于他的个人特征，即他对挫折的耐受能力、他的主观能动性，以及他过去经历危机的经验。

2. 境遇性危机

境遇性危机也称外源性危机、环境性危机或适应性危机，是指由外部事件引起的心理危机，是任何人在任何时候都有可能遭遇到的。当大学生在校期间经历意外事故、亲人突然去世、父母离异、遭歹徒抢劫或强暴、被人欺骗等危机事件时，容易出现心理危机的现象。这些危机因其随机性、突然性和强烈性，通常会给学生造成巨大的心理创伤，使其产生强烈的负面情绪，有时会因无法承受痛苦而出现异常行为。

3. 存在性危机

存在性危机是指伴随着重要的人生问题，如关于人生目的、人生价值、责任、独立性、自由与承诺等问题上的困惑而出现的内部冲突与焦虑。高校学生正处于人生观、价值观日益成熟的时期，存在性危机给他们带来的心理冲突如未能得到合理解决，则会带来心理问题。比如，一个沉溺于网络的大学生，他自己也知道这样是浪费生命，对不起父母亲人，但沉沦其中，被习惯所裹挟，无力自拔，从而陷入深深焦虑、自责中，这就是存在性危机。

心理测吧

生命愿景是对自我超越的生命意义的信念追寻和执着，以及由此产生的生命控制感。下面这个量表就是测试生命愿景的，高分表明具有高的生命愿景水平，低分表明具有低的生命愿景水平。1 分表示很不同意，2 分表示不同意，3 分表示同意，4 分表示非常同意。

1. 我很少感到无助和无望。	
2. 我不认为生命如浮萍一般不知所系。	
3. 考试失败不会使我对生活失去信心。	
4. 失败不会让我怀疑自己与生活。	
5. 我觉得生活有方向、有着落。	
6. 我没有被生活抛弃的感觉。	
7. 我能应对各种生活。	
8. 我能找到生活的目标。	
9. 我生活得踏实。	
10. 我感到生活在我的掌握之中。	
11. 我能给自己创造快乐。	
12. 我能够承受失败。	
13. 我对事情放得下。	
14. 我会从丧失中体会丰富的人生。	
15. 人生之失可能比得更有意义。	
16. 丧失教给人们的东西更多。	
17. 成败对人都有积极意义。	
18. 能够坦然面对丧失是真正获得了生命。	
19. 多一次成败多体会一层人生。	
20. 生活不在于得失而在于丰富。	
21. 失败是比放弃尝试更有意义的追寻。	
22. 我觉得生活不应该是得过且过。	
23. 考虑不考虑生命的意义是有区别的。	
24. 我会思考人为什么要活着。	
25. 我有一种人生使命感受。	
26. 我着意把握好生命中的每一天。	
27. 我为自己创造生活目标。	
28. 我期望过有意义的生活。	
29. 我努力使生命更有意义。	

【讨论和思考】

到现在，你遭遇过哪些心理危机？这些危机如何影响了你？你以为自己将来在哪些关口可能也会遭遇这些困扰或危机？面临危机，一个人应该怎样做，不应该怎么做？

第三节　坚守心灵壁垒——识别和应对心理危机

案例导入

我们要活下去

第二次世界大战期间,六百万犹太人被德国法西斯屠杀。当盟军解放集中营时,见到堆积如山的尸体,惨状令人发指,身经百战的士兵也忍不住哭泣起来。可是他们还看到劫后余生的人,这些人骨瘦如柴,有的已经不能行走,只能在地上爬行,他们颤抖地举起手来向盟军致意。士兵问:“你们怎么活下来的?”他们说:“我们犹太人有一句谚语:几时有生命,几时就有希望。”

士兵深受感动,举起右手,向这些饱受苦难的人行军礼致敬。

在面临巨大生存危机时,是什么让犹太人熬过来了?

处于成长期的高校大学生,在学习、生活、实践、校园活动中无不经历过挫折、失败和危机,而这些人生的别样韵律、音符,却如成长的催化剂一样,促使着高校大学生们更加多维地认识自我,更加理性地看待他人,更加全面地认识社会,从而将心理危机转化为自我成长的力量。

大学生需要深刻认识到,危机与机遇并存,在面临心理危机的时候,要自我提醒,自我调整,自我激励,从危机中识别自我成长的契机、方向,获得自我成长的推动力。

大学生也需要敏锐地识别同伴、同学身上潜在的危机因素,共同帮助遭遇心理危机的同学早日走出困境,开启人生历程的新征途。

一、如何识别心理危机

无论是你,还是他人,如果遭遇以下情况,就需要警惕,因为这些都可能导致暂时的心理危机。

(1)在心理健康测评中筛查出来的有心理障碍、心理疾病或自杀倾向的学生;

(2)由于学习压力过大而出现心理异常的学生;

(3)在生活、学习中遭受突然打击而出现心理或行为异常的学生;

(4)身体出现严重疾病;

(5)本人或家庭成员、亲友中有自杀倾向或自杀未遂史的学生;

(6)性格严重内向孤僻、经济严重贫困且出现心理或行为异常的学生,如性格内向、不善交往、交不起学费而需要经常向亲友借贷的学生;

(7)长期有睡眠障碍者;

(8)有强烈的自卑感、罪恶感或不安全感的学生;

(9)由于身边的同学出现个体危机状况而受到影响,产生恐慌、担心、焦虑不安的学生,如与自杀或他杀者同宿舍、同班的学生;

(10)出现严重适应不良导致心理或行为异常的学生,如新生适应不良者、就业困难的毕业生；

(11)患有严重心理(精神)疾病，并已经专家确诊的学生，如患有抑郁症、恐怖症、强迫症、癔症、焦虑症、精神分裂症、情感性精神病等疾病的学生；

(12)个人感情受挫后出现心理或行为异常的学生，如失恋者、单相思而情绪失控的学生；

(13)人际关系失调后出现心理或行为异常的学生，如当众受辱、受惊吓、与同学发生严重人际冲突而被排斥、受歧视的学生，与老师发生严重人际冲突的学生；

(14)存在明显的攻击性行为或暴力倾向，或其他可能对自身、他人、社会造成危害者；

(15)其他有情绪困扰、行为异常的学生，尤其要关注上述多种特征并存的学生，其危险程度更大，应成为重点干预的对象；

对近期发出下列警示信号的学生，应作为心理危机干预的重点对象及时进行危机评估与干预：

(1)谈论过自杀并考虑过自杀方法，包括在信件、日记、图画或乱涂乱画的只言片语中流露死亡念头者；

(2)不明原因突然给同学、朋友或家人送礼物、请客、赔礼道歉、无端致以祝福、述说告别的话等行为明显改变者；

(3)情绪突然明显异常者，如特别烦躁，高度焦虑、恐惧，易感情冲动，或情绪异常低落，或情绪突然从低落变为平静，或饮食睡眠受到严重影响等。

二、心理危机的自我调整

(一)提升人生境界，塑造健全人格

作为人格的核心成分，大学生人生观和价值观是人格动力结构的最重要内容，它在危机形成和化解过程中始终起着“最高调节器”的作用。大学生要实施心理危机的自我调整、自我发展，最高策略就是坚持努力学习，不断改造自己的主观世界，培养正确的价值观和科学的人生观，铸就承受压力和抗拒刺激的人格盾牌。

大学是个体人生观、价值观的定型阶段，乐观的人生境界、开放的生活态度、积极的处世风格、认真的学习品格、敬业的工作精神都能有力地抵御现实刺激，有效地化解心理冲突。

(二)构建社会支持系统，增强挫折承受能力

面对危机，强大的挫折承受能力有助于大学生化解冲突，缓解压力。构建社会支持系统，可有效地增强大学生的挫折承受能力。大学生要努力建立包括家人、心理咨询专家、教师、朋友在内的社会支持系统，遇郁闷难以排解则向他们寻求帮助，以心理按摩促进危机的化解。

沟通能力是大学生调适失衡心理，承受和抗拒现实刺激的重要力量。人的本质在于其社会性，人际交往是人类的基本需要。步入社会前的大学生更需要沟通，切不可因为害怕人际冲突而逃避交往，拒绝交流，封闭自己。培养沟通能力的最好办法是与人为善，积极主动，广泛接纳，互相学习，取长补短。

(三)发挥主观能动性,积累应对危机的经验

危机体验和应对经验是大学生在危机中自我调整、自我发展的重要资源。关于心理危机的管理,尤其是有关心理调适的原则与要求、危机预防的途径与措施、心理问题防控机制及心理自我维护和保健对策之类的研究,理论界的成果不少,而应对危机的具体办法更是多种多样,如呼吸法、音乐法、运动法、旅游法、洗浴法等现已被广泛使用。大学生只有通过内化将它变成自己的内在经验,才能有效地改善个人的认知图式和行为模式,最终在危机中获得自我领悟、自我觉醒、自我突破、自我发展。

在心理危机的自我管理实践中,大学生通过调低期望实现自我减压,通过尊重对方实现思考的认知换位,通过保持乐观实现积极的自我暗示,通过合理宣泄实现积郁的有效缓解,通过幽默实现相处的泰然不惊,通过转移注意实现情感的合理升华等,正成为大学生应对心理危机、实现危机自我调整的有效方法。

8.2 情景剧

三、同伴群体为心理危机者提供适宜的帮助

下面介绍危机干预各阶段的典型特征,以便于同伴群体在同伴遭受心理危机时,可根据实际提供力所能及的帮助。

根据心理危机发生发展的时间性特点,我们将心理危机干预分为五个阶段:①即刻;②1 ~2 天以后;③1 ~2 周以后;④1 ~2 个月以后;⑤危机后。

阶段一: 即刻

在这个阶段,帮助者要像一个关爱的母亲,给予简单的心贴心的关怀。

在关怀时,话应当说得浅显易懂,因为危机状态下的人认知能力有所下降。要把秩序带进混乱,如果允许的话,触摸他,拥抱他,让他有一种被人关心的感觉。如果有实际的需要,比如打电话找父母、需要钱来付医药费等,就提供实际的帮助,或提供食物和饮料,并善意地、安全地跟他说"我在这儿帮你"。最好有明显的制服或牌子,这样会给受害者一种专业的、值得托付的感觉。

同时也要帮助办理一些应付性的手续,比如说警察的调查取证、媒体的采访、学校行政机构的一些手续等。如果他愿意说他发生的经历,就认真地倾听,提供情感上的支持,并告诉他应该对即将出现的睡眠障碍,比如说入睡困难以及一些侵入性的回忆等做好准备。

阶段 2: 1 ~2 天以后

第二个阶段是 1 ~2 天以后。这时应当表现得像一个老师,组织受害者组成一个小组进行会谈,会谈时应当保持房间的安静,不被打扰,并有足够的时间。这样做的主要目的是做一些叙事性的工作,先介绍自己,然后把受害者每个人所回忆的碎片式的记忆连成一体,帮助加强小组内的团结与相互支持,帮助解决受害者可能存在的内疚和怀疑(比如:当时我为什么不站出来跟罪犯搏斗啊,这样的话, × ×就不会死了啊)。同时,要明白,受害者每个人的经历都是创伤事件的一部分。

在听完每个人的回忆后进行心理教育,心理教育应该怎么做呢?

告诉受害者一些来自环境的反应,比如有的人会埋怨受害者,当时为什么不反抗,当

时为什么袖手旁观等,或者开一些很愚蠢的玩笑。比如,对刚刚失恋的人说,正好可以再找个别的女朋友啊。解释创伤后应激障碍的一些症状产生的原因,并解释症状的功能和生存价值。比如说,我们最初选择“否认”事实是为了逃避现实引起的严重焦虑。但否认使得受害者不敢真正面对现实,不利于最终消除症状。

阶段3: 1~2周之后

在1~2周之后,应当像一个心理治疗师,也开展一些叙事性的工作,让受害者宣泄内心的负性体验,并检查创伤后的休息、饮食、日常生活情况,评估症状的严重程度。找到一些特别的“痛点”,即受害者特别不愿意面对的方面。引导受害者勇敢面对现实,鼓励受害者回到正常生活,并面对来自周围环境的各种反应。

阶段4: 1~2个月以后

第四个阶段是1~2个月以后。这个时候应当像一个牧师,首先也是开展一些叙事性的工作,并检查各种症状的严重程度,检查个体的“痛点”,鼓励受害者回到日常生活,积极面对来自外界环境的反应,并鼓励受害者找到创伤事件对其生命的意义。另外,要受害者对周年反应做好准备,即在创伤事件一年后的同一天受害者可能又会回到原来的状态。

阶段5: 危机后

1. 危机后不要做什么

危机以后我们不要做什么呢? 首先不要说那些“这没什么大不了的”之类的话,其次也不能埋怨受害者,不要开一些愚蠢的玩笑,不要特别好奇,想知道整个事件的来龙去脉,受害者想说,你就听,他不想说,就不要逼他说。另外,也要排除不公正的猜疑。同时,也不要忘记受害者,不再关注他,因为受害者当时特别需要得到关心。

2. 危机后要做什么

危机后要做什么呢? 首先要保护受害者,给予认同,即告诉他在危机时做得非常好。同时,激活受害者现有的支持系统,比如通知其父母、朋友、同学,让他们尽快赶来安慰他。给予有关创伤反应的心理教育,并给予持续的关注,比如,刚开始时每天给他打电话,然后是隔几天打,最后是隔1~2个月打一次。

3. 危机后有用的应付策略

开展叙事(叙事本身就是一个脱敏的过程);

提供宣泄机会释放心理压力(拍手操等);

与他人进行比较(与更糟的情况相比较);

建立恐惧的边界(找到不会产生恐惧的地方);

聚集于自己的控制感(把注意力放在自己能做的事情上);

充分认识其自身的资源;

寻求社会支持(创伤病人恢复的最有利条件);

发现该事件对自己生命的意义;

分散注意力的技术(找到一些喜欢做的事情);

身体锻炼(有氧运动);

体验大自然(旅行);

有用的放松技术(肌肉放松、深呼吸、想象放松)。

自我辅导小技术——试试看

与他人相处的经历是自我成长的要素

具体方法:

1. 找一个环境安静的地方,保持放松的姿势:坐或平躺。

2. 反省自己对别人采取的行为。从自己最亲密的人开始,一般为自己的母亲,也可以是其他直接抚养者,询问自己三个问题:①他(她)为我做过哪些事情?②我为他(她)做过哪些事情?③我给他(她)带来哪些困扰和麻烦?

3. 回忆的次序按年代顺序,从幼年时代到现在,可以分为学龄前、小学、初中、高中、大学。

4. 依次对父母、祖父母、兄弟姐妹、配偶、子女、同学或同事等身边的每一个人进行回忆。

5. 回忆结束后做记录。

注意点:

1. 每日定时进行内观,每日回忆一个对象,时间在30分钟左右。

2. 针对昨天和今天的人际进行内观。

3. 可以把内观的结果交给咨询师,也可以写内观日记。

【讨论和思考】

假若你熟悉的人遭遇了心理困扰或危机,你怎么帮助他?

四、在危机中成长

在人生的旅途中,总会遇到挫折,遭遇危机,无论如何艰难,我们都要保持好的心态,这样,什么样的危机不能渡过?什么样的危机不是机遇呢?下面谈谈如何确立并保持好的心态这个问题。

(一)寻求孔颜之乐

“孔颜之乐”源自《论语》中《雍也》篇和《述而》篇:孔子称赞弟子颜渊虽然“箪瓢陋巷”生活贫穷,却“不改其乐”;又自谓:“饭疏食,饮水,曲肱而枕之,乐亦在其中矣。”北宋时期,周敦颐把“孔颜之乐”作为一个理论问题而提出来,并要二程思考孔颜“所乐何事”。

“孔颜之乐”乐在何处呢?这是宋代以来,理学家们一直思索的问题。

冯友兰先生认为:孔颜乐处就在于“仁”,所乐之“事”也就是“仁”……而“仁”这一精神境界内在的体验便是“乐”,而外在的表现则是“气象”。

程颢说,这种“仁”的体验便是“以天地万物为一体,莫非己也”“浑然与物同体”,并且他认为“义、礼、智、信皆仁”。

“孔颜之乐”就应该是“仁者浑然与物同体”的体验与包括“敬、严谨、充满义理感”“忧勤惕厉”与“戒慎恐惧”及“七情”在内的“义、礼、智、信”的体验的统一。

大学时代是人生最美好年华之一。人生本来短暂,美好的年华更是转瞬即逝。“惟草木之零落兮,恐美人之迟暮。”利用好这段时间,成为有知有志有识的人,就是快乐的。

（二）走进大自然的怀抱

大自然是人类的母亲。遇到困扰和危机，我们不妨回到大自然的怀抱，倾听大自然的语言，感受大自然母亲的厚爱，在大自然的爱抚下，什么烦恼不能抛却？

大自然是伟大的。在大自然的怀抱里，人会感到自己是渺小的。一个人感到自己渺小，这于他很有益处。伟大的大自然可以治愈人类的“自大狂”症。

常和伟大的大自然为伍，可以使人的心境渐渐变得广阔高远，人性也受此陶冶，我们随着天地之大而大。“天似穹庐，笼盖四野。天苍苍，野茫茫。风吹草低见牛羊。”在这样的自然环境中，物我界限似乎消融了，我们感觉不到自己的存在，却无处不在，这不是很伟大吗？

梭罗，19 世纪美国最具世界影响力的作家、哲学家，他的不朽之作《瓦尔登湖》告诉我们大自然与人类的关系。

在梭罗的《瓦尔登湖》中，自然是有生命的，也是有人格的。鸟兽是他的邻居，蚂蚁的斯斗是两个帝国的交战，潜水鸟的“狂笑”透着足智多谋，狐狸会唱小夜曲，梭罗问道，“难道禽兽不是跟人类一样，也存在着一种文明吗？”就连瓦尔登湖上的冰裂，也是冰块的咳嗽声。

大自然是人类的母亲。在大自然的怀抱里，我们就是回到了生命的故乡。在大自然的怀抱里，让我们感受祖先的存在，让我们追怀无限的生命，包括生命的过去、现在与未来，领悟生命的真谛。

（三）怀抱希望，创造未来

在汉语中，“希望”的近义词很多，如愿望、期望、盼望、指望、渴望等。在心理学范畴里，还与乐观、自我效能感、结果期待、效能期待、问题解决等概念有着相似之处。

20 世纪 90 年代以美国心理学家斯奈德（Snyder）为代表的研究者们开始系统地研究希望，赋予了“希望”以新的意义，斯奈德把希望比喻成我们思维中的彩虹，它给我们精神寄托并促使我们想象那些美好的事情。斯奈德和他的同事们提出的希望理论认为，希望包括目标、实现目标的动机力量与方法。

大学生必须构建自己的目标系统，这个系统应包括长期目标、中期目标和近期目标，还要包括人生的诸多方面，比如健康、人际交往、职业、事业、家庭等。

大学生确定目标后，还要充满热情地实现它们。即使遇到挫折，也不轻易放弃。普希金的诗句，“假如生活欺骗了你，不要忧郁，也不要愤慨！不顺心时暂且忍耐，相信吧，快乐日子就会来临”，永远是激励人们心灵的清泉之音。

一个热情，有责任感，相信自己有前途，珍惜自己的前途，怀抱梦想，面向未来的大学生一定能发挥自己的潜能，实现自我价值。

课后讨论与探究

踏入大学校园，每天上课下课，重复着单调的生活，萦绕在心间的困惑一波未平一波又起。究竟该做些什么，该怎样做，我们才能实现最初的梦想呢？

进一步阅读的文献

● 冯建军.生命与教育[M].北京:教育科学出版社,2004.

以人为本的时代的到来,呼唤教育回归生命的本真。我们怀着对生命的敬畏和尊崇,以热切而理性的思索努力追寻教育的本真,引导教育的实践:将生命融于教育,将教育融于生活,让教育成为生命的诗意存在,凸显生命的灵动、自由和独特,并以此渐臻生命的完满与幸福。

● 胡因梦.生命的不可思议:胡因梦自传[M].上海:东方出版中心,2006.

作者集美丽气质与卓越才华于一身,自传从她父母那一代开始谈起,一直到她长大成为演员、作家、译者,最后蜕变为"身心灵"的探讨者与治疗者为止。书中生动地描绘了她的童年经历、两性经验、因缘生灭,以及对人类本体生存的洞察与反思,读来有一种直指本觉、豁然开朗的震撼。这是一本关于成长、自觉与自救的传记。

● 海.生命的重建[M].徐克茹,译.北京:中国宇航出版社,2003.

露易丝·海在书中为我们揭示了追求身心和谐的心理模式,从而开辟了重建和谐生命的完美道路。本书出版后,露易丝·海所倡导的"整体健康"观念旋风般席卷了全世界。她将深刻的哲理、科学的精神与博大的爱,结合自己的坎坷经历,以浅显生动的语言娓娓道来,如清泉般滋润每一个读者的心田。

参考文献

[1]敖凌航,张少平. 大学生心理健康[M]. 武汉:武汉大学出版社,2011.

[2]陈艳. 大学生心理健康与安全教育[M]. 天津:天津科学技术出版社,2020.

[3]仇文华,陈秀春. 高校大学生挫折承受力的培养研究[J]. 改革与开放,2009(11):176-179.

[4]崔艳. 大学生心理健康教育读本[M]. 3 版. 大连:东北财经大学出版社,2019.

[5]樊富珉,费俊峰. 大学生心理健康十六讲[M]. 2 版. 北京:高等教育出版社,2020.

[6]冯静,吴佳,赵瑞雪. 大学生心理健康实践辅导教程[M]. 成都:电子科技大学出版社,2020.

[7]戈尔曼. 情商:为什么情商比智商更重要[M]. 杨春晓,译. 北京:中信出版社,2018.

[8]黄士华. 大学生心理健康教育[M]. 武汉:华中师范大学出版社,2013.

[9]李江雪. 大学生情绪管理与辅导[M]. 北京:北京师范大学出版社,2010.

[10]李锦云. 大学生心理健康辅导[M]. 北京:北京理工大学出版社,2020.

[11]李梅,黄丽. 大学生心理健康十二讲[M]. 北京:北京师范大学出版社,2012.

[12]李婷,刘雪松. 新编大学生心理健康教育教程[M]. 成都:电子科技大学出版社,2020.

[13]刘华山. 心理健康概念与标准的再认识[J]. 心理科学,2001(4):480-481.

[14]刘嵋,刘岳. 大学生心理健康教育. [M]. 成都:电子科技大学出版社,2020.

[15]马建青. 大学生心理健康教程[M]. 4 版. 杭州:浙江大学出版社,2022.

[16]麦格尼格尔. 自控力[M]. 王岑卉,译. 北京:印刷工业出版社,2012.

[17]米勒,珀尔曼. 亲密关系:第 5 版[M]. 王伟平,译. 北京:人民邮电出版社,2011.

[18]牧之. 三分智商七分情商[M]. 武汉:华中科技大学出版社,2012.

[19]沈伊默. 大学生心理健康教育[M]. 2 版. 重庆:重庆大学出版社,2021.

[20]谭芳. 大学生心理健康教程[M]. 2 版. 北京:化学工业出版社,2016.

[21]王慧芳,董雪. 大学生心理健康教育[M]. 北京:清华大学出版社,2021.

[22]王晓华. 情商:大学生可持续发展的重要能力[J]. 理论导刊,2009(8):90-92.

[23]韦秀英. 哈佛高效学习法:如何利用好凌晨四点半的理念[M]. 青岛:青岛出版社,2021.

[24]严玲. 大学生心理健康[M]. 武汉:华中科技大学出版社,2019.

[25]杨瑾. 大学生情绪管理与压力应对策略[J]. 社科纵横,2011,26(7):161-163.

[26]俞国良. 大学生心理健康[M]. 2 版. 北京:北京师范大学出版社,2022.

[27]张冬梅,谷丹.大学生心理健康教育[M].北京:北京邮电大学出版社,2018.
[28]张旭新.大学生心理问题的特点与心理健康教育[J].思想理论教育导刊,2010(8):106-108.
[29]赵芸.基于现代社会需求的大学生情商分析及教育培养[J].教育与职业,2013(26):177-178.
[30]仲稳山,倪亚兰,潘林元.大学生心理健康维护[M].苏州:苏州大学出版社,2006.
[31]周家华,王金凤.大学生心理健康教育[M].3版.北京:清华大学出版社,2010.